김만흠의
15분
정치학
강의

낡은 정치를 바꾸기 위해
우리가 알아야 할 것들

| 김만흠 지음 |

일러두기
- 이 책은 tbs FM 〈열린 아침 김만흠입니다〉의 '김만흠의 대한민국 정치의 역사' 코너에서 2016년 10월 2일부터 2017년 5월 21일까지 방송한 내용을 바탕으로 정리하고 다듬은 것입니다.
- 방송 이후 변화한 한국 정치 상황에 관해서는 각주로 되짚어보았습니다.

이 도서의 국립중앙도서관 출판예정도서목록(CIP)은 서지정보유통지원시스템 홈페이지(http://seoji.nl.go.kr)와 국가자료공동목록시스템(http://www.nl.go.kr/kolisnet)에서 이용하실 수 있습니다. (CIP제어번호: CIP2017030021)

머리말

　정치에 대한 사람들의 태도는 아주 상반되거나 이중적입니다. 정치는 너무 무겁거나 무관심한 영역이라는 사람이 있는가 하면, 정치에 적극 참여하거나 정치가 일상의 관심사인 사람도 있습니다. 정치를 혐오한다면서도 실제 정치권력에는 관심이 많은 사람도 있습니다. 이느 쪽이든 정치가 대화 소재가 되면 거칠어지고, 막판의 말싸움으로 귀결되기도 합니다.

　우리의 정치는 예전보다 더 일상의 문제이자 관심사가 되고 있습니다. 또 요즘은 인터넷 매체와 SNS 등을 통해 수시로 정보에 접할 수 있고 여기저기서 거의 종일 정치 논평이 방송됩니다. 누구든지 마음만 있으면 정치 정보를 어렵지 않게 접할 수 있습니다. 그래서인지 일반 시민들도 다 정치에 대해 전문가 못지않다고들 합니다. 그렇기 때문에 오히려 공공매체의 정치 논평에도 주관적이고 과도한 정파적 주장만이 아니라 체계적이고 깊이 있는 분석이 조금 더 보태졌으면 하는 아쉬움도 갖게 됩니다.

　이 책은 tbs FM에서 매주 일요일 아침 방송하는 라디오 프로그램 〈열린

아침 김만흠입니다) 중 '김만흠의 대한민국 정치의 역사'라는 제목으로 매번 15분씩 대화식 강의로 방송했던 내용을 정리한 것입니다. 지금 일어나고 있는 오늘의 한국 정치 쟁점을 화두로, 관련된 한국 정치의 역사를 더듬어보고 이론적 소개도 곁들였습니다. 방송매체가 요구하듯이 청취자에게 쉽게 다가가야 하는 대중적인 현실감을 살리면서, 우리의 역사도 통찰해보자는 의도였습니다.

여기에 실린 내용은 이 코너를 처음 시작했던 2016년 10월부터 문재인 정부가 출범한 2017년 올해 5월까지 방송한 부분입니다. 우연하게도 이 시기가 국정농단 사태가 불거지고 박근혜 전 대통령의 탄핵이 진행됐던 바로 그 시기였습니다. 탄핵정국에 돌아본 한국 정치라고도 할 수 있겠습니다.

언론 보도를 통해 수면으로 떠오르기 시작했던 국정농단 사태가 국정조사 등 정치적 핵심 현안으로 될 수 있었던 데에는 2016년 4·13 총선에서 만들어진 여소야대 국회 구조가 있습니다. 여대야소이든 여소야대이든 국회선진화법 체제에서는 한계가 있기는 합니다. 그러나 4·13 총선이 만든 여소야대는 야당이 정국을 주도하고, 오히려 여당이 방어하는 분위기를 만들었습니다.

이 책의 제1부 '국회를 생각하다'는 4·13 총선으로 만들어진 여소야대 정국으로 역전된 정국의 갈등 상황에서 시작합니다. 야당 출신 정세균 국회의장의 취임사와 개회사를 둘러싼 여당의 반발로 정기국회가 제대로 진행되지 못했습니다. 간신히 정상화됐던 당시 2016년 정기국회는 국정농단 관련 증인채택 문제가 등장하고 여당이 이를 막으려 하면서 파행을 겪습니다. 이러한 국회 상황을 이야기하면서 한국 국회의 위상, 역사적 경로 등을 정리하고자 했습니다. 국회의 위상이나 역할은 당연히 대통령과의 상호관계, 정당정치의 문제와 맞물려 있습니다.

제2부는 '탄핵소추와 대통령, 그리고 대통령제'로, 국회에서의 탄핵소추 과정부터 헌재 결정에 이르는 시기에 쟁점이 된 정치적 사안들을 다뤘습니다. 민주적 리더십이 발휘되지 못하면 자칫 위임독재가 될 소지가 있는 한국 대통령제의 한계도 분석했습니다. 박근혜 전 대통령의 시대착오적이고 독특한 리더십이 우리 대통령제를 무대로 극단화하면서 결국 탄핵에 구속재판까지 이르도록 만든 셈입니다. 박 전 대통령은 세월호 참사를 두고 슬픔을 공유한 구심점이 되지 못하고, 반대로 이를 정치적 대립 사안으로 만들어버렸습니다. 세월호 참사에 대한 이런 식의 대응이 박 전 대통령이 추락하게 된 결정적 분기점이었다는 지적은 다른 여러 사람들도 하고 있습니다. 자유당, 공화당, 민정당 등 우리 정치사에서 대통령이 몰락한 이후 집권여당은 어떻게 됐나, 또 정당재편에 어떤 영향을 미쳤나 등도 살펴보았습니다.

마지막 제3부는 '민주화 30년의 새로운 과제를 생각하다'입니다. 국정농단 사태가 불거지기 전부터 이른바 '87년 체제'로부터의 전환이 개혁과제로 제기됐습니다. 대통령 탄핵을 경험하면서 현행 대통령제의 문제는 기존의 개헌론을 다시 조망하게 만들었습니다. 이미 대선 정국이 진행되는 시기였으므로 주요 후보 진영에서 던진 공약이나 주장도 소재로 다뤘습니다. 민주화 이후 역대 대통령의 공과를 포함해 민주화 30년의 성과와 과제를 검토했습니다.

이 책은 문재인 정부의 출범 직후까지를 담고 있습니다. 우려했던 배제의 정치보다는 통합과 탈권위의 모습으로, 박근혜 전 대통령 시기와 대비되면서, 국민적인 기대와 감동이 컸던 5월까지의 내용입니다. 국민적 기대와 감동은 당시 80% 내외의 국민 지지도로도 나타났습니다. 감동을 주었던 '5·18 민주화 운동 37주년 기념사'까지 다뤘습니다. 안타깝게도 이후 북핵위기는 고조되고 중국과의 외교 문제 등은 시원하게 풀지 못한 가운데, 통합 행보는 삐걱거리고 야당과의 협치는 여전히 구호로만 남아 있습니다. 우려를 떨치고 기대와 감동으로 출발했던 문재인 대통령 체제를 두고 다시 우려하는 얘기도 조금씩 나오기 시작했습니다.

이 책의 바탕이 된 '김만흠의 대한민국 정치의 역사'라는 대화식 강의는 바로 오늘, 우리 정치의 현실 문제를 쉽게 이해할 수 있도록 하면서도, 피상적 주장만이 아니라 역사적 통찰과 더불어 진단해보자는 취지의 방송이었습니다. 이런 '두 마리의 토끼' 전략이 둘 다 놓치는 쪽이 되기보다, 현실 이해와 경험적 성찰이 잘 결합해 한국 정치에 대한 체계적 이해에 도움이 되는 쪽이 되었으면 합니다.

우리의 정치는 늘 비난의 대상이 되고 있습니다. 그만큼 늘 개혁 대상이기도 합니다. 그런데 우리는 개혁을 요구하는 주체이면서 그 정치의 일부를 만들고 있는 당사자이기도 합니다. 막연한 이상적 기준보다는 우리의 역사적 현실에 토대를 둔 인식과 실천 전략이 필요합니다. 미력하나마 이 책이 낡은 한국의 정치를 바꾸기 위해 우리가 알아야 할 교양서로서 한 역할을 할 수 있었으면 합니다. 방송을 함께하고 녹취에도 도움을 준 tbs 〈열린아침 김만흠입니다〉의 제작팀에게 먼저 감사드리고, 늘 고마운 한울의 김종수 사장께도 다시 감사드립니다.

2017년 11월

김만흠

차례

제2부 • 탄핵소추와 대통령, 그리고 대통령제 • 89

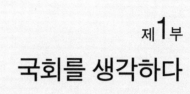

제1부
국회를 생각하다

"여당이 대통령을 호위하는 형태가 돼버리면, 국회가 권력이 분립된 독자적인 기능을 하기가 어렵습니다. 그렇다고 만일 여당이 행정부를 견제하는 역할을 충실히 한다면 여당이라는 개념이 무의미해져 버립니다. 결국 여당은 국정을 주도하는 책임정치의 주체도 못되고, 권력이 분립된 국회의 주체로서 제 역할도 제대로 못 하고 있는 게 우리 국회의 현실입니다. 이런 문제를 가장 심각하게 느끼는 대표적인 정치인들이 바로 국회 운영을 직접 주도해온 국회의장들입니다."

"오늘날 대의민주주의는 다양한 사회구조를 전제로 합니다. 그런 만큼 다양한 분파의 정당들이 발생하는 것도 허용하고 있습니다. 정당의 부정적 속성을 최소화하고 긍정적 속성을 최대화시키도록 하는 게 그 나라 정당정치 제도의 과제입니다."

한국의 대통령제, 그리고 국회가 가진 딜레마

제헌국회로 시작한 한국의 대의제

한국 정치의 과거와 현재, 그 역사를 통해서 오늘의 우리 정치 현실을 되돌아보고 진단해보자는 취지로 강의를 시작합니다. 가급적 당장 일어나고 있는 오늘의 정치 현실로부터 실마리를 찾아가면서 이야기하려고 합니다.

20대 국회를 시작하면서 국회의장의 역할과 중립성 문제를 두고 논란이 제기되고 있습니다. 야당 출신인 정세균 국회의장의 취임사와 개회사 내용을 두고 집권여당 새누리당 쪽에서 문제를 삼았는데요, 우리나라에서 국회의장이 의전 서열 2위입니다. 세속적인 용어로는 권력 서열 2위라고도 할 수 있을 겁니다(정세균 의장은 우리 국회의장의 실제 권력은 2위가 아니라 매우 약해 대통령의 100분의 1도 안 될 거라고 말합니다). 국민이 자기들의 대표로 뽑는 대표적인 두 가지 정부기구가 대통령과 국회라 할 수 있겠습니다. 헌법에 따라 대통령이 행정부의 수반이면서 또 국가 원수로서 서열

1위입니다.

역사적으로 보자면 우리나라에서 국민을 대표하는 기구로 먼저 만들어진 것은 국회였습니다. 역사에 관심 있는 분들은 아실 텐데요, 우리나라에서 국민 전체가 참여해서 맨 처음 투표를 했던 게 1948년 5월 10일 선거였죠. 이 5·10 총선거를 통해서 우리나라 최초의 국회의원들을 뽑았습니다. 그때는 우리나라 헌법이 없었습니다. 그래서 그렇게 뽑힌 국회의원들이 헌법을 만들었기 때문에 당시 국회를 두고 '제헌국회'라고 부릅니다.

국회의장 얘기가 나왔으니까 말인데요, 그럼 제헌국회 때 맨 처음 국회의장을 누가 했을까요? 우리나라 초대 대통령이 이승만 대통령이죠. 초대 국회의장도 이승만이 했습니다.

처음 국회가 구성됐으니까 누가 임시의장을 해야 되겠느냐는 문제가 나오지 않겠습니까? 우리가 평상시에 다른 모임 같은 걸 할 때도 아직 정식으로 대표를 뽑지 않았을 경우 여러 방식으로 임시 대표를 뽑기도 하지요. 연장자를 대개 임시의장이나 대표로 뽑는 경우가 있는데 당시에는 이승만 의원이 최연장자였습니다. 그렇게 임시의장을 맡고 바로 선출에 들어갔는데, 선출에 들어가서도 공식적인 의장이 됐어요. 그래서 우리나라 초대 대통령도 이승만, 초대 국회의장도 이승만이었죠.

이승만, 초대 대통령 이전에 초대 국회의장

그런데 이승만 의장은 길게 가지 못했습니다. 바로 5월 31일부터 임기가 시작됐는데 7월에 대통령으로 선출이 됐어요. 대통령으로 선출되니까 이제 국회의장을 그만두게 됐죠. 당시에는 대통령을 우리나라 국회에서 뽑았어요. 이름만 대통령이라고 불렀지 내각제의 수상하고 유사한 방식으로 선출됐습니다. 국민을 대표하는 대표자를 국회에서 뽑은 게 결국 내각제 아니겠습니까.

정치학 전문 용어로 내각제는 의회중심제라고 합니다. 대의권력의 중심이 의회(우리나라의 경우 국회)에 있는 제도를 말한다고 볼 수 있습니다. 그런데 우리의 초기 정부에서는 국회가 대통령을 뽑지만 해임권은 없었고 대통령의 힘이 상대적으로 강한 그런 정부형태였습니다. 내각제적 요소가 가미된 대통령중심제라 할 수 있겠습니다. 이것이 점차 오늘날의 우리나라 대통령중심제로 바뀌게 되는 과정이 있습니다.

어쨌든 처음에는 국회에서 대통령을 선출했고요. 그런데 1952년 1차 개헌, 이른바 발췌 개헌을 통해서 대통령 직선제로 선출방식이 바뀌게 되고 그 전통이 지금까지 이어져 내려옵니다. 물론 직선제로 바꾸게 된 배경이 있습니다만 그건 이따가 말씀드리기로 하고요. 국회 이야기를 하는 김에 다른 나라 국회는 어떤가 살펴보죠. 우리나라는 국회라고 부르는데 다른 나라는 용어가 다르니까 의회라고 통칭하는 게 더 낫겠죠.

유럽의 내각제, 의회의 기능이 강화되면서 제도화

선거를 통해 의회를 구성하고 거기서 행정부도 같이 꾸리고 하는 내각제 형태가 많죠. 내각제(의원내각제, 정치학적으로는 대통령중심제와 대비되는 의회중심제)는 서구 국가들에서 근대 대의제가 성장해가면서 자연스럽게 만들어진 정부형태입니다. 옛날에는 왕이 전권을 행사하다가, 점점 근대 사회로 넘어오면서 왕도 자의적으로 권력을 행사하는 게 아니라 법을 만들어서 법을 토대로 권력을 행사하게 되죠. 그게 우리가 입헌군주제라고 부르는 체제가 된 겁니다.

그런데 이 법을 만드는 과정 속에서 시민의 대표, 국민의 대표가 참여해야 하는데, 그 시민의 대표가 모이고 제도화된 게 오늘날의 의회, 우리가 얘기하는 국회가 되겠습니다. 처음에는 시민의 대표가 지금처럼 법을 만든 게 아니라, 대표들이 모여서 의견 한번 들어보자는 식으로 소극적인 역할을 하다가, 어느 단계에서는 아예 권한을 가지고 법을 만들게 된 거죠. 마지막 단계에서는 법을 만드는 것뿐만 아니라 거기서 장관들도 임명하고 수상도 임명하는 그런 방향으로 발전하고 그게 오늘날의 내각제가 된 겁니다.•

미국의 대통령제 — 특수한 정부형태

우리가 유럽의 내각제와 다른 예로 많이 드는 게 미국의 대통령제인데, 오히려 미국의 대통령제는 특수한 배경 속에서 만들어진 겁니다. 그 특수한 배경은 두 가지로 들 수 있습니다.

먼저, 유럽에서 의회는 입헌군주제가 변해가면서 오늘날의 형태로 만들어진 것인데, 미국은 왕조를 배경으로 태어난 나라가 아니죠. 그렇지 않습니까? 이민 또는 독립국가로 만들어지니까 봉건적인 왕조의 전통이 없이

• 참고로 문재인 정부 청와대 대변인이 장관에 대한 국회 인사청문 결과를 두고 '참고자료'라고 했다가 논란이 된 바 있죠. 물론 헌법적으로 최종 임명권은 대통령이 가지고 있기 때문에 그런 식의 표현을 할지도 모릅니다. 우리 국회가 유럽의 근대 초기 의회처럼 입법 권한이 없이 그냥 의견을 모으는 수준이었다면 그럴 수 있습니다. 그러나 현재 우리나라의 국회는 대통령과 더불어 국민의 대의기관입니다. 대통령이 최고의 권한을 가진 국가의 원수이고 대통령중심제 체제이지만, 헌법 체계에서는 국회(제40~65조)가 대통령(제66~85조)보다 앞자리에 있기도 합니다. 결국 정세균 국회의장도 청와대의 국회 경시 인식에 시정을 요구했습니다.

바로 만들어진 겁니다. 그래서 다른 유럽 국가들에서 왕을 상징하는 것과 비슷하게 대통령이 필요했던 배경이 있었고요.

그리고 또 하나, 연방 국가니까 연방을 전체적으로 묶어내는 중심으로서 대통령이 필요했던 겁니다. 그래서 우리나라도 대통령제를 채택하고 있지만 근대정치 역사로 보자면 오히려 내각제 형태가 자연스러운 거고, 미국 같은 대통령제는 특수한 환경에서 생긴 거라고 볼 수 있겠습니다.

1차 개헌과 대통령 직선제

우리나라 대통령제는 여러 과정을 거치며 정착되는데, 그중 1차 개헌이 매우 중요한 의미를 갖습니다. 대통령을 국회에서 뽑던 것을 국민이 직접 뽑는 직선제로 바꾼 것이 1차 개헌에서입니다. 왜 바꿨을까요? 대통령 직선제로 바꾸자고 주장하고 주도했던 쪽은 당시 대통령인 이승만이었습니다. 이승만 대통령은 국민에게 이렇게 명분을 얘기했죠. '국민을 대표하는 대통령은 국민이 직접 뽑는 게 당연한 거 아니냐?' 한편으로 일리가 있는 말이죠. 그러면 그 이전에는 왜 국회에서 뽑도록 했을까요? 그 역시 일리가 있겠죠. 다른 나라에서도 마찬가지로 그런 방식도 있으니까. 그렇지만 사실 실질적인 배경은 다른 게 있었습니다.

만약에 초대 대통령 때 분위기처럼 국회에서 대통령을 선출했을 때도 이승만 대통령 자신이 당선될 가능성이 크다면 뽑는 방식을 바꾸지 않았겠지요. 이승만 대통령이 권력을 장악하게 되면서 비판 세력도 생기고 불만도 커지고, 그대로 다시 국회에서 간접선거 하는 방식으로 했을 때는 당선되기가 굉장히 어려워지니까 명분상으로는 '국민주권 돌려준다'고 하면서 직접선거를 하게 됐던 겁니다.

그런데요, 국회에서는 이승만 대통령이 다시 재선될지 불확실했는데, 국민이 직접 뽑았을 때에는 재선 가능성이 높았느냐? 높을 수 있었습니다. 왜냐하면 일반적으로 일반 국민이 보기에는 '이승만 박사, 이승만 박사' 하면서 받드는 경향이 남아 있었고, 또 하나는 생각해보십시오. 우리나라에서 1980년대 제5공화국 중반까지만 해도 선거부정이 가능했다고 얘기됩니다. 그럼 1950년대 초반이면 국민이 직접 투표한다고 했을 때 충분히 부정선거 등을 동원해서 할 수 있는 여러 가지 방법이 있었을 겁니다. 그런 배경 속에서 어쨌든 바뀌게 됐습니다.

그때부터 야당은 대통령 중심제가 아니라 내각제로 바꾸자는 주장을 하게 됩니다. 앞서 설명드렸듯이 명목상으로는 대통령이라고 불렀지만, 내용상으로는 국회에서 뽑았기 때문에 기존 체제도 내각제적 방식에 가까웠습니다. 단, 대통령 불신임권 같은 의회의 권력은 별로 없는 체제였습니다. 이 또한 최종 헌법 정리 과정에서, 개인적 지지는 자신 있지만 국회의원들의 간섭을 배제하려는 이승만 대통령의 의도를 반영한 거였습니다.

원래 개인적 명망에 의존하는 정치인은 대통령제를 선호하고, 조직이나 세력이 뒷받침되는 정치인은 그 세력에 기대하는 내각제를 선호하는 측면이 있을 겁니다. 한국 정치사의 정치권력 투쟁에서 그런 상황이 여러 번 있었죠. 대표적인 것이 3당 합당 이후 나타난 민정당계와 김영삼계의 권력 투쟁이었죠.

내각제 개편 논란

1990년 초 군부정권을 계승한 여당인 민정당과, 민주화 진영의 한 분파였던 김영삼 세력, 그리고 김종필이 주도하는 신민주공화당이 합당을 해서 민자당으로 출범합니다. 합당의 조건이 여러 가지 있었지만, 대표적인 것이 내각제를 하기로 한 겁니다. 최고의 단일 권력에 의존하는 대통령제보다는 의회, 국회의 세력에 바탕을 두고 협상의 여지가 있는 의원내각제를 해서 권력을 공유하기로 한 겁니다. 내각제에 대한 선호는 우선 명분을 잃어가는 집권 민정당 세력이 원하는 거였습니다. 또 김종필 계열도 내각제를 선호했는데, 제도적인 장점을 말하기도 했지만 단독으로 대통령 권력을 장악하기 어려운 현실정치적인 배경도 있었습니다. 여기에 합류한 김영삼은 동의했습니다.

그러나 막상 차기 대선이 다가오자, 개인적으로는 명망이 있지만 조직과 세력으로는 취약한 김영삼이 내각제 약속을 깨트리고자 하는 정치적 파문을 일으켰습니다. 김영삼은 애초의 3당 합당 조건이던 내각제 개헌 약속을 무력화시키고 대통령제 체제를 유지하여 대통령이 됩니다. 민주화 진영의 한 축이었던 김영삼이 군부정권 세력과의 합당에 대해 비판이 쏟아질 때, '호랑이 잡으러 호랑이 굴에 들어간다'고 했던 그의 말처럼 3당 합당은 정치적 목적을 위한 중간 과정일 수도 있고, 그때그때의 권력 투쟁 과정으로 볼 수도 있겠죠.

내각제와 대통령제 이야기를 하다가 여기까지 왔는데요, 지금 내각제 성격이 강한 우리의 정부형태에서 대통령 중심의 정부형태로 바뀌는 과정을 이야기하고 있습니다.

우리의 제1공화국(우리나라 최초의 근대적 정부형태죠)을 주도했던 이승만 대통령의 권력은 야당으로부터 독재권력이라는 비판을 받기도 합니다. 물론 정치제도적인 측면뿐 아니라 당시의 정치문화, 이승만의 리더십 스타일 등과 결합하면서 그런 양상이 나타난 거죠. 당시의 정치문화를 말하자면, 마치 이승만을 왕처럼 생각하는 그런 전통적인 권위주의 문화가 지배하는 정치문화였다고 볼 수 있겠습니다.

　정치학의 정치문화 유형 분류에서는 이런 문화를, 자신을 정치의 주체로 생각하는 시민형 문화와 대비되는 백성형, 신민(臣民)형 정치문화로 부르기도 합니다. 이런 여러 요소가 결합된 가운데 대통령의 독재적 경향이 강화되자 야당은 내각제로 바꾸자고 계속 주장했습니다. 야당의 가장 큰 정치적 구호가 '내각제로 바꾸자'는 거였습니다.

　그러나 이승만 정권 시기 동안에는 제헌 당시의 취지와 같은 내각제로 환원시키는 건 불가능했죠. 이승만 권력이 4·19를 통해 붕괴가 되고 나서 야당이 주도하는 제2공화국이 수립되는데, 그때 잠깐 동안 내각제 형태로 우리나라가 운영됐습니다. 그러나 이 또한 9개월 만에 5·16으로 끝나고 이후에 다시 대통령제로 돌아갑니다.

　간혹 이때의 경험을 토대로 우리나라에서 내각제가 실패했다거나 잘 맞지 않는다는 주장을 하는 사람들이 있습니다. 4·19 이후의 혼란기에 9개월 정도의 경험을 토대로 내각제가 실패했다고 말하는 것은 적절치 않습니다. 또 붕괴된 것도 박정희 등 군부세력의 쿠데타에 의한 거였습니다. 더구나 근대 대의제의 경험을 10년 조금 넘게 했던 1960년 시기와 민주화를 겪은 오늘의 정치 환경은 다를 수밖에 없습니다. 앞서 예를 든 정치문화적 환경도 과거 백성형 정치문화 중심에서 이제 시민형 정치문화 중심으로 바뀌었다 할 수 있겠습니다. 시민형 정치문화 환경에서는 특정 대통령에 의존하는 정치체제보다는 오히려 내각제적 요소에 가까운 제도가 더 적합할 수도 있습니다.

　5·16 이후, 조금씩 형태는 달리하지만 대통령 중심제가 지금까지 유지되고 있습니다. 그런 가운데 여러 한계가 노정되면서 개헌 얘기도 나오고 있고 그렇습니다. 최근 우리가 여·야 간의 갈등 파동에서도 보고 있지만,

여당이 대통령을 호위하는 역할을 해버리면, 국회가 권력이 분립된 독자적 기능을 하기가 어렵습니다. 그렇다고 만일 여당이 행정부를 견제하는 역할을 충실히 한다면 여당이라는 개념이 무의미해져 버립니다. 결국 여당은 국정을 주도하는 책임정치의 주체도 못되고, 권력이 분립된 국회의 주체로서 제 역할도 제대로 못 하고 있는 게 우리 국회의 현실입니다. 이런 문제를 가장 심각하게 느끼는 대표적인 정치인들이 바로 국회 운영을 직접 주도해온 국회의장들입니다. 그래서 아마 역대 국회의장을 역임했던 살아계신 분 모두 지금 현재 대통령 중심제로는 안 된다고 하는 게 그런 경험 속에서 나온 겁니다.

역대 국회의장들, 현행 대통령제 개편 필요성 역설

물론 제5공화국 시기까지는 국회의장들이 그런 문제의식마저도 갖지 못했습니다. 민주화 이전에는 국회의 기능 자체가 아예 제한적이었기 때문이었습니다. 아마 '우리나라 국회가 거수기였다'고 서술되는 경우를 자주 봤을 겁니다. 그래서 국회의장들이 현실적인 문제의식을 갖기 시작한 건 민주화 이후였다고 볼 수 있습니다. 그전 독재권력 시기에는 국회가 자기 역할을 못 했죠. 국회가 자기 역할을 못 하니까 사람들이 밖에서 데모하고, 제도 밖의 반체제 운동이 정부하고 싸우는 무기가 됐던 시기입니다.

대의민주주의라고 하는 것은 국민을 대표하는 기구들이 역할을 하는 것인데, 국민을 대표하는 비판적인 목소리를 내야 할 국회가 제 기능을 못하니까, 시민이 직접 나서거나 장외에 나올 수밖에 없는 거죠. 지금도 국민의 요구가 대의제도 밖에서 분출되기도 하지만, 1970년대 유신체제, 1980년대 제5공화국, 이때는 국회가 대의민주주의의 핵심 기제로서 제 기능을 못

하던 시절이었습니다.

그럼에도 국민의 요구들이 야당에 모이면서 10년을 주기로 해서 대개 야당이 성장을 하게 돼요. 국민은 그걸 통해서 비판의 목소리를 내려 하는데, 그때마다 다른 비상조치가 일어나게 됩니다. 예를 들어 1970년대 초에 유신체제가 생긴다든가, 1980년에는 제5공화국이 등장한다든가 이런 식으로, 야당의 힘이 강화돼도 야당이 주도가 되는 새로운 정치로 나아가는 게 아니라 다른 형태의 정치변동이 일어났습니다. 우리 정치에서 국회, 의회에 주목하게 된 게 민주화 이후였습니다.

보니까 여당은 계속 대통령을 위해 싸우는 모습을 보이고 여당 출신 국회의장들은 대통령을 위해 직권상정도 합니다. 국회의 자율적 기능이 작동되지 않고, 여당의 일방 독주에 야당은 반대투쟁이 국회활동의 중심이 될 수밖에 없었습니다. 그래서 지난 18대 국회 말에 이른바 '국회선진화법'으로 불리는 개정된 국회법을 만들기도 합니다. 여당의 일방적 국회운용이 아니라 여·야 간의 협의 또는 합의를 이끌어내는 국회 운영을 하게 만드는 방향으로 국회법을 개정한 겁니다. 그전에 2002년에는 처음으로, 국회의장이 되는 사람이 당적을 갖지 못하도록 했습니다. 국회 운영에 중립성을 강화하기 위한 조치의 하나였죠. 물론 의장이 되면서 탈당해 당적을 갖고 있지 않다고 해서 중립성이 보장되는 건 아니었지만, 당파적 역할을 넘어야 한다는 당위성이 반영된 거였습니다.

지금 생각하면 특이합니다만, 그 이전에는 국회의장들도 자신의 당적을 가진 채 있었고 심지어 어떤 국회의장은 여당을 위한 선거운동을 했습니다. 지금은 무소속이면서도 발언의 성향을 놓고 중립성을 지켰니 안 지켰니 그런 얘기가 나오지만, 예전에는 공식적으로 여당 소속이면서 국회의장을 하고 여당의 선거운동까지 하는 그런 상황이었습니다. 이런 여러 가지 문제가 노정된 가운데, 이제는 이 제도를 근본적으로 바꾸지 않으면 안 된다고 역대 국회의장들이 주장하고 있는 겁니다.

한국의 국회의원, 인원을 줄일지 늘릴지?

역대 국회의원 정수는?

지난주에 제헌국회로부터 우리나라 정부형태가 어떤 경로로 변화해왔는지, 유럽 국가들의 의회와 우리나라의 의회가 발생론적으로 어떤 차이가 있는지, 그리고 우리나라 국회가 가진 딜레마는 무엇인지에 대해 논의를 해봤습니다. 오늘도 계속 논의를 할 텐데요.

현재 우리나라 국회의원 정수가 300명인데, 1948년에 제헌국회가 열리면서 지금에 이르기까지 300명은 가장 많은 정수입니다. 그전까지는 300명에서 한 명이 적은 299명을 꽉 채워서 몇 번 계속돼왔던 적이 있는데요, 왜 이렇게 299명으로 꽉 채웠는지 그 배경을 아십니까? 현재 국회의원 정수에 대한 규정은 명확하진 않은데 헌법에는 이렇게 돼 있습니다. '국회의원 수는 법률로 정하되 200명 이상으로 한다'(헌법 제41조②). 그래서 200명 이상만 넘으면 법률에 따라 마음대로 정한다고 해석하는 주장이 있는 반면에, 200명 이상이라고 하면 무조건적으로 300명, 400명을 이야기하는 게 아니라 200명대를 넘지 않는 것으로 제한적으로 해석해야 한다는 주장도 있습니다. 이런 문제가 해결이 안 된 상태에서 최대한으로 하고자 299명으로 꽉 채우고 있다가, 지난번에 어쩔 수 없이 300명으로 늘린 상태입니다.

국회의원 수에 적정한 규모가 있을까요? 적정한 규모가 따로 있는 건 아닌데요, 우리나라의 경우도 제헌국회 때는 200명이었고요, 그다음으로 가장 규모가 작았을 때가 175명이었습니다. 박정희 정부 전반기 제3공화국일 때 175명(지역구 131명, 전국구 44명)이었습니다. 제헌국회 때 의원이 몇 명이었는지 퀴즈가 나온다면 우리가 뭐라고 답을 해야 될지 상당히 애매합니다. 아까 제가 정원은 200명이라고 했는데요, 실제로는 헌법을 만드는 데 참여한 건 198명이었습니다.

1948년 제헌국회의원은 198명

왜 200명 정수인데 198명이 됐느냐면, 우리나라가 1948년에 5·10 총선거를 할 때가 제주 4·3 항쟁 와중이었습니다. 4·3 항쟁 자체가 5·10 총선을 분단체제를 만드는 거라고 남로당 등이 주도가 돼 반대하면서 시작돼 제주 지역 전체의 비극으로 확대가 된 겁니다. 그런 상황이었기 때문에 제주 지역에서 두 명의 국회의원을 뽑지 못했습니다. 그 후 1년 뒤에 재선거를 통해 뽑았죠. 헌법은 바로 5·10 총선거 두 달 뒤인 7월에 만들었습니다. 제헌국회 하면 헌법을 만들었던 국회 아니겠어요, 그래서 제헌국회의원은 198명이라고 하는 게 맞을 겁니다.

아까 국회의원에 적정한 규모가 있냐고 물어봤는데, 적정한 규모가 있다고 따로 얘기할 수는 없습니다. 현재 우리나라의 300명 규모가 적정한지 어떻게 판단할 수 있을까요? 대개 다른 나라 사례는 어떤가, 다른 선진국과 비교해봤을 때 우리나라 적정규모는 어떤가, 인구가 많은 나라도 있고 영토가 아주 큰 나라도 있는데 뭘 기준으로 할까, 생각해볼 수 있죠. 인구만 기준으로 본다면 주요 국가들에 비해 우리나라 국회의원은 조금 규모가 작은 편입니다. 좀 더 늘려도 된다는 겁니다. 영토를 기준으로 보자면 약간 과다한 편입니다. 우리나라가 영토에 비해 인구는 많지요.

일반적으로 우리 국민들은 그런 이야길 하고 있죠. '국회의원들 보면 정말 편 갈라서 싸움만 하고 있는데, 그 편 수만큼 비례해서 7대 3이면 일곱 명, 세 명 이렇게만 뽑으면 되지 뭐 300명이나 뽑느냐'고요. 반면에 정치학자들은 여러 가지 이야기를 하면서 조금 더 늘려도 된다고 합니다. 인구, 영토, GDP 등을 복합적으로 고려해 다른 나라들과 비교했을 때, 우리나라는 350명 정도가 평균치라는 주장도 있습니다.

근래에 와서 권역별 비례대표 명부제로 선거제를 바꾸자는 이야기도 나오고 있죠. 그러면 지역구도 뽑고 권역별로 일정한 규모가 되려면 현재의 정수로는 맞추기가 어렵습니다. 그럴 때 국회의원 정수를 늘리자는 말이 나오고 있고요. 그래서 대개 전문적으로 연구하는 정치학자들은 늘려도 된다고 이야기하는 반면 국민은 국회의원들에 대해 비판적인 시각이 있어서 뭘 늘리냐며 부정적인 견해가 많죠.

또 상·하 양원제가 있거나 연방제인 나라도 있습니다. 연방제가 아니더라도 지방자치제가 강화돼 있다면 중앙의 국회의원들이 할 일이 좀 줄어들죠. 나라마다 차이가 있기 때문에 획일적으로 비교할 순 없습니다. 반대로 우리나라의 경우 세계적으로 중앙집권화가 강한 나라 순위를 매긴다면 1, 2위 안에 들어갈 겁니다. 우리나라에서 1991년, 1995년 지방자치제가 다시 실시되기 시작했지만 제대로 되고 있다고 보기 힘들 정도입니다. 그래서 그런 기준으로 본다면 대체로 조금 더 많아도 된다는 게 합리적이지 않을까 생각을 하는데, 국민여론은 별로 좋지 않습니다.

지난 20대 총선 전에 TV 방송사에서 스웨덴, 핀란드 같은 이른바 북유럽 작은 나라의 국회의원들 모습을 보여준 적이 있었죠. 버스 타고 다니고, 자전거 타고 다니고, 심지어는 개인비서 한 사람 정도만 있고 보좌관들도 공동으로 쓰고 있고, 봉급도 그렇게 많지 않고요. 그래서 왜 우리나라 국회의원들은 특혜만 많냐며 숫자라도 줄이자는 비판을 하는 분도 있는데요, 당연히 스웨덴, 핀란드 이런 나라들의 국회의원 모습을 본받아야겠지만 기계적으로 비교할 대상은 아닙니다. 국회가 어떤 역할을 하고 있는가, 그 나라의 정치적 상황이 어떤지를 봐야 하기 때문에 똑같이 비교할 순 없습니다. 물론 어느 면에서는 본받아야 할 부분이 있고요.

국회의원 선출 방식

지금은 국민이 투표해서 의원들을 뽑는데, 처음부터 그랬나요? 예, 그렇습니다. 제가 지난주에 얘기했던 것 같은데 우리나라 국민이 투표권을 가지고 처음 주권을 행사했던 게 1948년 5·10 총선거였죠. 그때 국회의원을 뽑는 선거였는데요, 지금까지 지난 20대 총선 때까지도 국민이 직접 뽑았습니다. 지역구에 한정해서 그랬습니다. 대통령은 맨 처음에 국회에서 뽑았고 1차 개헌을 통해서 대통령 직선제로 바뀌었죠. 이후도 간접선거로 바뀐 적도 있었습니다. 통일주체국민회의를 통해 뽑았던 유신체제도 있었고, 제5공화국 시기에는 선거인단을 통해 뽑았습니다. 이른바 '체육관 선거'를 했었죠. 이렇게 대통령은 국민이 직접 선출하지 않는 간접선거를 한

적이 있었지만 국회의원의 경우 계속 직접 뽑았죠.

그런데 국회의원을 뽑는 데는 지역구만 있는 게 아니라 요즘 정당비례대표가 있습니다. 그전에는 전국구라는 게 있었고요. 그런 경우엔 국민이 직접 뽑는 게 아니고 정당이 얻은 득표에 따라 명부에 적힌 순서로 뽑히는 건데요, 그것도 예전에는 유형이 좀 달랐습니다. 예전에는 개인 후보자들이 받은 투표를 정당별로 모아서 그 비율만큼 전국구를 배분하거나 비례대표를 배분했죠. 그런데 2004년에 지역구 후보자를 뽑는 투표하고 비례대표 정당 후보를 뽑는, 두 종류에 투표하는 1인 2표제가 도입됐습니다. 2004년 17대 총선부터였지요. 나는 정당을 뽑은 게 아니라 후보자를 뽑은 건데 왜 그걸 모아서 정당 비례대표한테 가느냐고 헌법재판소에 제소를 했고, 이게 문제가 있다고 결정이 되면서 1인 2표제가 된 겁니다. 20대 총선을 치른 지금까지 이 제도가 계속되고 있습니다.

더 문제가 있던 선출 방식도 있었습니다. 아까 말한 1972년부터 박정희 대통령이 돌아가셨던 1979년까지의 유신체제 때는 국회의원 3분의 1을 사실상 대통령이 뽑는 거나 마찬가지였습니다. 절차상으로는 '통일주체국민회의'의 대의원들이 체육관에 모여서 국회의원의 3분의 1을 뽑았는데, 후보자 명부를 누가 작성했겠습니까? 대통령이 작성했던 거죠. 그래서 3분의 1을 그렇게 뽑아놓으니까 아무리 야당이 많이 당선이 돼도 압도적인 다수는 대통령을 지지하는 세력이 될 수밖에 없죠. 그렇게 뽑힌 의원들이 유신정우회(유정회)의 이름으로 교섭단체를 구성해서 유정회 국회의원으로 불렀습니다. 그래서 요즘도 여당이 자율적인 역할을 하지 못하고 대통령을 따라 호위하는 역할만을 한다고 비판할 때 유정회에 빗대는 겁니다. 이 유정회 국회의원은 국민이 직접 뽑은 경우가 아니겠죠. 물론 지역구 국회의원은 국민이 직접 뽑았고요. 유신체제 당시 지역구 선거는 1선거구에서 두 명씩 뽑는 중선거구제였습니다. 임기는 지역구 선출 의원 6년, 유정회 의원 3년이었습니다.

국회의원의 임기는 지금까지 대부분 4년이었는데 유신체제 때만 한 번 6년이 된 적이 있었습니다. 단, 제헌국회 때는 잠정적으로 국회의원의 임기가 2년이었던 적이 있었는데 물론 헌법에는 4년으로 돼 있었습니다. 헌법 부칙에 제헌국회에 한해서 2년으로 한다고 단서 조항을 붙였던 거죠.

대한민국 국회 최다선 의원은?

현행 헌법에도 국회의원 임기가 4년으로 명시돼 있는데, 한 번이 아니라 여러 번 국회의원을 하면 10년, 20년도 의원직을 할 수 있겠지요. 연임 제한이 없으니까요. 우리나라에서 국회의원을 가장 많이 한 의원은 누구일까요? 먼저 몇 선 국회의원까지 있느냐인데. 9선까지 있었습니다.

9선까지 한 사람이 세 명이 있었는데요, 한때 우리나라 최연소 국회의원 입문을 했다고 하는 김영삼 전 대통령, 우리나라 정치사의 산 인물이라고 얘기하는 김종필 총리(JP라고 부르기도 하죠), 또 한 사람이 박준규 전 국회의장 이렇게 세 사람입니다.

지금 DJ 말씀하셨어요? 김대중 전 대통령은 몇 선쯤 했을 것 같습니까? 정치적인 연륜으로 보면 9선 아니라면 8선 정도라도 했을 법한데, 실제로 국회의원은 6선 정도밖에 못 했습니다. 정치활동이 금지되고 망명하고 그랬던 시기가 굉장히 길었기 때문에 6선밖에 못 했고요, 떨어진 적도 있습니다. 물론 그전에 초기 때 목포에 출마해서 떨어진 것 말고 유명해진 이후에 떨어진 적이 있었는데, 지역구가 아니라 전국구에서였지요. 1996년 15대 총선 때 DJ가 당시 전국구 14번으로 등재를 했습니다. 그게 당시 유력

한 사람을 뒤쪽에 등재하면 '나를 당선시키기 위해서라도 여러분들 지지해주십시오' 같은 호소 전략이기도 했습니다.

지난번에 김종인 당시 더불어민주당 대표의 이른바 셀프공천이 있었을 때에도 뒷번호 하는 게 어떠냐고 비례대표 14번 배수의 진 이야기도 나오고 그랬죠. 뒷번호 했으면 위험했죠. 실제로는 13번까지만 당선이 됐거든요. 1996년 15대 총선 때 새정치국민회의 역시 13번까지만 당선됐습니다. 그래서 당시 14번의 김대중 전국구 후보는 탈락을 했죠. 1년 뒤인 1997년 12월에 대통령 선거가 있었죠. 국회의원은 안 됐지만 그다음에 대통령으로 선출이 된 겁니다.

미국의 경우 최다선 기록보유자가 22선입니다. 미국 공화당 소속의 빌 영(Bill Young)인데, 1970년에 초선으로 당선돼 2012년까지 22번째 당선됩니다. 임기를 다 마치지 못하고 2013년 10월 83세로 사망하면서 연임을 22회로 마칩니다. 미국 하원의 임기가 2년인데 22선을 해 43년 정도 재직한 거죠.

일본에서는 수상을 역임하기도 했던 가이후 도시키(海部俊樹)가 1960년(당시 29세)에 첫 당선이 됐는데, 2009년 선거 패배로 정계에서 은퇴할 때까지 49년간 정치생활을 하는 동안 16선으로 최다선을 기록했습니다.

아까 우리나라 최다선 의원 9선 세 사람을 말했는데요, 그다음 8선 경력이 또 네 사람 있습니다. 정일형(정대철 전 5선 의원의 아버지, 정호준 19대 의원의 할아버지) 전 의원, 김재광 전 국회부의장, 이만섭 전 국회의장, 그리고 20대 현역 의원인 서청원 의원입니다. 서청원 의원은 20대 총선에서 당시 새누리당이 제1당이 된다거나 여소야대가 안 되고 여대가 됐다면 현역 최다선으로 자연스럽게 국회의장이 될 가능성이 있었습니다. 그런데 선거결과 여소야대가 되고 의석도 더불어민주당이 한 석이 많아서 기회를 놓쳤죠.

새누리당 소속이었다가 무소속으로 당선된 의원들이 복귀해 한때 새누리
당이 제1당이 된 적도 있었으나, 탄핵 정국을 거치면서 자유한국당과 바른
정당으로 쪼개지면서 제1당 지위를 다시 잃었습니다.*

* 더구나 5·9 대선으로 문재인 정부가 출범하면서 여당의 지위마저도 상실했고요. 결국 서
  청원 의원은 현역 최다선 의원이지만, 20대에는 국회의장직 기회를 갖기 어려워 보입니다.

다수당이 국회의장을 낳고, 그 의장은 당을 떠나고

최장수 국회의장, 최다 횟수 국회의장

첫 시간부터 국회와 국회의장을 주제로 우리 정치사를 되돌아보고 있는 데요, 제가 첫 시간에 그런 얘기를 했을 겁니다. '우리나라 초대 국회의장 이 누구일까요?' 했더니 방청객 대부분이 잘 모르더라고요. 초대 대통령은 이승만 대통령이란 걸 아마 국민 상당수가 알고 있을 텐데, 바로 '초대 대 통령이었던 이승만 대통령이 초대 국회의장을 했었다'고 제가 얘기했을 겁 니다. 그런데 국회의장직을 2개월도 채 못 했죠. 7월에 대통령이 되면서 국회의장을 다른 사람한테 넘겨줬습니다. 그러면 국회의장직을 가장 오랫 동안 했던 사람은 몇 년쯤이나 했을 것 같아요?

요즘 국회의장들 임기가 얼마인지 아시죠. 2년 맞습니다. 지금 국회의원 들 임기가 4년인데 이걸 전반기·후반기로 나눠서 2년씩 하고 있습니다. 그 러니까 지금 20대 국회 전반기 국회의장을 정세균 국회의장이 하고 있는 셈이죠. 그런데 이렇게 전·후반기로 나눠지지 않았을 때도 있어서, 2대에 걸쳐서 국회의장을 했던, 6·7대 국회의장을 연임했던 이효상 국회의장이라고 있습니다. 그분이 박정희 정권 때 1963년부터 1971년까지 8년간 한 거죠.

1963년부터 1971년, 이 시기가 어떤 시기였을까요? 박정희 정부가 유신체제로 넘어가기 이전에 박정희 전반기 정부, 흔히 제3공화국이라고 부르기도 하죠. 그다음 유신체제 시기를 유신체제 또는 제4공화국이라 부르고 전두환 정부 시기를 제5공화국이라 부르고 그렇죠. 그 시기였습니다.

상당히 논란이 많았던 이효상 국회의장이었는데요, 우리가 지역감정 논란을 얘기할 때 항상 거론되는 분입니다. 이분이 앞장서서 선거운동을 진두지휘하면서 '만약에 영남지역에서 다른 사람을 뽑으면 개밥에 도토리 신세가 된다' 이렇게 노골적으로 말해서, 우리나라 정치역사에서 정치인 중에 지역감정을 선동했던 사례를 들면 이효상 국회의장을 들게 됐습니다. 바람직하지 못한 역할이었죠. 이효상 국회의장은 연임으로 최장수 의장을 한 건데요, 횟수로는 세 번이나 한 사람이 있습니다. 누가 했느냐, 제가 지난번에 우리나라 최다선 국회의원은 9선으로 세 분이 있다고 했는데요, 그중에 한 분이 박준규 국회의장이라고 소개를 했죠. 그 박준규 의원이 국회의장을 세 번이나 했습니다. 여·야를 바꿔가면서 세 번을 했어요.

국회의장 출신 총리도 있었습니다. 국회의장을 하고 나서 대통령을 한 사람이 있을까요? 제헌의회 의장을 하고 국회에서 뽑혀 초대 대통령이 됐던 이승만 대통령은 특별한 사례고요, 그 이후에 국회의장 출신 대통령은 없습니다. 국회의장을 하고 나서 총리를 했던 분은 정일권 총리라든가 백두진 총리, 과거 시대 분들이죠. 정의화 전 국회의장이 혹시 대통령 출마하는 거 아니냐는 얘기 나올 때마다 국회의장 출신이 과연 대통령을 하나 했었는데, 이승만 대통령 이후에는 아직 없습니다.

국회의장의 당적 포기, 중립성 논란

전에 국회의장의 중립성 논란에 대해 이야기한 바 있었는데요, 20대 국회 정세균 국회의장의 취임사, 개회사를 두고 새누리당에서 중립성을 잃었다고 문제 삼아서 국회일정을 보이콧하기도 했었죠. 국회의장, 당연히 우리나라 국회를 대표하니까 중립성을 지켜야겠죠. 국회의장뿐만 아니라 대통령은 어떻습니까? 대통령은 중립성을 지킬 필요가 있을까요, 없을까요? 대통령은 선거 과정에서는 특정 정당의 대표로서 출마하지만 당선되고 나서는 특정 정당의 대표가 아니라 국민의 대표라고 얘기합니다. 그런데 과연 국민의 대표로서 제 역할을 하고 있는지, 어떤 대통령은 자신을 배출시킨 정당도 전체적으로 대변하지 못하고 여당 내 특정 정파하고만 같이하는 모습도 보였습니다. 그래서 국회의장 못지않게 대통령이 국민 통합의 구심점 역할을 제대로 하고 있는지 그런 문제도 던져볼 수 있습니다.

그런데 국회의장은 지금 국회법에서 보면 국회의장이 되면 당적을 포기하도록 돼 있습니다. 무소속이 되는 거죠. 대통령은 지금 당적이 있을까요, 없을까요. 정당정치가 본격화된 이후 대통령은 전부 정당 소속이었습니다. 집권 말기 종종 다른 이유로 탈당하는 경우는 있었습니다만, 현재 박근혜 대통령은 새누리당 소속이죠. 만약 우리가 국회의장의 중립성을 위해서 당적이 없는 무소속 국회의장이 필요하다고 얘기한다면, 그 논리의 연장선상에서 보면 대통령도 당적을 유지하는 게 사실 맞질 않죠. 어쨌건 간에 국회의장의 중립성 문제는 그동안에 사실상 제기되지 않았습니다. 전 시간에 이야기했다시피 과거에는 국회가 중립성 논란 이전에 훨씬 더 근본적인 문제가 있었습니다. 그러다가 국회가 제 역할을 어느 정도 하면서 의장의 중립성 문제가 나오기 시작한 겁니다.

물론 법적으로는 국회의장이 특별하게 중립성을 지켜야 한다, 이런 용어는 없습니다. 무소속으로 돼 있기 때문에 그 역할을 해야 하는데요, 그 대신에 역대 국회의장 중에서 과연 누가 어느 정도 제 역할을 잘했을까? 특별하게 기억나는 사람이 없습니다. 정세균 의장은 이제 시작했고요, 지난 국회의 정의화 의장이 조금 주목을 받았었죠. 아마 여당으로부터 많이 비난을 받았을 겁니다. 왜 비난을 받았느냐? 그 이전에는 대체로 국회의장들이 여당이 시키는 대로 그냥 따라갔었는데 정의화 국회의장은 그게 아니다 해서 뭔가 야당의 입장도 들어주려고 하다 보니까 여당 내부의 다른 인사들한테 굉장히 비난을 받았죠. 특히 박근혜 대통령을 호위하려 했던 친박들한테요.

그런데 말이죠, 국회의 중요한 기능이 행정부에 대한 견제·감시 아니겠습니까? 그럼 그 역할을 적극적으로 하게 되면 정부 쪽에서 불편해하겠죠? 당연한 거 아니겠습니까? 그래서 우리나라가 지금 좀 애매한 상황입니다. 우리나라에서 지금 여당과 야당으로 부르고 있는데, 대통령제하고 여당·야당이란 말은 좀 맞지 않습니다. 정당이 집권했을 때 집권하는 당이 여당 아니겠습니까? 여·야 개념은 우리가 알고 있는 내각제에서 쓰는 말입니다. 우리가 대통령제의 전형으로 인용하는 미국의 경우에 정당을 두고 간혹 여당·야당을 쓰긴 하지만 일반적으로는 거의 쓰지 않습니다. 의회 다수당, 소수당 이렇게 얘기하고 있습니다.

그래서 원내 대표라는 호칭보다 다수당 대표(majority leader), 소수당 대표(minority leader) 이런 말을 쓰고 있습니다. 그러니까 2016년까지 행정부는 민주당 소속의 오바마 대통령 체제이고, 의회는 상·하 양원을 공화당이 장악하고 있는 상황 아니에요? 이걸 두고 행정부 주도 권력과 의회 주도 권력을 나눠 가진 분점정부(divided government)라고 부릅니다, 이런 분점

정부 상황이 자주 있습니다.

우리의 경우 대통령 소속의 정당이 당연히 국회도 주도해야 하는 것처럼 전제하고 있죠. 권력 분립 체제라는 대통령제 취지하고는 어울리지 않는 인식입니다. 국회의장이 '행정부에 대한 견제'와 '권력 분립'의 취지에서 자율적인 국회운영을 하려다 보면, 자칫 여당으로서는 불편해할 수 있을 겁니다. 19대 국회의 정의화 국회의장이 새누리당 출신이면서도 박근혜 정부의 친박세력들에게 비난받았던 게 그런 상황이었습니다.

그 이전에도 국회의장의 역할과 관련해서 논란이 있었던 핵심 쟁점으로는 본회의 안건의 의장 직권상정 문제가 있었습니다. 국회 교섭단체 간의 협의가 되지 않아서 안건이 본회의에 제대로 상정되지 못하고 지체될 때 국회의장이 일정 기간 심사기일을 정해주고 그 기일이 지나게 되면 국회의장 마음대로 상정할 수 있도록 한 겁니다. 우리가 그것에 대해 직권상정이라는 표현을 썼죠. 그런데 19대 때부터는 이른바 '국회선진화법'이라고 국회법이 개정되면서 무조건적으로 심사 기일을 지정할 수 없도록 만들어 놨습니다. 천재지변 등 특별한 경우에만 국회의장이 직권상정을 할 수 있도록 제한했습니다(국회법 제85조). 과거처럼 어느 한쪽이 일방적으로 국회를 끌어가지 못하도록 제도적으로 규정해놨지만, 반면에 협상과 타협의 정치, 즉 협치의 관행은 아직 만들지 못하고 있습니다. 이런 과도기적 진통을 겪었던 19대 국회를 경험하면서, 국회선진화법 체제를 다시 완화시키자는 주장도 나오고 있는 겁니다.

정권이 먼저 생기고 그 후에 여당이 생겨난 역사

선(先)권력, 후(後)정당의 한국 역사

정당이 권력을 장악하고 책임지는 내각제가 아니면서도 여·야당은 우리나라 정당정치를 규정하는 대표적인 개념입니다. 여·야당 개념을 우리나라에서 언제부터 썼을까요?

우리나라 최초의 여당은 무슨 당이었죠? 자유당, 그렇습니다. 자유당은 1951년에 만들어졌습니다. 그런데 우리나라 제1공화국은 1948년에 출범했고, 이승만 대통령 정부가 이때 시작합니다. 다시 말해 대통령이 먼저 있었고, 자유당은 나중에 만들어진 겁니다. 자유당이 공식적인 여당으로 등장하기까지 여당이라는 게 없었습니다. 여당이 없으니까 당연히 여·야당의 정당정치도 아직 없었습니다.

그 당시에는 우리나라가 정당에 기반을 둔 정치를 하지 않았습니다. 이승만 대통령도 정당에 기반을 둔 정치에 대해서 아주 비판적으로 얘기했던 분입니다. 우리는 하나의 민족이라는 이른바 '일민주의(一民主義)'를 말하면서 분파적인 정당정치의 폐해를 지적했습니다. 안호상 당시 문교부장관이 일민주의 이념을 설파하는 선두에 섰고, 각 대학들에 일민주의연구소가 만들어지기도 할 정도였습니다.

그럼 정당이 없으면 모두 무소속인가요? 이미 그때도 정당 이름을 가진 정치단체도 있었고, 거기에 소속돼 활동하는 정치인도 많았습니다. 그런데 국회 운영 과정이나 선거에서 정당의 특별한 지위가 없었습니다. 어떤 게 정당이냐는 것도 불확실한 단계였습니다. 법으로 특별한 지위를 부여받거나 특별한 혜택을 받을 게 없다면, 그냥 만들면 되는 거죠. 당시의 정당은 임의 정치단체로 보아도 무방할 겁니다. 당시에 자기들이 만나는 음식점, 요정의 이름을 빗대어 정치단체를 만들기도 했습니다. 어떤 사람은 '정당이라는 이름을 붙이면 정당이다'라고 얘기할 수 있다고 했습니다. 또 정당에 보면 '당'이란 이름이 없는 것도 있죠? 무슨 '연합' 이런 말이 들어가는 이름도 있죠. 결국에 뭐가 정당의 의미를 갖느냐 하면, 그 나라에서 법으로 정당이라고 인정해주면서 정치자금도 지원해주고 정치 참여의 특별한 권한도 주는, 그게 정당의 의미를 갖는 겁니다. 그런 규정이 사실은 1950년대까지도 없었습니다. 우리나라의 정당의 권한이 제대로 법적으로 뒷받침된 것은 박정희 정부 시기인 1963년부터였습니다.

정당정치의 파당적 폐해를 들면서 부정하는 이승만 대통령이 원하는 정치는 어떤 걸까요? 자기는 모든 국민을 대표하는 거죠. 모든 의원들도 다 전 국민을 대표한다는 겁니까? 그런 의미도 찾을 수 있지만, 일단 이승만 대통령 자신이 모든 국민의 대표라는 겁니다. 모든 국민의 대표인 건 맞는 지적인데, 특정 정당의 지지가 아니라 정당을 넘어 전 국민의 지지를 받아야 한다는 인식이었습니다. 미국의 조지 워싱턴(G. Washington)이나 해밀

턴(A. Hamilton)처럼 다른 나라에서도 초기 통치권자들은 파당의 폐해라는 관점에서 정당에 대한 부정적 입장이 자주 보입니다. 그렇지만 이승만도 나중에는 상대 세력과 경쟁하기 위해 조직이 불가피하게 필요하다는 점을 말하면서 1951년 최초의 여당인 자유당을 창당합니다. 물론 그렇더라도 정당정치 자체가 제도적으로 뒷받침된 건 아니었습니다.

우리나라에서 대통령 직선제는 1952년 제2대 대통령 선거 때부터 채택됐죠. 1952년 대선에서 이승만이 자유당 소속으로 대통령에 출마했는데 기호 1번이 아니었습니다. 1번은 무소속, 조봉암 후보였습니다. 정당은 자기가 어느 정당 소속이란 건 표현할 수는 있지만, 정당이라고 해서 특별한 권한이나 혜택을 준 건 아니었습니다.

후보 기호는 어떤 무슨 기준으로 뽑았을까요? 당시에는 정당이나 무소속 상관없이 추첨을 했습니다. 이후에도 추첨을 많이 했습니다. 사실 그게 공평한 거죠. 지금은 큰 정당 순으로 1, 2번 주고 심지어는 전국적으로 통일된 기호를 줘버리죠. 그래서 사람보다는 몇 번인지 번호만 보고 찍어버리는 경우도 적지 않을 겁니다. 한때 특정 지역에서는 정말 특정 빈호만 보고 뽑는 경향도 있었죠. 사실 이건 굉장히 문제가 있습니다. 이 문제는 나중에 기회가 되면 좀 더 얘기할 겁니다.

처음 여당이라는 게 없을 때도 이승만에 비판적인 세력이 정당 형태의 조직을 만들기는 했습니다. 정부 수립 전부터 한국민주당이라는 조직이 있었고, 이승만 정권이 들어선 이후 1949년에 다시 민주국민당(민국당)으로 재결성됩니다. 민국당이 어떤 면에서는 정부 수립 이후 집권세력을 비판하고 견제한다는 차원에서 최초의 공식적인 야당이라고 할 수 있을지 모릅니다. 그러나 지적했다시피 공식적인 여당이 없었기 때문에 본격적인 여·야당의 정치는 여당으로서 자유당이 등장한 이후라고 할 수 있겠습니다. 그리고 대통령 선거에서 여·야당의 후보가 본격적으로 경쟁한 것은 1956년 3대 대통령 선거였습니다. 자유당 소속의 이승만과 민주당 소속의 신익희 후보의 대결이었죠. 물론 신익희 후보가 선거운동 기간에 급서하면서 당시 선거는 자유당 이승만 대 진보당 조봉암 후보의 대결로 치르게 됩니다.

자유당을 토대로 이승만 정권이 들어선 게 아니라 이승만 정권이 들어선 다음에 여당 자유당이 만들어졌다고 그랬는데, 이런 양상은 이후에도 계속됩니다. 민주공화당(공화당), 박정희 정권 시기에 여당이었죠. 그런데 그 공화당을 토대로 박정희 정부가 탄생한 걸까요, 권력을 잡아서 그 후에 공화당을 만든 걸까요? 쿠데타, 네. 5·16을 통해 권력을 잡고 나서 공화당이란 조직을 김종필 등이 중심이 돼 만들었던 거죠.

그다음 전두환 정부 시기에 여당은 민주정의당, 줄여서 민정당이었죠. 그렇다면 민정당을 통해서 전두환 정권이 탄생한 걸까요, 아니면 권력을 잡고 그 후에 민정당을 만든 걸까요? 쿠데타로, 네 맞죠. 상당기간 동안 우리나라 여당이란 것은 그 당을 토대로 권력이 만들어진 게 아니라 다른 방법으로 권력을 장악하고 나서 여당을 만들었던 그런 상황입니다.

이런 형태로 여당이 만들어지고. 이에 맞서는 세력이 야당으로 뭉치면서 우리의 정치는 상당 기간 동안 여·야당의 정치가 중심이 됩니다.

여당·야당의 개념과 태동

원래 여·야 정당 하면 집권하는 정당이 여당이 되는 거겠고 거기에 맞서 차기 집권을 노리며 비판도 하는 정당이 야당이 되겠는데요, 정당이 집권하는 것은 우리가 흔히 이야기하는 의원내각제 체제죠. 우리나라 같은 대통령제에서 여·야당 개념은 사실상 적합하지 않습니다. 대통령제는 물론 미국도 쓰고 있고, 남미 국가들에서도 채택한 나라들이 있긴 합니다. 그래도 우리가 모범적으로 이야기하는 대통령제 국가는 미국 정도가 아닐까 합니다. 앞에서 이야기한 바 있듯이 미국에서는 원내 다수당·소수당 개념을 쓰지 여당·야당의 개념은 별로 쓰지 않습니다. 그럼에도 우리나라에서는 이런저런 역사적 배경 속에서 여·야당의 정치가 형성됐는데요.

우리나라 최초의 여당, 이승만 정부 때 여당이 자유당이었죠. 그리고 나서 4·19 이후에 잠깐 동안 1년도 채 안 되게 민주당 정권이 있었고요. 그 후 박정희 정부의 공화당이 18년 동안 집권을 하게 되죠. 민주공화당이죠. 박정희 정권 당시 집권당, 줄여서 공화당이라고 불렀습니다.

공화당 하면 상징하는 동물이 있었는데요, 황소였습니다. 미국에서는 공화당과 민주당이 서로 비난하면서 코끼리와 당나귀에 빗댔던 것이 각자를 상징하는 동물로 굳어지기도 했지요. 한때 친박이 새 당을 만든다면 용을 상징으로 쓰지 않을까 하고 농담을 한 적이 있습니다. 국정농단의 한 축으로 등장했던 미르재단의 미르가 용이라는 뜻을 두고 한 말입니다.

야당에서 선거 공세 때 여당을 공격하는 구호가 있었습니다. 당시 1960년대에는 먹고사는 문제가 커서 '배고파서 못살겠다'는 말이 유행하던 때였는데, '황소라도 잡아먹자'는 말을 야당에서 썼습니다. 집권여당인 공화당의 상징 동물을 공격하는 말이었겠죠. 전두환 정부 제5공화국 시기에 여당 민정당은 노태우 정부 시기에 민자당으로 통합·확대됩니다. 그때의 민자당이 계속해서 이름이 바뀌면서 새누리당으로까지 이어진 겁니다.[*] 그 중간에 두 번의 다른 정부가 있었지요. 김대중 정부, 노무현 정부.

김대중 정부는 여·야를 바꾸면서 집권합니다. 새정치국민회의라는 야

---

[*] 이 새누리당은 탄핵 정국을 거치면서 자유한국당과 바른정당으로 분열됩니다.

당을 이끌고 집권해 여당이 됩니다. 형식상으로는 정당조직을 토대로 선거를 통해 집권한 최초의 정권이었습니다. 새정치국민회의는 집권 이후 2000년 새천년민주당으로 확대·재편됩니다. 새천년민주당을 토대로 대통령에 당선된 분이 노무현 대통령이었죠. 그런데 또 당선 이후 새롭게 집권여당을 만듭니다. 그 집권여당이 열린우리당이었습니다. 이 열린우리당은 노무현 정부가 끝나갈 무렵, 국민의 신뢰를 잃고 새로운 통합야당에 흡수되면서 해소됩니다. 그리고 이명박 대통령이 집권하면서 다시 한나라당이 집권여당이 됩니다.

노농당(勞農黨)으로 출범한 최초의 집권여당 자유당

지난번에 이승만 대통령은 정당정치에 대해 부정적이라고 이야기했었죠? 하나의 민족이라는 '일민주의'라는 말을 설파했습니다. 정당은 영어로 'party'라고 합니다. 전체를 대변하는 게 아니라 특정 부분, 'part'를 대변하는 거죠. 정당의 파당적 속성을 부정적으로 지적한 겁니다. 일민주의는 사회 전체가 유기적으로 통합돼 있어야 한다고 보는 전체주의의 사회론에 가깝다 할 수 있겠습니다.

그런데 우리가 받아들이고 있는 오늘날 대의민주주의는 다양한 사회구조를 전제로 합니다. 그런 만큼 다양한 분파의 정당들이 발생하는 것도 허용하고 있습니다. 정당의 부정적 속성을 최소화하고 긍정적 속성을 최대화시키도록 하는 게 그 나라 정당정치 제도의 과제입니다. 어쨌든 이승만은 분파적 정당정치를 부정적으로 보았습니다. 그럼에도 권력투쟁 과정에서 자신을 지지하는 정당 조직이 필요하게 됐던 겁니다.

1951년 8·15 경축사에서 이승만은, 원하던 바는 아니었지만 정당을 만드는 것이 불가피한 상황이라고 말했습니다. 본인이 정당정치를 하지 않다 보니까, '돈이 많고 많이 배운 사람들만 정당을 만들어 자신들의 이익을 대변하고 있다'는 거였습니다. 그게 누구냐면 당시 한민당, 민국당 사람들을 지칭하는 거였죠. 이들이 특별하게 제도적으로 혜택을 받거나 하는 건 아니었지만, 정당이든 무엇이든 조직화된 세력이 유리하게 마련이죠. 더구나 그런 조직이 이승만에 대한 비판 세력의 구심점이었던 겁니다. 당연히 이승만은 불편했고, 자신을 뒷받침할 조직을 만들고자 했습니다.

명분은 부자, 식자층의 정당이 아니라 보통사람, 서민을 대변하는 정당을 만들겠다는 거였습니다. 사실 기존의 정당 활동을 하는 사람들 중에는 식자층이 많았습니다. 일제 때 유학 갔다 온 사람들, 지주 집안 출신들. 한민당에 그런 사람들이 많았죠. 이승만은 그걸 두고 이야기했던 겁니다.

나중에는 자유당으로 바뀌게 됐지만 원래 자유당의 명칭은 노농당이었습니다. '노민(勞民)·농민(農民) 대중(大衆)을 대표하는 노농당(勞農黨)을 자유당으로 바꾼 것'이라고 이승만 대통령이 공식 담화에서 밝힌 바 있습니다 (1952년 1월 14일 이 대통령의 정당에 관한 담화, 공보처 발표). 그러면 우리가 노농당으로 출발한 자유당이 노동자, 농민, 하층민을 위한 정당이었느냐, 그렇게 말하기는 어렵죠. 집권세력을 위한 여당이었다고 볼 수 있습니다.

한국 정당정치의 태동과 촉진 요인

결국 권력투쟁의 필요성 때문에 자연스럽게 정당이라는 이름을 붙이는 정치조직이 만들어지게 된 겁니다. 여기에 추가적으로 우리나라에 정당정치가 구축돼가는 계기가 있습니다. 먼저 교섭단체 제도의 도입을 꼽을 수 있습니다. 일정 수 이상의 의원들이 모여 교섭단체를 구성할 수 있도록 해

국회운영의 주요 주체로 삼아 국회운영을 원활하게 하자는 취지의 제도죠. 제헌국회가 출범할 때 맨 처음에는 교섭단체 제도가 없었습니다. 1949년 7월 국회법을 개정해 교섭단체 제도를 도입하게 됩니다. 당시 명칭은 교섭단체가 아니라 '단체교섭회'였습니다.

현재 국회법에는 20명 이상으로 교섭단체를 구성하도록 돼 있습니다. 원내 의원 수가 많은 정당도 단일 교섭단체로 등록하게 돼 있고요. 국회의 교섭단체에 해당되면 정치자금도 지원해주고 국회 내부에 자리도 주고 여러 가지 혜택이 있죠. 예컨대 현재 정치자금 국고보조금을 배분할 때 전체의 50%는 무조건 교섭단체를 대상으로 동일하게 배분하게 돼 있습니다. 또 국회에서 공식적으로 교섭단체별로 발언할 기회도 주고. 교섭단체 대표들 간의 협의를 통해 국회 의사일정이나 주요 사안들이 결정되기도 합니다.

4·13 총선을 통해 구성된 20대 국회에는 더불어민주당, 새누리당, 국민의당 이 세 정당이 교섭단체로 등록했습니다.* 정의당도 원내에 진출했지만 6석밖에 되지 않아 교섭단체는 아닙니다. 20석 미만의 정당이나 무소속이 결합해 교섭단체를 구성할 수도 있지만, 서로의 뜻이 맞아야 하고, 현재는 정의당과 나머지 무소속 등을 합해도 11석밖에 되지 않습니다.

교섭단체 정수 기준을 몇 명으로 하느냐, 다양할 수 있습니다. 1949년 개정 국회법을 통해 맨 처음 도입될 때도 현재와 같은 20명이었는데, 1960년대에는 10명이 기준인 적도 있었습니다. 그때 10명 이상으로 하게 된 계기가 있었는데요, 그 당시 제2공화국 때 잠깐 우리나라에 양원제가 실시되면서 상원에 해당하는 참의원이 있었습니다. 제도적으로는 1952년 1차 개

• 이후 새누리당이 자유한국당과 바른정당으로 분열돼 교섭단체가 네 개가 됩니다.

헌을 통해 양원제가 헌법에 도입됐지만, 시행은 유보된 채 끝났습니다. 제2공화국에서 이 참의원의 전체 정수가 58명밖에 안 됐기 때문에 내부 교섭단체 기준을 규모를 10명 정도로밖에 할 수 없었습니다. 그리고 이 전통이 다음 박정희 정권에도 유신체제 이전까지 이어집니다.

최근에는 소수 정당들의 활동을 위해 20명보다 기준을 낮춰야 한다는 주장도 있습니다. 아예 '교섭단체 제도를 굳이 둘 필요가 있느냐' 하는 근본적인 문제제기를 하는 사람도 있습니다.

1949년 처음 교섭단체 제도가 도입됐을 때는 지금처럼 정당정치가 정착되기 전이니까 마음 맞는 사람들끼리 20명 이상씩 모여 결사체를 만들어 등록했겠죠. 한 정당이 원내의석 수가 아주 많아 교섭단체를 두 개 구성할 수 있는 정도여도 하나의 정당은 하나의 교섭단체로 등록해야 한다고 했는데, 그런 특별한 규정이 없던 때도 있었습니다. 정당 자체에 대한 특별한 규정이 없었던 시절입니다.

정당에 관한 법적인 특별한 규정이 없던 시절에, 사실상 이 교섭단체가 정당의 초기 형태가 됩니다. 교섭단체는 국회를 무대로 유용한 정치조직이었습니다. 그런데 교섭단체가 적극적이고 오랫동안 활동하면서 규율도 정해지고 하면 그게 정당으로 발전하겠죠. 결국 교섭단체 제도의 도입이 우리나라 정당정치를 촉진시키는 하나의 배경이 됐다고 볼 수 있다는 겁니다. 또 다른 여러 가지 배경이 작용하면서 우리나라 정당정치가 전개되는데, 어떻게 해서 우리나라의 정당정치가 발전이 됐고 우리나라의 정당정치를 규정하게 됐는가를 이어서 살펴보겠습니다.

'정당체제의 민주화'는 가능할까

지난주부터 정당정치에 대해서 얘기를 나누고 있는데요, 우리나라에서 어떻게 해서 정당이 태동했고 성장해갔는가, 그런 과정 얘기를 시작하다가 말았습니다. 지난주에 교섭단체에 관한 얘기를 했을 겁니다. 교섭단체가 곧 정당은 아니지만, 교섭단체가 안정적으로 정착되면 결국에 정당이 되는 거죠. 그래서 교섭단체 제도가 우리나라에서 정당을 촉진시키는 하나의 배경이었다고 볼 수 있겠고요.

또 하나, 기본적으로는 정당이 태동할 수밖에 없는 게, 사람들이 개별적으로 정치적인 경쟁을 하는 것보다는 조직을 결성해서 하는 게 유리하니까 당연히 조직을 결성하게 된다는 점입니다. 정치권력 투쟁에서 조직이 태동되는 건 동서고금을 통해서 계속 있었을 겁니다. 그걸 현대적인 의미로 정당이라고 해주는 거고, 나라에서 보호해주거나 특권을 주면 공식적인 정당이 되는 거죠.

그리고 또 하나, 우리나라의 정당이 발전하게 된 것은 대통령과 국회의 갈등이 생기면서였습니다. 대통령이 국회와 갈등이 생기니까 뭘 만들었습니까? 자기가 조종할 수 있는 정당을 만들었던 거죠. 이승만 대통령이 만든 것이 자유당이었죠. 그걸 여당이라고 불렀고, 또 거기에 맞서 싸우는 세력 역시 자기 정당을 강화하게 되죠. 그렇게 돼서 나온 게 야당이 되는 거고요. 그러다 보니까 대통령을 둘러싼 권력투쟁은 여당과 야당의 갈등관계로 이어지고, 상당 기간 동안 여·야당의 대결정치가 우리나라 정당정치의 중심을 이루게 됩니다. 지금도 마찬가지죠?

당정 업무협조를 위한 규정이 만든 여당 개념

여당과 야당의 위치가 법으로 정해져 있느냐는 질문이 들어왔습니다. 굉장히 좋은 질문입니다. 어떨까요? 법으로는 정하진 않았지만 국무총리 훈령으로 정해진 게 있습니다. 굳이 왜 훈령으로 정하고 있느냐? 정치적 차원의 여·야당의 역할 같은 것을 구분해주기 위해 그런 건 아닙니다. 현재 여당은 공무원들을 파견받을 수 있고 기타 여러 가지 지원을 받을 수 있습니다. 정부와 당정협의도 합니다. 일반적으로 보자면 정당은 정치적인 조직인데 그냥 공무원들을 파견받을 수는 없는 거 아닙니까. 불가능하죠. 그런데 국민총리 훈령으로 정부의 지원을 받을 수 있도록 '당정업무협조규정'을 만들어 대통령이 소속된 정당을 여당으로 규정한 겁니다. 이에 따르면 여당과 정책 공조를 합의한 정당, 즉 연합세력도 여당으로 보게 됩니다.

한나라당이 여당일 때 친박연대도 여당이었을까요? 만약에 서로가 정책 공조를 하는 연합세력으로 선언했으면 여당처럼 지원받을 수 있었겠죠. 그런데 당시에 공식적으로 연합을 선언하지는 않았습니다. 그 이전에 공식적으로 두 개의 정당이 여당으로서 지원을 받았던 시기가 김대중 정부 때였습니다. DJP 연합을 통해 김대중의 '새정치국민회의'와 '자민련(자유민주연합)'이 공동 여당이었죠. 1996년에 당정협조업무 운영규정이 국무총리 훈령으로 만들어졌는데, 이후 조금씩 수정된 훈령이 나오기는 합니다. 기본적으로는 대통령이 소속한 정당이 여당이지만, 상황에 따라서 연합세력도 여당으로 도움을 받을 수 있도록 합니다.

그런데 말이죠, 대통령이 탈당하면 당연히 여당도 없어지겠죠. 그래서 어떤 경우는 정권 말기 대통령이 탈당하면서 그것을 여·야를 넘어 선거를 중립적으로 관리하기 위한 거라고 포장하기도 합니다. 박근혜 대통령이 직무가 정지된다면 여당으로서 지위도 정지가 될까요? 생각해볼 만한 과제입니다.*

대통령과 여당의 관계는?

여당은 정부의 협력만 받을까요? 당연히 그만큼 책임도 져야 합니다. 보통은 대통령이 권한은 행사하고 다음 선거에서 책임은 대통령이 아니라 여당이나 후임 후보가 책임을 지게 돼 있는 우리나라 정치구조입니다. 권한과 책임이 일치돼 있지 않은 거죠. 이게 제대로 작동되려면, 나중에 책임을 지게 되는 여당도 대통령과 더불어 주도적 권한을 행사할 수 있어야 합니다. 그런데 그러면 사실상 내각제가 되는 거죠. 이런 점에서 현재 우리나라 여당의 지위와 역할은 매우 애매합니다.

● 헌재에서 탄핵이 결정되고는 새누리당, 이후 자유한국당은 여당의 지위를 공식적으로 상실합니다. 2017년 5월 9일 선거를 통해 문재인 대통령이 집권하여 더불어민주당이 새로운 여당이 될 때까지 2개월 이상은 우리나라에 여당이 없었다고 할 수 있습니다.

물론 명목상으로는 대통령과 여당은 국정에 대해 공동으로 책임을 진다고 합니다. 2016년 말 탄핵 정국 당시 여당이었던 새누리당의 당헌을 보면 '대통령에 당선된 당원은 당의 목적을 충실히 국정에 반영하고 당은 대통령의 국정운영을 적극 뒷받침하며 그 결과에 대하여 대통령과 함께 국민에게 책임을 진다'(제8조 당과 대통령의 관계)고 돼 있습니다. 그러나 알다시피 늘 여당은 대통령에 종속된 역할이었습니다. 이른바 '배신의 정치' 파동을 기억할 겁니다. 당시 박근혜 대통령은 여당 원내대표의 행보가 자신의 뜻과 다르자 '배신의 정치'라고까지 규정했던 거죠.

대통령과 여당은 대부분 같은 목소리를 낼 수밖에 없는 구조인 것 같은데, 그럼에도 항명 파동이 있지 않았나요? 여당 정치인이 대통령의 지시나 뜻에 거슬러 나타난 정치적 사건들이 항명 파동으로 불리기도 했었죠.

그렇지만 옛날에는 대통령이 여당을 완전히 장악하고 있었기 때문에 소리를 내기 힘들었습니다. 그때는 일반 국민도 막걸리 먹다가 조금 비판적인 목소리를 내면 잡혀가고 그런 시절이었는데요, 그래서 그 시기에 '막걸리 보안법'이니 '막걸리 반공법'이니 하는 말이 있지 않았습니까? 하물며 같은 조직원이라고 할 수 있는 여당의 구성원들이 대통령의 말을 거스르기는 더 어려웠을 겁니다. 그럼에도 한두 번 사건이 있었기 때문에 우리나라 정치사에서 항명 파동이라고 부르는 게 있지요.

여권에서의 항명 파동, 코털이 뽑히기까지

박정희 대통령 시기인 1971년 9~10월경, 유신 직전이었는데요, 그때의 상황을 잠시 얘기하자면 당시 물가가 오르고 경제가 아주 안 좋았어요. 또 실미도 사건이라고 알죠? 북한 침투 특수부대 훈련소가 있는 곳, 인천 앞

쪽의 실미도, 그 특수부대원들을 용도폐기하려고 하자 부대원들이 무장 탈출을 해서 서울까지 들어오고 했던 사건이죠. 알다시피 〈실미도〉 영화로도 만들어졌습니다. 그뿐만 아니라 광주 대단지 사건, 이건 서울의 판자촌을 정비하려고 그 주민을 지금의 경기도 성남으로 강제로 이주시키면서 발생했던 사건인데요, 이렇듯 국가적인 여러 사건과 난맥상이 겹쳤던 당시 상황에서 그 책임을 물어야 한다며 야당인 신민당이 세 명의 장관에 대한 해임건의안을 발의한 겁니다.

박정희 대통령이 공화당 간부들을 불러 해임안 반대표 단속까지 했지만, 당내 비주류 지도급 인사였던 김성곤, 길재호 등이 야당과 손잡고 해임안을 통과시켜버리게 됩니다. 네, 이른바 항명 파동입니다. 그러니까 대통령의 명령에 맞섰던 겁니다. 김성곤, 백남억, 김진만, 길재호, 이 4인을 흔히 항명 4인방이라고 부르기도 합니다. 이들은 중앙정보부에 붙들려 가서 고초를 당했다고 합니다. 콧수염으로 유명한 김성곤 의원은 공화당의 재정위원장을 맡았고 박정희 대통령과도 아주 친했던 분으로 알려졌는데, 중앙정보부에서 고초를 겪을 때 코털까지 뽑혔다고 전해집니다. 공화당을 탈당하면서 의원직도 잃게 되죠. 제3공화국 헌법에서는 대통령과 국회의원은 반드시 정당 추천을 받도록 돼 있어, 정당 소속이 아니면 의원직을 잃게 돼 있었습니다.

이것이 이른바 '10·2 항명 파동'이었는데요, 그 이전에도 여당 공화당 의원들이 가세해 권오병 문교부장관의 해임안을 통과시켜버렸던 1차 항명 파동이 있었습니다. 1969년이었죠. 그리고 조금은 다르지만 앞서 지적했던 2015년 6월의 '배신의 정치' 파동도 박근혜 당시 대통령과 여당 새누리당 원내대표 유승민 의원과의 갈등이었죠.

대통령의 입장과 맞물린 여당 내부의 항명 같은 것도 있었습니다. 2016

년 국정농단 정국 초반에 이정현 당시 새누리당 대표가 일주일간 단식농성을 했었죠? 그러면서 국회에 국정감사를 여당에서 보이콧하자고 했었는데, 여당 소속인 김영우 국방위원장이 '특히 국방 문제는 어느 때라도 지체가 돼서는 안 된다'고 하면서 진행을 합니다. 일부에서는 여당 의원들이 김영우 국방위원장을 상임위에 못 나가게 감금 비슷하게 하기도 했었죠.

야당에서 당명을 따르지 않는 경우도

야당에서도 당명에 따르지 않고 독자적인 행동을 하는 경우들이 드물지만 있습니다. 이는 항명 차원의 문제보다는 오히려 국회의원들의 개인적 판단과 당론과의 관계입니다. 개인의 소신이나 판단이 당론과 어긋날 때 어떻게 할 것인가의 문제죠. 그랬을 때 당론을 따르는 게 맞느냐, 아니면 본인의 정치적인 의사에 따라서 활동하는 게 맞느냐? 획일적으로 결론을 내리기보다는 상황에 따라 다를 겁니다. 또 나라에 따라 정당에 따라 당론의 강제성 정도가 다르기도 합니다.

당의 기율(紀律), 영어로는 'discipline'이라고 하는데, 이 기율이 강한 나라가 있고 약한 나라가 있습니다. 우리나라와 미국의 정당 기율을 비교하면 어떨까요? 짐작하신 것처럼 우리나라가 강합니다. 미국 정당의 특성을 얘기할 때 대표적인 것이 당의 기율이 약하다는 겁니다. 예를 들면 민주당 소속, 공화당 소속이라고 해도 자기 선택에 따라 행동의 자유의 폭이 굉장히 넓고 정치적 성향도 굉장히 다양하죠. 우리나라는 정당 소속이었다가 혼자서 다른 행동을 하면 정말 주목을 받고, 심지어는 쫓아내야 한다 말아야 한다, 그런 얘기를 듣게 되죠? 당 주도세력의 눈 밖에 났다간 공천을 못 받게 되기 때문에 당 주도세력이 이끄는 당론을 벗어난 독자행동을 하기가 어려운 환경입니다.

카리스마가 강한 지도자로 알려진 김대중 대통령이 과거 야당을 주도할 때도, 드물지만 반대세력이 독자적인 결사체를 만들기도 했습니다. 1991년 평화민주당 시절 이해찬 의원 등은 '정치발전연구회'를 만들어 탈당까지 하기도 했습니다. 다음 해 공천을 받으면서 합류했죠. 박근혜 전 대통령도 2002년 당시 이회창 한나라당 총재의 당 독재를 비판하다가 탈당한 적이 있었습니다. 그래서 한국미래연합이라는 정당까지 만들었다가 12월 대선을 앞두고 복귀해 이회창 후보를 지원합니다. 물론 당시 갈등은 당 운영방식을 둘러싼 권력투쟁의 성격으로 봐야 할 겁니다.

또 이미경 의원이라고 알 겁니다. 이번에 20대 때는 국회의원이 안 됐는데요, 은평구가 지역이고 5선이죠. 제가 몇 주 전에, 우리나라 여성 국회의원 중에는 최다선이 5선이라는 얘기를 했던 것 같은데요, 현재의 추미애 더불어민주당 대표가 5선입니다. 그리고 과거에 박순천 여사가 5선을 했습니다. 박근혜 대통령도 횟수로는 5선입니다. 추미애 대표는 현재 지역구에서만 5선을 한 사례고, 앞에 박순천 여사나 이미경 전 의원은 전국구 또는 비례대표도 포함해서 5선을 했습니다. 박 대통령도 잠깐 하고 사퇴했던 19대 때는 비례대표로 당선됐었죠.

그 이미경 의원이, 김대중 정부 때였는데요, 동티모르 평화유지군 파견 관련해서 당시 야당이었던 한나라당의 당론이 '반대'였는데, 한나라당 소속 비례대표 이미경 의원만 '찬성'을 했습니다. 물론 다음 해 총선 때 이미경 의원은 여당인 새천년민주당에 합류합니다.

그런데 국회의원 개개인이 헌법기관이라고 말하면서 반드시 당론에 따라야 할까요? 자신의 판단에 따라 자유투표도 할 수 있을 건데요. 당론에 따르지 않는다는 이유만으로 보복을 받는 것을 시정하는 장치는 없는 걸까요? 결국은 공천권자가 어떻게 하느냐의 문제이고, 그래서 공천이 문제가 됩니다. 근본적으로는 큰 정당의 독과점 특권이 너무 큰 우리나라 정당체제의 문제가 바탕에 있습니다. 특정 정당 소속이라는 것 때문에 누리는 혜택이 워낙 크기 때문에 그 정당의 굴레를 벗어나기가 쉽지 않다는 겁니다. 본인의 능력만 있다면 경우에 따라서 무소속으로 나가도 당선 가능성이 있어야 하는데, 정당 소속이냐, 무소속이냐에 따라서 지지율이 엄청 달라집니다. 또 큰 정당 소속이냐 작은 정당 소속이냐에 따라서도 큰 차이가 납니다.

정당 독과점과 과도한 특혜

새누리당 내부에서 주류 친박계의 눈 밖에 났던 유승민 의원, 우여곡절 끝에 무소속으로 당선이 됐죠. 새누리당에서 그 지역에 공천을 하지 않았는데요, 만일 공천을 해서 경쟁을 했다면 비교적 경쟁력이 있다는 유 의원의 당선도 보장할 수 없었을 겁니다. '옥쇄 파동'을 겪으면서 거기를 무공천 지역으로 받아낸 겁니다. 우리나라는 정당에 대해 과도한 특권을 주고 있습니다. 특히 큰 정당에는 특혜를 더 많이 줍니다. 그런 문제를 해결해야 할 겁니다.

저는 그걸 전문용어로 '정당체제의 민주화'라고 합니다. 정당들이 국민이 보기에 시원치 않으면 그 정당이 도태되고 새로운 정당이 나올 수 있어야 하는데, 한번 커진 정당은 기득권을 엄청나게 누리고 있어요. 만약 우리나라 정당체제가 안 바뀐다면 아무리 욕을 한다고 해도 대부분 새누리당, 더불어민주당 두 정당에서 당선이 되는 거죠. 그런 한계가 제3당 국민의당을 불러낸 측면이 있습니다. 2016년 4·13 총선에서는 제3당을 불러냈지만, 선거구제나 선거법 등에서 제도적으로 뒷받침하지 않으면 야당 독과점 경향은 지속될 소지가 있습니다.

물론 정당 특권 체제에서도 내부적으로 자유로운 의견을 표명해온 정치인들이 있긴 합니다. 국민의당 황주홍 의원 등이 그런 편이고, 과거 한나라당 계열에서도 지금 제주지사를 하고 있는 원희룡 의원도 소신 발언 등을 자주 했던 대표적인 정치인이었죠. 때에 따라서는 내부 총질하는 사람으로 지적되기도 하고, 오히려 소신 있는 정치인으로 평가받기도 합니다. 다음 시간에 조금 더 구체적인 내용을 가지고 우리나라 정당정치의 역사를 살펴보도록 하겠습니다.

한국이 양당제와 다당제를 오가는 조건들

불안한 양당제와 불안한 다당제를 오가는 한국 정당체제

큰 정당들의 독과점 문제를 지적하면서 정당체제의 민주화가 과제라고 말했는데요, 정당정치의 모습은 그 나라의 여러 조건에 따라 결정되겠죠. 기본적으로 정치체제 자체가 어떤 특성을 가지고 있는가, 대통령제냐 내각제냐, 중앙집권적이냐 분권적이냐도 있을 겁니다. 승자독식이냐 공존과 협의의 모델이냐도 아주 중요한 변수죠. 정당법이나 선거법 등은 정당정치의 유형에 직접적인 영향을 미칩니다. 그 나라의 정치문화도 영향을 미칩니다. 이런 여러 요소들이 작용한 가운데 나타나는 우리나라 정당체제의 특성 역시 여러 측면에서 규정할 수 있겠지요.

흔히 정당체제를 규정하는 기준 중 하나는 양당제와 다당제입니다. 그동안 우리나라의 정당체제를 규정한다면 불안한 양당제와 불안한 다당제를 왔다 갔다 하는 체제라고 저는 규정합니다. 즉 양당제가 만들어져 있는 것 같은데 그 양당제가 안정적으로 가지 못하고, 다시 깨져서 새로운 당이 생기고, 다당제 모형으로 가려고 합니다. 그런데 그 다당 체제가 정착되지 못하고 다시 통합되면서 양당 체제로 수렴합니다. 그러나 그 양당제 체제에서 불만을 가진 세력이 꿈틀거립니다. 그래서 양당제 역시 불안하고 다당제 역시 불안한 상태로 왔다 갔다 하는 체제라고 말한 겁니다.

우리나라의 정치 환경에 양당제를 이끄는 요소와 다당제를 이끄는 요소가 공존하고 있다고 할 수 있겠습니다. 분명 승자독식의 대통령제나 소선거구제 등은 양당 체제를 이끌어내는 대표적인 유인 요소입니다. 그런데 양당 체제가 다양한 사회적 욕구를 통합해내지 못하고 있는 겁니다. 물론 정당체제 자체가 다양한 개인들의 요구를 다 수렴할 수 없습니다. 그래서 정당정치를 부정적으로 보는 사람들은 정당이 다양한 시민의 정치 참여를 봉쇄하거나 왜곡시키는 역할을 한다고 비판합니다. 반대로 정당이 정치 참여의 통로를 만들고 정치적 통합 기능을 한다고 주장하기도 합니다. 그러나 근래 들어 우리나라 기성 양당에 대한 불만은 적지 않습니다. 그래서 성공 여부를 떠나 늘 제3당 운동이 나타납니다. 다양한 사회적 추세 또한 다양한 정치적 의사가 표출될 수 있는 다당제적 요소와 궁합이 맞습니다.

양당제와 다당제가 결정되는 여러 조건들

양당제란 말은 말 그대로 두 당이 그 나라의 정당정치를 계속해서 주도해가는 체제죠. 쉽게 기억하면 미국의 공화당과 민주당 체제를 들 수 있겠습니다. 영국의 경우도 대표적인 양당제 국가처럼 말해지기도 합니다. 영국의 대표적인 정당으로 보수당과 노동당 두 정당이 있죠. 그런데 영국은 꼭 그렇게만 말하기 어려운 측면이 있습니다. 특정 지역을 배경으로 하는 지역 정당들이 있습니다. 스코틀랜드처럼 분리독립까지 시도하는 지역도 있습니다. 영국뿐 아니라 분권 전통이 강한 나라들에선 특정 지역만을 기반으로 활동하는 정당이 있습니다.

우리나라는 특정 지역을 단위로 한 정당 활동을 할 법적 기반이 없죠. 전부 다 중앙선거관리위원회에 등록이 돼 전국적인 정당만 가능하도록 돼 있습니다. 우리나라에서 거론되는 지역주의 정당은 국가적인 정당인데, 특정 지역에서 많은 지지를 받고 있는 상황을 지칭하는 겁니다. 분권체제에서 나타나는 지역정당 개념하고는 다릅니다. 대부분의 나라에서는 그 지역에서만 등록해서 그 지역에서만 활동하는 정당이 있습니다.

스코틀랜드의 분권 운동을 배경으로 성장한 영국의 스코틀랜드 국민당은 지역을 무대로 하면서도 중앙에 진출을 해서 제3당을 만들고 있고요. 웨일스라든가 스코틀랜드의 지역 자체에서만 활동하는 정당을 감안한다면 수없이 많습니다. 그래서 영국도 양당제라고 그동안 해석돼왔는데 자세하게 보면 영국은 양당제가 아닙니다. 양당제의 대표적인 나라는 미국이라고 볼 수 있겠습니다.

반면에 다당제는 3당 이상의 체제가 정당정치를 이끌어나가는 나라겠죠. 수적으로 본다면 양당제가 아닌 다당제인 나라들이 많을 겁니다. 유럽의 경우 대부분 다당제인 곳이 많죠. 양당제에서는 이기는 쪽이 자연스럽게 원내 의석 등에서 과반을 차지하게 되겠죠. 다당제에서는 한 정당이 과반을 차지하는 게 쉽지가 않죠. 과반을 차지하지 못할 경우 과반의 지지를 받아 집권하려면 어떻게 해야겠습니까? 연립정부, 그렇습니다. 그래서 의원내각제 체제에서 다당제가 많은 편이고, 연립정부가 흔하게 나타납니다.

양당제와 다당제는 여러 조건에 따라서 결정이 되는데, 제도적으로 선거에서 1등만 뽑는 제도인가 여러 사람을 뽑는 선거인가가 매우 중요한 변수입니다. 간혹 '1등만 기억하는 더러운 세상' 이런 얘기를 듣기도 하는데, 1등만 뽑는 제도라면 다당제가 만들어지겠습니까, 양당제가 만들어지겠습니까? 양당제입니다. 우리나라가 1등만 뽑는 제도 아니겠습니까? 큰 정당에 소속돼 있지 않다면 1등 한 사람을 뽑는 선거에서 당선되기 어렵습니다. 큰 정당 위주의 양당제를 유인하게 만듭니다. 우리의 국회의원 선거제가 전문용어로 단순 다수결의 소선거구제입니다. 한 선거구에서 가장 많은 득표를 한, 1등 한 사람만 뽑는 제도이죠. 비례대표제도 가미돼 있지만, 그 비중은 전체의 6분의 1도 되지 않습니다.

비례대표의 비중이 커진다면 어떻게 되겠습니까? 비례대표제에서는 득표한 만큼 의석을 가져갈 수 있기 때문에, 1등이 아니어도 기회가 있습니다. 그만큼 소수 정당이 존속하고 성장할 수 있는 환경이고, 결국 다당제 친화적 제도라고 할 수 있겠습니다. 그래서 현재 우리나라 작은 정당, 소수 정당, 정의당 이런 쪽에서는 현행제도보다는 비례대표제로 가자고 얘기하고 있습니다. 기존의 큰 정당들도 우리나라 정당정치 개혁 방향으로 비례대표제의 강화, 아니라면 중대선거구제로의 개편에 명분상으로는 동의하고 있습니다. 선거제도의 개편 여부는 우리의 정당정치의 향배에 아주 결정적인 변수입니다.

또 하나 더 큰 게 있습니다. 우리나라 같은 대통령제가 양당제를 이끌겠습니까, 다당제를 이끌겠습니까? 대통령도 1등 한 사람만 뽑죠. 큰 세력을 배경으로 해야만 대통령이 될 가능성이 크고 결국 큰 정당의 기득권이 재생산되는 경향이 있기 때문에 양당제를 이끌죠. 더구나 우리나라의 대통령제는 강한 중앙집권체제와 결합돼 있습니다. 분권적인 나라의 경우는 전국적으로는 힘이 미약할지라도 특정한 지역을 배경으로 정당을 만들 수 있겠죠. 그 점에서 우리나라는 완벽하게 큰 정당만 크게 만드는 그런 요소가 있습니다. 대통령제에다가, 소선거구제에다가, 중앙집권체제가 중첩적으로 결합돼 있습니다. 결선투표제도도 없습니다.

그럼에도, 기존의 양당제를 불안정하게 만드는 요소가 있습니다. 우리나라는 중앙집권적이면서도 지역감정과 상호작용한 카리스마적 정치인들이 그 지역을 배경으로 정당을 만들기도 했습니다. 또 하나, 여러 가지 환경 때문에 양당으로 갈 수 밖에 없지만, 그 양당이 수용하지 못하는, 불만을 가지는 세력이 남아 있을 겁니다. 경우에 따라 기존 정당이 한계에 달하거나 새로운 시대적인 요구가 폭발할 수도 있습니다. 물론 그런 한계와 새로운 기대가 폭발하기 위해서는 그것을 담아내는 새로운 구심점이 있어야 합니다.

한때 '안철수 현상'이라는 게 그런 거였고, 프랑스에서 마크롱을 대통령으로 만들고 그가 주도하는 의석 하나 없던 정당 '전진(하는 공화국)'이 압도적 다수의 의석을 확보한 경우도 그랬습니다. 물론 프랑스에서 마크롱이 대통령에 당선되고 의석 0에서 전체 4분의 3을 싹쓸이할 수 있었던 배경에는 바로 결선투표제가 있었습니다.

여·야 대결의 정치와 양당제 강화 경향

우리 정치사에서 여·야 대결이 강화되면 양당제 양상도 함께 강화됐습니다. 정치적 경쟁이 다양화되면 그만큼 정당도 다양화될 여지가 커지지만, 집권세력과 야당의 대결로 단순화되면 야당이 하나의 세력으로 집결하려고 하겠죠. 그런 점에서 우리 정당체제의 양당제화 경향은 여·야 대결의 정치가 형성돼가는 역사와 궤를 같이합니다. 이승만 정권의 독재 경향이 두드러질 때부터 그런 양상이 생기기 시작했다고 볼 수 있겠습니다. 그런데 이승만 정권 시기에는 여당인 자유당과 대표적인 야당 민주당이 정당 대결의 중심이었지만, 무소속도 상당히 많이 원내에 진출했습니다. 박정희 정권에 들어서면서는 무소속의 입후보 자체가 제도적으로 봉쇄되게 됩니다.

5·16을 토대로 권력을 잡은 박정희 정권은 알다시피 1963년 선거를 통해 민간정부로 공식 출범을 하죠. 1963년의 제3공화국 헌법에서는 우리나라 대통령과 국회의원은 반드시 정당 추천을 받도록 했습니다(당시 헌법 제36조, 제64조). 명분은 정당정치가 우리 대의정치의 기반이 돼야 한다는 거였습니다. 무소속으로는 후보로 나설 수조차 없었죠. 이런 헌법 구조는 1972년 유신체제로 바뀔 때까지 계속됩니다. 그래서 5·16 주도세력은 제3공화국을 출범시키면서 여당인 민주공화당을 만들었죠. 야당 또한 1963년 선거 때에는 몇 개로 쪼개져 있었는데 나중에 야당이 신민당으로 통합이 됐습니다.

한 지역구에서 1인의 국회의원을 뽑는 소선거구제가 양당제적 경향을 이끈다고 했는데, 우리나라에서 한 선거구당 2인을 뽑는 중선거구제가 채택된 적도 있었습니다. 유신체제였던 1970년대와 전두환 정권 제5공화국 때 두 명씩 뽑는 중선거구제를 채택했었죠. 두 명을 뽑는 선거를 보면 1등과 2등뿐만이 아니라 3등 정당도 당선될 여지가 커질 수 있습니다. 그러나 유신 때에는 사실상 여·야 두 정당이 나눠 갖는다고 할 정도로 제3정당이나 무소속이 당선되는 경우가 아주 미미하고 양당제 경향이 뚜렷했습니다.

1980년대 제5공화국 전두환 정권 시기에는 유신체제 때보다는 좀 더 제3당 후보가 진출했습니다. 같은 독재정권에 중선구제인데 왜 이런 차이가 났을까요? 1970년대 유신 때는 중선거구제였지만 여·야 대결이 치열할 때 아니었습니까? 치열하니까 대표 야당에 대한 지지가 갔던 겁니다. 심지어 그 야당으로도 만족하지 못하고 제도 밖에서 재야운동이라는 것이 있을 정도였습니다.

전두환 정권 전반기 때는 선거에서 본격적인 여·야 대결이 이뤄졌다고 보기 어렵습니다. 당시 야당이었다는 민한당 등이 전두환 정권에서 허용한 수준의 야당이었습니다. 일부에서는 관제 야당이니 여당의 2중대니 하면서 깎아내리기도 했습니다. 그러다가 1985년 12대 총선 때부터 새로운 본격적인 야당이 등장합니다. 기존 야당에 새로운 야당의 등장으로 일시적으로 다당 체제가 됩니다. 그러나 1987년의 6월 항쟁과 민주화를 거치면서 정당체제가 재편됩니다.

민주화 이후 오히려 본격적인 다당 체제가 등장합니다. 소선구제였지만, 기존의 여당에다가 영남, 호남, 충청 등 지역별 기반을 가진 세력이 각기 원내에 진출합니다. 1988년 13대 총선이었는데, 그 이전 1987년 대선 후보 구도에서 이미 지역별 기반이 형성됩니다. 기존 여당인 민정당, 김영삼의 통일민주당, 김대중의 평화민주당, 김종필의 신민주공화당이 원내 교섭단체로 진출합니다. 우리나라가 매우 강한 중앙집권체제임에도 지역 감정과 상호작용한 지역별 유력 정치인이 이런 다당 체제를 가능하게 했던 겁니다. 그러나 이 다당 체제는 1990년 3당 합당으로 양당 체제로 통합됩니다. 그러나 1992년 14대 총선에서 제3당이 등장해 다당제가 됩니다.

현대그룹을 이끌었던 정주영 씨가 기성 정치권을 비판하면서 기업경영 경험과 재력을 바탕으로 통일국민당을 만들었는데 14대 총선에서 31석을 얻었습니다. 당시 코미디언 이주일 씨가 국회의원이 됐었죠. 탤런트 강부자 씨도 이때 국회의원을 했고요. 물론 이 정당은 오래가지 못합니다.

15대 국회 때도요. 다당제인 3당 체제가 성립이 됩니다. 집권여당 신한국당, 기존의 민자당 당명이 바뀐 거죠. 물론 민자당이 그대로 된 게 아니라 민주화운동 출신 일부가 새롭게 가세합니다. 나중에 유력 정치인으로 등장한 이재오, 김문수 이런 사람들이 당시에 합하면서 이때 신한국당으로 개편이 됩니다. 여기에 김대중이 정계에 복귀해서 새롭게 만든 정당, 새정치국민회의가 있었고요. 민자당으로 합류했던 신민주공화당이 거기에 불만을 품고 나와서 자유민주연합, 약칭 자민련을 만들죠. 자민련은 1996년 15대 총선에서 50석을 얻게 됩니다. 1988년 13대 총선 때의 4당 체제 이후 제3당으로서 가장 큰 의석을 가져갔었죠. 이 힘을 토대로 나중에 DJP연합을 통해 김대중 정부의 한 축이 됩니다.

유력 정치인을 가장 많이 배출한 1996년 15대 총선

1996년 15대 총선, 지난 10여 년간 우리나라 정치에서 최고 정점에 달해 있는 사람들 중 상당수가 이 15대 총선을 통해서 원내에 진출했습니다. 그래서 우리나라의 정치엘리트 배출에 가장 중요한 시기가 1996년 15대 총선이었다고 얘기할 수 있습니다.

참고로 15대 총선을 통해 원내에 진입한 주요 정치인들을 보자면, 전 국회의장 정의화, 현 20대 국회 국회의장 정세균, 더불어민주당 대표 추미애, 이전 당 대표급을 역임한 정동영, 천정배, 김한길, 새누리당 대표를 했던 김무성, 이재오, 김문수, 홍준표가 다 그때 등장했습니다. 15대 총선을 앞두고 당시 김영삼 대통령은 구(舊)군부정권 출신이 주류였던 민자당을 재편하면서 민주화운동 진영 등의 세력을 끌어모았고, 김대중 당시 총재도 정치재개를 하면서 정치적으로 유망한 인물들을 대거 충원해 '새정치국민회의'를 창당했습니다. 여·야 모두 많은 새로운 인물들을 충원했고, 이들이 이후 한국 정치의 유력 인물들로 성장했던 거죠. 물론 이제 우리의 정치는 이미 그 시절을 넘어 또 새로운 세대로 넘어가고 있습니다.

16대 총선 이후 여·야 양당의 흥망사

16~19대 총선의 양당제

지금까지 양당제와 다당제가 오갔던 한국 정당정치의 전개과정을 1996년 15대 총선까지 살펴보았습니다. 이후 16대 총선 때부터는 대체로 양당제가 그대로 유지돼왔습니다. 16대 총선이었던 2000년 총선에서는 한나라당과 새천년민주당의 양당 체제로 나타났지요. 15대 총선에서 원내 50석을 차지하면서 3당 체제를 구축했던 자민련은 16대 총선에서 17석으로 위축돼 사실상의 양당 체제가 됩니다.

기존의 새천년민주당이 열린우리당과 새천년민주당으로 분열돼 치른 2004년의 17대 총선 결과도 양당 체제로 귀결됩니다. 이른바 탄핵 정국에서 치렀던 당시의 선거 결과는 기존의 한나라당과 새 집권여당이 된 열린우리당의 양당 체제가 됩니다. 김대중 정부의 집권여당이었던 새천년민주당은 분열의 후유증과 탄핵 정국에서 원내 9석의 정당으로 추락하게 됩니다. 또 당시 17대 총선에서 정당명부비례대표제가 처음 도입되면서 진보 정당인 민주노동당이 10석을 차지해 원내 제3당으로 도약합니다. 4당이 원내에 의석을 진출시켰지만, 교섭단체 수준에서는 양당제였습니다.

이명박 대통령이 집권하면서 여·야가 바뀐 상황에서 치렀던 18대 총선 역시 한나라당과 통합민주당의 양당 체제를 만듭니다. 그런데 집권여당이 었던 한나라당이 19대 총선을 앞두고는 정당 명칭이 새누리당으로 바뀌게 되죠.

왜 바꾸게 됐느냐, 많은 분이 기억하실 겁니다. 2011년에 당시 오세훈 서울시장이 서울시 교육청이 시행하려는 무상급식에 대해 서울시민의 찬 반을 묻는 주민투표를 실시합니다. 정치적 위험부담이 큰 주민투표였습니 다. 오세훈 시장이 본인의 시장직을 걸고 주민투표를 강행했습니다. 결과 는 주민의 3분의 1이라는 주민투표의 성립 조건에 미달해 투표가 무산되고, 그래서 약속대로 서울시장직을 사퇴하고 보궐선거를 하게 됩니다. 야권의 단일 후보였던 박원순 후보가 새로운 서울시장이 되고, 무상급식 투표에서 보궐선거, 그리고 이어지는 정국은 한국 정치에서 상당히 큰 파란의 시기였 습니다. 그런 가운데 한나라당이 새누리당으로 바뀌게 된 것입니다.

2011년 당시 서울시장 보궐선거를 치렀던 날이 10월 26일이었습니다. 1979년 박정희 대통령이 피격 사망했던 10·26 사건과 날짜가 겹쳐서 방송 중 그런 이야기를 했던 기억이 납니다. 그때까지 우리나라에서 재보궐선 거는 1년에 두 번, 4월과 10월 마지막 수요일에 치르게 돼 있었습니다. 최 근에는 1년에 한 번 치르도록 개정이 돼 4월 첫 수요일에 치르게 됩니다. 보궐선거를 통해 당선된 박원순 서울시장은 2014년 6·4 지방 선거에서 다 시 당선돼 재선 서울시장직을 수행하고 있습니다.

오세훈 시장의 주민투표 모험 — 안철수 현상의 등장

2011년 당시 서울시장 보궐선거가 예정된 상황에서 사실 박원순 시장보다 더 주목받았던 인물이 있습니다. 바로 안철수 당시 서울대 융합과학대학원장이었습니다. V3라는 컴퓨터바이러스 백신 개발자로 유명한 인물로서 차기 서울시장감으로 50% 내외의 압도적 지지를 받았습니다. 그런데 5% 정도밖에 지지를 못 받았던 박원순 전 참여연대 사무처장에게 후보직을 양보합니다. 백두대간 종주를 하다가 중도에 왔다는 박원순 씨가 수염을 기른 채로 안철수 당시 교수와 담판 협상장에 나타났던 장면을 기억할 겁니다. 안철수 교수가 박원순 후보에게 양보하고 그를 지지한 셈입니다.

이때부터 이른바 '안철수 현상'이 한국 정치에 돌풍을 일으킵니다. 안철수 자신은 2012년 대선에서는 후보단일화 과정에서 밀려 중도에 포기합니다. 이후 보궐선거를 통해 국회에 진출하고 2016년 4월 20대 총선에서 국민의당이라는 제3당을 주도합니다.*

오세훈 시장의 모험과 보궐선거 패배로 어려움에 처한 한나라당은 디도스(DDoS) 사건, 돈봉투 사건 등 연이은 악재로 당의 해체, 재창당 논의까지 나오게 됩니다. 박근혜 의원이 당의 비상대책위원장으로 전권을 위임받아 당을 새누리당으로 바꾸고 2012년 4월 19대 총선에서 원내 152석의 과반을 차지합니다. 그 기세를 이어 12월에 18대 대통령에 당선됩니다.

새누리당으로 바꾸는 과정에서부터 박근혜 당시 비대위원장은 한나라당 밖에 있는 인사들을 영입해 국민에게 새로운 이미지를 만들려고 노력합니다. 당 로고의 색깔도 빨간색으로 바꿉니다. 김종인, 이상돈, 그리고

● 안철수는 2017년 5·9 대선에서 다시 대통령에 도전하나 3위에 그칩니다.

과거 민주화운동 진영에 있던 인사들의 일부가 새누리당과 박근혜 당시 후보 캠프에 가세합니다.

한나라당에서 새누리당으로 바뀌는 과정에서 당시 한나라당 대표였던 홍준표 의원은 당 대표에서 물러납니다. 한나라당의 마지막 대표였던 셈이죠. 홍준표 의원은 이어진 19대 총선에서도 실패합니다. 이후에 경남지사 보궐선거를 통해 자치단체장으로 재선에 성공하죠. 그러나 고 성완종 씨의 뇌물 리스트에 들어 1심에서 유죄를 받아 어려움에 처하게 됩니다.*

대통령의 추락과 집권여당의 운명

결국 새누리당은 박근혜 대통령이 주도해서 만들었으나, 국정농단 사태로 박 대통령에 대한 퇴진 압박과 사법처리가 거론되면서 새누리당도 풍전등화에 놓인 상황입니다. 우리 정당사에서 권력자가 주도해서 만든 당이 그 권력자가 몰락하면 어떻게 됐을까요? 역사적으로 대통령이 중도 하차를 하며 몰락했던 대표적인 사례가 1960년 4·19로 물러난 이승만 대통령이죠. 이승만 대통령의 하야라고들 하는데요, 박근혜 대통령 퇴진 관련해서도 대통령 하야라는 말이 나왔습니다. 그런데 그 하야라는 말이 적절한지 모르겠어요. 다른 직급들은 퇴진 등을 쓰는데 하야라고 하니까 옛날 왕조시대에 있었던 양위 같은 느낌이 들어서요.

이승만 대통령을 뒷받침하던 여당이 자유당이었죠. 그럼 4·19 이후에

● 이후 2017년 2월 홍준표 지사는 2심에서 무죄를 받아 대법원 판결을 남긴 상태로, 2017년 5월 대선에서 새누리당을 이어받은 자유한국당의 대선 후보가 됩니다. 24%의 득표로 당선에 실패했고, 그 후 다시 자유한국당의 당 대표가 됩니다.

자유당은 어떻게 됐겠습니까? 4·19로 자유당이 완전히 없어지지는 않았지만 사실상 몰락합니다. 4·19 이전에는 자유당이 여당이자 의석 과반의 제1당이었죠. 그러나 4·19 직후 총선에서 절반 이상이 탈당하고 48석만 남은 채로 선거를 치릅니다. 자유당에 소속했던 많은 의원들이 무소속으로 출마합니다. 제1야당이었던 민주당 소속이 민의원 233명 중 175명을 차지하며 사실상 민주당 판으로 만듭니다. 반면에 자유당 소속은 민의원 두 명, 참의원에서는 네 명(전체 58명)으로 명맥만을 유지합니다. 무소속 민의원 당선자 49명 중에 자유당 출신들도 상당수 포함됐을 겁니다. 공식적으로는 1961년 5·16 군부세력이 기성 정당들을 모두 해산하면서 자유당도 끝나게 됩니다.

지금 참의원 이야기를 했는데요, 4·19 직후 제2공화국 시기 우리 정치사에서 처음이자 마지막으로 양원제가 실시된 셈이죠. 국민적 대표로서 하원에 해당하는 민의원과 지역별 대표인 참의원이라는 양원제 체제였습니다. 참의원의 선출 방식은 대선거구제에 가까웠습니다. 우리나라 국회의원 선거구제는 한 선거구에서 1인을 뽑는 소선거구제가 기본이라고 했죠. 전국구나 비례대표는 물론 좀 다르고요. 지역구에서는 소선거구제가 아닌 두 명씩 뽑는 중선거구제도 한때 시행된 바 있다고 했었죠. 1970년대 유신체제와 1980년대 제5공화국 시기. 그런데 제2공화국의 참의원 선거제는 한 선거구에서 두 명에서 여덟 명까지를 뽑는 중대선거구제였습니다.

참의원 전체 정수가 58명이었고요, 선거구 단위는 광역단위로 했습니다. 제주같이 지역이 작은 곳은 지역 전체 두 명, 서울·전남·경남·경북은 여덟 명으로 중대선거구로 볼 수 있습니다. 투표는 어떤 방식으로 했느냐? 정수의 절반을 표시할 수 있게 했습니다. 여섯 명 뽑는 지역에서는 세 명을 표시하고, 두 명을 뽑는 지역에서는 한 명만 표시하도록 하는 식이죠. 서울·전남·경남 이런 곳은 여덟 명을 뽑으니 네 명을 표시할 수 있었겠죠. 결국 이 당시 참의원 선출에서 일종의 연기명 투표방식을 실시했다고 할 수 있겠습니다.

장기 독재권력과 더불어 최장수한 집권여당, 공화당

박정희 대통령이 10·26으로 사망하면서 유신체제도 끝나게 됐죠. 1960 년대 제3공화국에서 1970년대 유신체제에 이르기까지 여당이 공화당이었 죠. 전두환 정권이 등장하면서 기존의 정당들을 해산하면서 공화당도 사 라지게 됩니다. 우리나라 정당사에서 정당명을 유지한 채 가장 오랫동안 존속했던 정당이 바로 공화당이었습니다. 17년 8개월(1963.2.26~1980.10. 27). 정당 자체의 생명력이었다기보다는 장기 독재권력과 함께한 역사였 다고 할 수 있겠습니다.

5·16으로 등장했던 박정희 군부세력이 그랬듯이, 전두환 신군부 정권 역시 기성 정당을 해산하고 기존 정치인들의 정치활동도 금지시켰습니다. 김대중에게는 내란음모죄를 뒤집어씌워 사형까지 선고했습니다. 일부 허 용하는 사람들만 정치활동을 했습니다. 그래서 당시 야당도 어용야당 아 니냐는 말이 나왔던 겁니다. 이런 가운데 점차 민주화 분위기가 생기기 시 작하면서 김종필을 중심으로 공화당을 부활시키자고 합니다. 새로운 민주 공화당, 그래서 신민주공화당을 창당했고, 1987년 대선과 1988년 총선에 임합니다. 1988년 13대 총선에서 신민주공화당은 충청권을 주요 기반으로 해서 35석을 얻어 교섭단체를 구성한 원내 제4정당이 됩니다. 이후 민자당 으로 통합됐다가 다시 자민련으로 부활하기도 했으나, 주류 정당은 되지 못합니다.

1987년 민주화는 제5공화국의 몰락을 동반했다고 할 수 있겠습니다. 그러나 이어진 노태우 정부가 제5공화국 정권의 계승 정부였다는 점에서 타협에 의한 민주화, 그리고 기존 정권의 절반의 몰락으로 볼 수 있겠습니다. 그런 양상은 제5공화국 집권여당의 위상 변화에도 반영됩니다. 민주화와 더불어 제5공화국 집권여당 민정당이 몰락한 게 아니었습니다. 호남권에서는 민정당이 한 석도 확보하지 못했습니다. 대신 경북, 대구 지역에서 민정당은 가장 많은 지지를 받았습니다. 축소가 됐지만 여전히 집권여당이었고, 4당 체제에서 제1당이었습니다. 그러다가 3당 합당을 통해 민자당으로 통합되고, 김영삼 정권 등을 거치면서 그 성격도 조금씩 변해갑니다.

오늘날의 한국이 개헌을 부른다

앞서서는 국정농단 최순실 게이트와 함께 위기에 처한 새누리당을 보면서, 역대 집권세력의 몰락을 거치며 당시의 집권여당이 어떻게 됐나를 살펴보았습니다. 자유당, 공화당, 민정당 이야기를 했죠.

박근혜 대통령 탄핵 정국과 새누리당의 관계, 이와 가장 유사한 때를 언제로 볼 수 있을까요? 정권의 위기 상황으로 보자면 4·19가 일어났던 이승만 정권 말기 대통령 하야 시기와 비슷하고요, 집권여당의 위기 상황으로 보자면 2011년 무상급식 주민투표 실패에다 디도스 사건, 돈봉투 사건 등이 연이어 터졌던 당시 한나라당 상황과 비슷합니다. 사실은 지금이 그 두 경우보다 더 심합니다. 대통령 하야 요구로 보자면, 그 당시에는 학생들을 중심으로 하는 소수 지식인들이 이승만 대통령 하야를 요구했다면 이번 촛불 정국에서 나타난 박 대통령에 대한 퇴진 요구는 거의 범국민적, 전 국민적인 상황이었지요. 여론조사에서도 탄핵에 동조하는 응답이 78~81%가 나왔습니다.

정치변동과 반복된 개헌론

집권세력의 몰락은 집권여당의 붕괴만이 아니라, 개헌 같은 정치적 변동을 동반하기도 했습니다. 앞서 유사한 경우라고 예를 들었던 4·19 시기에도 그랬습니다. 이승만 대통령이 하야한 후에 당시 가장 큰 쟁점은 야당이 오랫동안 요구했던 개헌이었습니다. 당시 야당은 민주당이었죠. 원래 우리나라 정부형태가 의원내각제형으로 만들어졌다고 초반에 이야기했습니다. 그래서 대통령도 의원내각제처럼 국회에서 뽑았고 명칭만 대통령으로 불렸다고 볼 수도 있겠습니다. 다만 대통령이 국회에서 뽑히기는 하지만, 이후 대통령직이 국회의 신임 여부에 달린 제도는 아니었기 때문에 절반의 대통령제적 요소와 절반의 내각제가 결합한 상태였다고 할 수 있겠습니다. 그런데 1952년 1차 개헌(발췌개헌)을 통해 대통령 직선제로 바꾸면서 강력한 대통령제가 됩니다. 이승만 대통령의 뜻대로 된 겁니다. 애초에 내각제를 선호했던 야당은 계속해서 내각제로 개헌해야 한다고 주장해왔습니다. 몇 번 시도하다가 좌절이 됐었죠. 이승만 대통령이 무너지면서 본격적인 개헌 국면이 됩니다.

당시 개헌을 둘러싼 논란은 그 시점이었습니다. 기존의 국회가 개헌을 주도하느냐, 아니면 선거를 치르고 개헌을 하느냐. 2016년 탄핵 정국 당시의 논란과 비슷합니다. 자신들의 권력투쟁의 관점에서 유리한 쪽을 택하려고 하겠죠. 4·19 직후 민주당이 주도하는 정국에서 원내 다수를 차지하고 있는 민주당 구파는 자신들이 주도하는 개헌을 선호했고, 수적으로는 밀리지만 한때 대통령제도 염두에 두었던 민주당 신파는 대선 후 개헌을 주장했습니다. 결국 내각제로의 개헌이 먼저 이뤄졌습니다.

또 4·19를 통해서 이승만 정권을 무너뜨렸기 때문에 부정선거에 대한 책임이나 '구악 청산'이 과제로 등장했습니다. 요즘 말로 적폐청산이죠. 또 이승만 정부 때에는 통제됐던 것들이 정권 붕괴 이후 말 그대로 혁명 공간이 되니까 많은 새로운 요구들도 등장을 했겠죠. 남북 분단이 된 지가 10년도 채 지나지 않았던 당시 상황이었기 때문에 바로 통일을 주장하는 목소리가 많이 나왔습니다. 특히 대학생을 중심으로 '가자 북으로, 오라 남으로' 구호와 함께 바로 통일하자는 운동까지 전개됐습니다. 이승만 정권 때라면 반공법, 국가보안법으로 처벌받았겠죠. 나중에 5·16을 주도했던 사람들은 그런 혼란 속에서 우리나라가 적화통일이 돼버릴지도 모르니까 막으려고 5·16 혁명(자칭), 5·16 쿠데타를 했다는 주장을 하기도 했습니다. 물론 5·16의 배경에 대해서는 군인들의 권력욕 등 여러 해석이 있습니다.

2016년 탄핵 정국에서 개헌론의 쟁점 역시 일단 개헌 시기, 시점 문제였습니다. 탄핵 정국에서는 일정상 어려우니까 일단 현행 체제로 대선을 치르자는 쪽과 '87년 체제'의 극복과 개헌이 이미 시대적 과제로 등장한 상황에서 탄핵 정국은 오히려 개헌의 좋은 기회라는 쪽으로 나뉘었습니다. 문재인 후보 진영이 차기 대선 분위기를 주도하듯, 개헌론도 그쪽 주장인 '대선 후 개헌' 흐름으로 가고 있죠. 참고로 현행 헌법에서 대통령 보궐선거는 대통령 궐위 60일 이내에 치르도록 됐고, 4·19 당시에는 그보다는 조금 긴 90일 이내에 치르도록 돼 있었습니다.

좌절된 '서울의 봄', 지체된 민주화

10·26으로 박정희 대통령이 사망하면서 유신체제를 뒷받침해온 헌법질서의 개편, 즉 개헌 문제가 당연히 등장합니다. 유신체제를 유지하려 한다면 모르겠지만, 그렇지 않은 이상 새로운 헌법을 만들어야 했습니다. 박정

희 대통령 사망 이후 실권을 장악한 신군부세력은 '이원집정부제'로의 개헌을 기획하는 것으로 알려집니다. 이원집정부제가 유신체제의 기득권 세력과 신군부세력의 집권 전략으로 지적되면서 이원집정부제 개헌 음모 반대가 당시 집회의 구호로도 등장합니다. 대학생을 중심으로 정권연장 음모 반대와 민주화 요구가 폭발했던 것이 이른바 1980년 '서울의 봄'이었습니다. 그러나 1979년 12·12 쿠데타로 군부세력을 장악하고 1980년 5·18 광주항쟁을 진압한 신군부세력에 의해 민주화 요구는 좌절됩니다. 그리고 이들은 용어만 달리할 뿐 유신체제 헌법과 유사한 내용으로 개헌해 제5공화국 헌법을 만듭니다. 이원집정부제도 아니고 제2의 유신체제였죠.

통일주체국민회의 대신 선거인단으로 명칭이 바뀌었을 뿐 체육관에 모여 선거인단이 대통령을 뽑는 간접선거 방식이라는 점은 똑같았습니다. 유신체제에서의 통일주체국민회의 대의원이 그랬듯이 제5공화국의 선거인단 역시 집권세력에 의해 만들어지고 조종되는 거였습니다. 그래서 이후에 대통령 직선제 회복은 제5공화국 민주화의 핵심 내용이 됩니다. 1980년 좌절된 '서울의 봄'은 1968년 체코 '프라하의 봄'에 비유된 겁니다. 체코 민주화 시기였던 '프라하의 봄'은 소련군의 의해 좌절됐고, 한국의 '서울의 봄'은 우리 신군부에 의해 좌절된 겁니다.

프라하의 봄은 원래 2차대전 종전 이후 시작된 '프라하의 봄 음악축제'의 명칭이기도 했습니다. 한국에 영화로 소개된 〈프라하의 봄〉도 있었는데, 이는 1968년 프라하의 봄을 배경으로 한 밀란 쿤데라(Milan Kundera)의 소설 『참을 수 없는 존재의 가벼움』을 영화화한 것으로 우리말 제목을 '프라하의 봄'으로 했던 겁니다.

서울의 봄이 좌절된 채 제5공화국 정권이 들어서는데, 제5공화국에 저항하는 1987년 6월 항쟁으로 다시 민주화가 추진됩니다. 앞서 지적했다시피 신군부가 대통령 직선제를 비롯한 민주화 조치 8개항을 담은 6·29 선언을 하게 됐는데요, 민주화 조치 약속 자체는 시민의 민주화 요구를 수용하는 항복선언이라고 할 수 있겠죠. 이에 따라 대통령 직선제로의 개헌을 하게 됩니다. 한때는 개헌을 거부하고 이른바 호헌선언까지 했던 5공 집권세력도 결국 동의한 셈이고, 당시의 민주화를 타협에 의한 민주화로 규정하는 한 측면이기도 합니다.

1987년의 개헌이 9차 개헌으로, 지금까지 이어지고 있는 '87년 체제'의 골간이 되고 있습니다. 그런데 이제 그 '87년 체제'의 극복이 시대적 과제로 제기되고 있는 겁니다. '87년 체제' 극복에는 결국 헌법질서의 재편이 포함될 수밖에 없습니다. 국회의원 선거제도의 개편 등으로도 어느 정도 정치체제의 변화를 도모할 수 있겠지만, 정치제도는 상호작용하는 가운데에서 제도의 효과가 나타납니다. 그 제도의 핵심 축에 현행 대통령제가 있습니다.*

세계사적 민주화의 파동

사실 탄핵 정국이 아니었어도 한국 정치는 이미 '87년 체제'의 극복이 화두로 등장한 전환기적 상황이었습니다. 지금이 1987년 민주화에 이은 민주화 이후 제2의 전환기인 것은 분명해 보입니다.

● 탄핵 정국에서 논란이 됐던 개헌 시기의 문제는 대체로 2018년 6월 지방 선거 때 국민투표에 부치는 것으로 정치권 전반이 합의한 것으로 보입니다. 국회 개헌특위는 분권형 대통령제(이원집정부제)로 정부형태를 개편하는 방향으로 잠정적인 결론을 내렸고, 문재인 정부쪽에서는 지방분권의 강화를 통해 현행 대통령제의 권력 독점 문제를 완화하는 대안을 강조하고 있습니다.

1987년 민주화 시기가 세계사적으로 보자면 민주화의 '세 번째 파도' 시기였습니다. 아무래도 일차적인 민주화는 신분제에서 각기 주권을 가진 시민사회 체제가 되면서부터라고 할 수 있겠죠. 헌팅턴(Samuel P. Huntington) 같은 서구 학자들은 유럽에서 19세기 말 20세기 초에 참정권이 제도화되고 대의민주주의가 시작되던 때를 첫 번째 파도, 즉 제1의 민주화 파도 시기로 분류합니다. 그러나 유럽에서도 이런 민주화 흐름이 지속되지 못하죠. 나치와 같은 파시즘이 등장하고 공산주의를 내건 전체주의 독재 체제가 들어섭니다.

그러다가 2차대전이 종결되면서 유럽 밖의 여러 나라에 신생 독립국가를 중심으로 근대 대의민주주의 체제가 확산됩니다. 헌팅턴은 이를 두 번째 파도, 즉 제2의 민주화 파도라고 합니다. 이 시기부터 우리나라가 세계적 민주화 흐름의 한 구성원이 됩니다. 2차대전 이후 세계적으로 확산된 민주화는 다시 제동이 걸립니다. 아시아, 아프리카, 남미, 그리고 그리스, 포르투갈 같은 남유럽 나라들에서 군부정권이 등장합니다. 우리나라 역시 1961년 5·16으로 박정희 군부 정권이 집권하게 되지요.

이렇게 군부정권의 등장이 세계사적 흐름으로 나타난 배경에 대해 여러 각도에서 설명하지만, 냉전체제에서 군부의 집정관화를 가지고 설명하기도 합니다. 2차대전 이후 직접적인 전쟁이 없던 냉전의 환경이 군부의 정치화로 이어졌다는 겁니다. 남북 분단과 대립의 우리나라 체제는 군부의 정치화가 더욱 용이한 환경이었다고 할 수 있겠습니다. 군부쿠데타는 당연히 정치제도화 수준이 낮을수록 그 가능성이 크다고 볼 수 있겠죠. 군부정권 시대가 20년 내외 정도 지속되다가 다시 붕괴되고 민주체제로 이행하기 시작합니다. 이를 두고 앞의 헌팅턴은 세계사적으로 '민주화의 세 번째 파도(The Third Wave)'라고 말합니다. 참고로 앨빈 토플러(Alvin Toffler)

의 『제3의 물결(The Third Wave)』도 원제목은 같은데, 정보혁명을 비롯한 새로운 미래의 변화를 말하는 내용으로 헌팅턴의 민주화 파동과는 다른 내용입니다.

제3의 민주화 흐름은 빠르면 1970년대 후반부터 시작됩니다. 우리나라도 1979년에 박정희 대통령이 10·26으로 서거하면서 이른바 '서울의 봄'을 맞기도 했죠. 설명했다시피 당시의 '서울의 봄'은 신군부에 의해 좌절당하고 1987년에 다시 민주화 에너지가 폭발합니다. 1980년의 '5·18 광주민주화운동'은 '서울의 봄'이 좌절되는 과정이기도 했지만, 그 과절의 경험과 한이 1987년 민주화를 이끄는 원천적 에너지가 됐다고 평가하기도 합니다. 이런 민주화 흐름은 1990년을 전후해서 있었던 사회주의권 국가들의 민주화까지도 포괄합니다.

이런 세계사적 흐름에 예외적이었던 곳이 이슬람 국가들이었습니다. 이들 나라는 이슬람 교리에 따라서 국가운영을 하는 정교(政敎)일치의 근본주의 체제가 지속됐습니다. 21세기에 들어와 이슬람 국가들에서 민주화운동이 전개됩니다. 2010년에 튀니지의 민중봉기를 시작으로 이집트, 시리아 등으로 민주화운동이 확산되죠. 튀니지의 국화(國花)를 따라서 재스민(Jasmine) 혁명이라 부르기도 하고, 아랍권 전체의 민주화 분위기를 포괄해 '아랍의 봄'으로 지칭하기도 합니다. 정교일치의 근본주의 국가에 새로운 민주화 흐름이 가능했던 것은 세계적인 동조화 현상도 있고, 새로운 소통도구였던 휴대전화가 집단적 봉기를 용이하게 했다는 해석도 있습니다. 휴대전화와 SNS 시대가 만들고 있는 새로운 힘은 우리나라의 촛불집회 등에서도 입증된 바 있습니다.

이런 가운데 영국의 브렉시트(Brexit, 영국의 EU 탈퇴) 통과나 미국에서 트럼프의 대통령 당선은 세계적 흐름에서 새롭게 돌출된 양상인 건 분명

합니다. 기성질서에 대한 피로감이나 반감이 큰 가운데 나온 현상으로 해석하기도 합니다.*

정당의 기반과 참여 주체의 확대 변화

다시 정당 문제로 돌아가서요. 혹시 이승만 정권 시기 여당이었던 자유당의 원래 명칭이 뭐였는지 기억납니까? 노동자 농민의 당이라 해서 줄여서 노농당(勞農黨)이었습니다. '기존의 정당들이 부자들, 지식인들, 엘리트들의 정당이기 때문에 다른 사람들은 대변하고자 하는 정당이 없다, 그래서 내가 이들을 대변해주겠다'는 게 이승만 대통령의 자유당 창당의 변이었습니다. 그러다가 나중에 자유당으로 이름을 바꿨고요.

그런데 그때 우리나라에서 노농당을 만들 때 일반 시민의 뜻을 반영해서 만들었겠습니까, 아니면 위의 정치인들과 지식인들 중심으로 만들었겠습니까? 정치인들이나 지식인들이 주도가 돼 만든 거죠. 정당을 그 발생으로 구분할 때, 아래로부터 만들어진 정당이냐 위로부터 만들어진 정당이냐로 나누는 기준이 있습니다. 이 점에서 우리의 정당은 대체로 위로부터 조직화된 정당이었습니다. 그리고 시민의 요구를 반영해서 만들어진 것이 아니라, 정치인끼리의 권력 투쟁을 배경으로 만들어졌다고 할 수 있습니다. 권력 투쟁의 배경에는 이념도 있고, 다른 이해관계도 있을 수 있습니다. 그런데 한국 정치에서 이념의 극단적인 대결은 약해집니다.

우리나라에서 이념이라고 하면 정부 수립 초기에는 공산주의에 대한 시

---

* 최근에 원내 의석 하나 없는 마크롱이 프랑스 대통령에 당선되고 총선에서 하원을 싹쓸이한 배경에도 기성질서에 대한 피로감이나 반감 같은 게 없진 않을 겁니다.

각이나 좌·우익의 문제였습니다. 그런데 남북이 분단되고 대결체제가 되면서, 남한에서는 합법적인 이념 활동의 공간은 매우 제한됐습니다. 최근에도 이념 문제 하면 여전히 북한에 대한 태도가 매우 중요한 기준이 되지만, 조세와 복지정책, 환경과 생태, 소수자 인권 등의 쟁점들이 이념의 새로운 기준이 되고 있죠.

초기 발생경로로 보았을 땐, 위로부터 만들어진 우리의 정당들이 시민의 지지를 받아야 하는 선거정치를 경험하고 시민의 주권의식이 강화되면서, 점차 시민사회와 연계를 확대·강화하게 됩니다. 정치의 중심도 점차 시민으로 확대가 되죠. 1980년대 민주화운동을 거치면서 우리의 주요 기반이 시민으로까지 확장됐다고 할 수 있습니다. 그전까지 우리나라 민주화운동의 중심 세력은 대학생이었습니다. 대학생은 우리 사회 최고의 지식인이자 민주화운동 세력이었죠. 그때 우리나라 정치의 축, 한쪽에는 군부가 있었다면 한쪽에는 학생, 대학생이 있었다고 할 수 있습니다.

그런데 군부가 우리나라 정치의 중심에서 퇴출되면서 그 상대였던 학생들의 역할도 동시에 축소됩니다. 군부정권의 퇴출은 한국 정치의 민주화의 중요한 내용이었습니다. 그 점에서 민주화 이후 치른 1987년 13대 대선에서 군부정권 세력의 노태우가 집권한 것은 당시 민주화의 결과가 '절반의 민주화'였음을 말해주는 것이기도 합니다. 그다음 14대 김영삼 정부가 공식적으로 처음 들어선 민간 정권입니다. 그래서 김영삼 정부 스스로 문민정부라고 부르죠. 무엇보다 김영삼 대통령은 군부 내 사조직으로 정치군인의 구심점으로 기능해왔던 '하나회'를 해체합니다. 군부쿠데타의 환경은 여러 차원에서 파악할 수 있지만, 군부 내 사조직 '하나회'의 청산은 잠재적 쿠데타 세력의 싹을 제거한 셈이었죠. 금융실명제 실시와 더불어 '하나회' 해체는 김영삼 정부의 대표적인 개혁 조치라 할 수 있습니다.

정치군부의 퇴출과 동시에 대학생들의 운동 정치가 약화된 건 대의정치가 제도화돼가는 과정으로도 볼 수 있습니다. 인구학적인 변화도 중요한 배경이 됐고요. 4·19가 있던 1960년대 초반에는 우리나라에서 대학생을 포함한 대학 이상의 학력을 가진 사람들의 비율이 1~2%밖에 되지 않았습니다. 제가 대학을 다녔던 1970년대까지만 하더라도 대학생은 그 사회에서 최고의 엘리트, 지식인 계층이었죠. 사회에 대한 전망이라든가 비전, 지식, 국제적 정보가 궁금하면 전부 대학생들한테 물어보곤 했습니다. 하지만 오늘날은 대학생들을 그렇게 보지 않죠. 지금은 학력을 봐도 전체적인 평균으로 대졸 이상이 50~60%를 차지하는 상황입니다. 이제 우리나라에서 대학생은 1960년대나 1970년대의 선도적 지식계층이 아니라 점차 미숙한 청년 세대로 위치 지어져 왔다고 할 수 있습니다.

그렇게 정치의 중심이 군부와 대학생에서 그다음 시민으로 확산되는 시기가 1987년 6월 항쟁이었습니다. 당시 항쟁에서는 대학생만이 아니라 이른바 넥타이 부대, 30대 이상의 직장인들이 시민항쟁에 가세합니다. 그러면서 우리의 정치의 중심은 시민으로 확산되기 시작합니다. 대의정치 밖에는 주로 학생, 재야인사가 있었는데, 점차 시민단체가 등장합니다. 이후 2000년의 월드컵 응원 문화, 촛불시위 시민 참여의 새로운 차원을 만들어내고, 시민이 참여하는 이른바 '광장의 정치'로 확산되기도 합니다.*

광장의 정치는 직접 참여를 말함과 동시에 폭넓은 시민 참여의 열린 공간을 말하는 것이라 할 수 있습니다. 그만큼 정치의 중심이 보편적인 시민으로 확대·자리매김해 왔다는 겁니다. 참고로 선거정치 차원에서는 인구

---

* 문재인 대통령은 2017년 6월 항쟁 30주년 기념사에서, 6월 항쟁은 대통령 직선제를 쟁취한 것만이 아니라 우리 사회에 광장을 열었다고 했습니다. 이는 아주 적절한 지적이었죠.

비중이나 투표율로 보아 선거 영향력이 가장 큰 세대가 한때는 40대였다가 이제는 50대가 되고 있습니다.

처음부터 정당들이 지역색을 띤 것은 아니었다?

지난 시간에 한국 정치에서 참여 주체의 변화에 대해서 얘기를 했을 겁니다. 최근 우리가 보다시피 촛불집회에 가족 단위로까지 참여하는 양상으로 참여주체가 확대·변화해 왔습니다. 아주 과거에는 소수의 정치인들과 대학생들, 1987년 6월 항쟁 때에는 넥타이 부대까지, 그다음에 2000년대에 들어서는 월드컵 응원과 효순·미선 양 추모 촛불집회 참여에서 탄핵 촛불집회에 이르기까지 확장도 되고 변화도 있었습니다. 국정농단 규탄 촛불집회에서는 개인별로, 가족 단위로, 심지어는 친구들끼리 등산 갔다가 오는 길에 나오거나 동창회에서 나오는 등 다양한 형태의 참여가 나타났습니다.

오늘은 우리 정당정치가 변해오는 과정에 대해서 얘기를 해볼까 합니다. 우리나라 정당정치에 대해 이야기할 때 초반에 제가 우리의 정당정치는 여·야 대결로 시작했다고 한 바 있습니다. 그러면 어떤 사람들이 여당을 하고 또 어떤 사람이 야당을 했을까요? 여당을 지지하고 야당을 지지하는 사람은 어떤 사람들인지? 여당·야당, 말 그대로 집권하는 쪽이 여당이고 집권하지 못해서 다시 도전하는 쪽이 야당이라고 할 수 있겠죠. 집권세력이 바뀌면 여·야당이 바뀔 수 있겠죠. 그러면 여·야당은 그때그때 상황을 이야기하는 개념일 뿐인데, 우리나라에서는 여당 성향, 야당 성향이라고 하면 일정한 특징을 갖는 것처럼 규정이 돼버렸죠. 왜 그랬을까요?

여·야 정당의 기반

한쪽 권력이 오랫동안 집권하게 되니까 그쪽이 여당 성향이 되고 그걸 비판해오는 쪽은 야당 성향이 된 거죠. 특히 독재 권력 시기가 오래되면서 독재 권력은 집권여당이 된 거고 그걸 비판하고 반대하는 쪽은 민주화운동 진영이 됐겠죠? 네, 물론 중간에 1998년 김대중 정부가 들어섰고 이어지는 노무현 정권이 있었기 때문에 과거에 야당계열이 집권을 10년 동안 하긴 했었죠. 다시 이명박, 박근혜 정부가 집권하면서 전통적인 여·야의 관계가 됩니다.*

물론 시기적으로 여·야 성향이 조금씩 다르기는 합니다. 우리나라에서 여·야의 개념이 형성되기 시작했을 때에는 이승만 정권 시기였겠죠. 이승만 대통령을 지지하는 사람들이 점차 여당 성향으로 규정됩니다. 그리고 거기에 비판하는 사람들이 야당 쪽이 됐을 것인데, 그러면 어떤 사람들이 지지하고 어떤 사람들이 비판했을 것인가? 정치권 내부에서는 이승만과 더불어서 같이 가고자 했던 사람들과, 이승만과 경쟁하면서 비판하는 사람들로 구분됩니다. 여·야 관계가 우군이냐 경쟁세력이냐의 관계도 있지

* 2017년 5·9 선거에서 문재인의 당선으로 다시 여·야 관계가 바뀝니다.

만, 이승만의 노선, 또 리더십이나 국정운영 방식을 두고도 세력이 갈라지게 됩니다. 즉 야당의 경우 그냥 경쟁하는 한 세력일 수도 있고, 이승만 권력의 속성 자체를 비판하는 사람들도 있고 그랬습니다.

이승만 정권 기간에도 여러 경험을 하면서 여·야의 위상이 바뀌는 경우도 있었습니다. 대표적인 예 하나만 들자면, 나중에 대통령을 한 김영삼 대통령은 처음에 정치를 여당으로 시작을 했습니다. 여당인 자유당의 장택상 씨 비서를 하면서 정치권에 입문했고, 처음 국회의원이 될 때도 1954년 3대 총선에서 자유당 소속으로 출마해 당선됐습니다. 언제 야당으로 돌아섰느냐, 우리가 사사오입(四捨五入) 개헌이라고 하는 2차 개헌을 계기로 야당 쪽으로 가게 됩니다. 2차 개헌은 1954년, 3대 총선 직후였습니다. 개헌 내용의 핵심은 기존의 헌법이 대통령직을 두 번까지만 허용하고 있는데 이를 초대 대통령, 이승만 대통령에게는 적용하지 않는다는 거였습니다.

그런데 국회에서 재적의원 3분의 2 이상이 찬성해야 개헌이 되는 것인데, 3분의 2가 안 됐습니다. 재적 203명에 135명 찬성으로 부결이 됩니다. 정확하게 203명의 3분의 2는 135.33 이렇게 됩니다. 그 이상 돼야 하기 때문에 136명부터가 3분의 2 이상이라고 할 수 있겠죠. 그런데 집권세력과 여당이 사사오입, 즉 반올림을 운운하면서 이걸 다시 통과시켜 버립니다. 물론 목적은 이승만이 계속 대통령을 할 수 있도록 하기 위한 거였죠. 당연히 반발이 컸지요. 민주주의와 헌법을 지키자는 호헌동지회 등이 구성되고, 여당 자유당 소속의 소장파들 일부도 탈당해 호헌동지회에 참여합니다. 이때 당시 김영삼 의원도 탈당해 야권으로 가세합니다.

물론 처음에 부결됐다가 어거지 사사오입 원리를 동원해 다시 통과시킬 때 김영삼 의원이 찬성하는 입장에 있었다는 기록을 제시하며 비판하는 사람들이 있기는 합니다만. 애초에 투표 때는 반대했지만 재가결 결정과

정에서는 찬성했다는 주장입니다. 어쨌든 자유당의 사사오입 개헌에 대한 비판 분위기가 일어나면서 야당으로 갔습니다. 그리고 46년 후 1990년에는 3당 합당으로 민자당에 참여해 다시 여당 계열에 합류합니다. 이를 토대로 대통령이 되죠.

여당과 야당을 왔다 갔다 한 사례가 아주 드물지만은 않습니다. 그 배경도 다양할 수 있을 겁니다. 가끔 여당·야당을 옮기는 경우를 두고 철새, 철새정치인이라고 부르기도 합니다. 과연 어떤 경우를 두고 철새라고 하는 게 적절한지 논란이 제기되기도 합니다. 대개 좋은 자리로 가는 사람들, 여당에 있다가 여·야가 바뀌니까 다시 그새 여당으로 가면서 만년 양지를 쫓는 정치인의 경우, 대표적인 철새 정치인이라고 할 수 있겠지요. 여당으로 가면 아무래도 정부 쪽에서 얻을 수 있는 게 많이 생기고 프리미엄이 있으니까 가는 그런 경우죠. 그리고 여·야를 떠나서 유리한 지역으로 계속 옮기는 것을 우리는 철새라고 얘기합니다.

가끔 당적을 옮겼다는 것만으로 철새라고 얘기하는 것에 대해 불만인 사람들은 그런 설명을 구체적으로 하기도 합니다. 오히려 좋은 정치적 목적과 명분을 위해서 어려운 정당으로 옮겼다, 이것도 철새라고 할 수 있느냐 이런 얘기를 하는 거죠. 어쨌든 이승만 정권 때 여·야당이 생겼는데 조금 시간이 지나면서 여·야당의 소속을 바꿔가는 사람들도 있었습니다.

여촌야도에서 지역균열로

그러면 여당·야당을 누가 지지했겠느냐? 이승만 대통령을 좋아하는 사람들은 대체로 여당을 지지했겠죠. 그리고 국회의원이 됐던 지역의 유지들은 주로 여당 성향이었을 테고, 지역 유지들의 성향이 그러니까 또 국회의원으로 여당 성향인 사람이 많이 당선됐겠죠. 그러니 유지들은 행세 좀 하려면 다 여당으로 행세를 해야겠죠. 그래서 야당 활동하는 사람들은 살기가 팍팍했습니다. 술 한잔씩 마시면 아주 비판적인 발언을 하면서 주목받곤 했지요. 지역의 여당 분위기 속에서도 야당 성향을 보이는 소수의 사람들은 대체로 식자층이었습니다.

그러다 보니까 정부에 대한 비판 목소리가 있어도 선거에서는 막상 여당에 대한 지지가 높게 나오는 경우가 많았습니다. 그러나 시간이 지나면서 불만이 쌓여가니까 야당 성향이 상당히 늘어가게 됩니다. 여당·야당 성향에서 농촌과 도시의 특징이 구분돼서 나왔습니다. 여당에 대한 지지는 도시보다 농촌에서 압도적으로 강했어요. 그래서 당시 투표 상황을 설명할 때 여촌야도(與村野都)라고 표현했습니다.

이런 여촌야도 현상의 배경으로 두 차원을 듭니다. 하나는 권력에 대한 비판의식이 도시인이나 지식인들 중심으로 먼저 생겼다는 얘기입니다. 또 하나, 1950~1960년대까지만 하더라도 우리 농촌에서는 대통령을 예전의 임금님처럼 보면서 당연히 믿고 따라야 한다는 문화가 지배적이었다는 겁니다. 당시 이승만 대통령에 대한 비판적인 목소리가 나올 때도 '이 박사'라고 부르면서 따르는 분위기가 있었다고 합니다. 여촌야도 현상이 1960년대까지도 상당히 지속이 됩니다.

1960년대에 박정희 정권이 들어서면서 대학생들을 중심으로 정권에 대한 비판 세력이 늘어나기 시작합니다. 이때부터 야당에 대한 지지는 확실하게 민주화를 지지하는 것과 같은 의미가 됩니다. 그런데 1960년대부터, 영남 지역에서는 도시에서도 박정희 대통령과 여당을 지지하는 경향이 강화되는 현상도 등장합니다. 박정희가 첫 대통령 후보로 나섰던 1963년 대선에서도 사실상 영남의 지지로 당선됩니다. 상대편 윤보선 후보를 전국적으로 1.5%, 15만 6000표 차이로 이겼는데, 영남에서만 66만 표를 더 받았습니다. 다음 선거인 1967년 대선에서도 영남권에서 66%의 지지를 받고, 대도시인 부산에서도 64%의 지지를 받았습니다. 여촌야도 현상이 있을 때인데도 대구, 부산에서는 박정희에 대한 지지가 더 높게 나타난 거죠. 당시에는 사람들이 그걸 지역주의라든지 지역감정이라고 별로 인식을 하지 않았습니다. 상대적인 경쟁이 없을 때였기 때문이죠.

상대적인 경쟁이 두드러졌던 게 1971년 대선에서 김대중 후보가 등장한 때였습니다. 그러니까 김대중 후보를 호남권에서 한 65%가량이 지지를 합니다. 당시 영남은 박정희에 대한 지지율이 70%대에 이르렀으니 지역적 집중도에서는 당시엔 호남이 약했습니다. 앞서 얘기했다시피 자기 지역 출신을 지지하는 현상은 1960년대에서부터 나오기 시작했습니다. 여·야 개념에다가 지역성까지 등장하는 거죠. 그러니까 기존의 여촌야도에다가 영남 지역, 나중에 호남 지역에까지 지역성 경향이 등장하게 됩니다.

지역구도가 강화되어가는 과정

그러다가 전두환 정권 시기에는 지역성이 더 강해집니다. 1960년대에는 호남권 일부에서도 박정희 대통령 진영을 더 지지하기도 했죠. 1970년대에 와서는 그게 조금 이탈하기 시작합니다. 독자적으로 지지할 김대중이라는 구심점이 있었기 때문이지요. 그러나 1970년대에는 유신체제에서 대통령을 국민이 직접 뽑을 기회가 없었기 때문에 그런 게 두드러지지 않았다가, 1980년대 전두환 정권 시기에 나오게 됩니다. 아시겠지만 전두환 정권 때는 광주 항쟁, 광주 민주화운동을 겪었기 때문에 지역적으로, 특히 호남의 경우에는 전두환 정권을 지지하는 세력이 거의 없었다고 봐야죠.

1970년대 김대중에 대한 지지는 65%에서 왔다 갔다 할 정도 수준으로 가 있었는데, 그때부터는 상식적으로 봤을 때 군부 정권을 지지하는 사람이 비정상 아니었겠어요? 그러니까 90% 이상 김대중 지지로 몰리게 됩니다.

그럼에도 민주화의 축이었던 김영삼 대통령이 부산을 근거지로 했었기 때문에 영남권에서도 부산과 경남은 민주화 진영의 기반이었습니다. 그런 데 1990년 3당 합당을 거치면서 정당의 기반이 영남과 호남으로 확실하게 구분됩니다. 3당 합당을 통해서 김영삼이 이끌었던 통일민주당이 기존의 여당 민정당과 하나가 돼버립니다. 김종필의 신민주공화당과 더불어 3당 이 통합해 민자당이 됐죠. 호남을 주요 기반으로 하고 김대중이 이끌었던 당만 빼놓고 나머지가 모두 한 당이 돼버리니까, 확실하게 우리나라 지역 균열의 구조가 두드러지게 됩니다. 그 후유증이 사실은 지금까지 이어진 다고 볼 수 있습니다.

정당명부비례대표제 도입과 민주노동당의 원내 진출

정당정치가 변화해오는 과정에 또 하나 특징을 보자면요, 1980년대를 겪으면서 우리나라에 진보정당 운동 세력이 등장하는 겁니다. 1990년대에 들어서는 민중당 같은 구체적인 진보정당도 나타납니다. 그러나 원내 진 출은 성공하지 못합니다. 여전히 기존의 여·야가 한국 정당정치의 중요한 경쟁축이었기 때문이기도 합니다. 또 새로운 세력의 진출을 어렵게 하는 제도적 요인도 컸습니다.

그동안 개별적으로 진보정당 소속의 정치인이 한두 명씩 진출하기는 했 지만, 진보정당이 본격적으로 원내에 진출한 계기는 2004년의 17대 총선 이었습니다. 당시 노무현 대통령 탄핵 정국에서 치렀던 총선이었습니다.

그때 민주노동당이 지역구에서 두 명, 비례대표에서 여덟 명으로 총 10석을 진출시키면서 원내 제3의 정당이 됐습니다. 진보정당이 원내에 한 세력으로 등장한 겁니다. 그때 민주노동당 비례대표 1번이 정의당 대표 심상정이었습니다. 처음 도입된 정당명부비례대표제의 도입 효과를 본 거죠. 제도의 효과에다 탄핵 정국의 분위기가 민주노동당에 대한 정당투표 지지로 이어진 측면도 컸습니다.

지금까지 우리나라 여·야 경쟁의 구도에다가 지역균열의 구도로 변화했던 과정, 그다음에 2004년을 거치면서 제도의 변화와 더불어 진보세력이 원내에 진출했던 과정까지 살펴보았습니다.

제2부

탄핵소추와 대통령, 그리고 대통령제

"이명박 정부는 이래저래 매력을 끌지 못한 가운데 집권 말기 갤럽조사에서 23%의 국정 수행 지지도를 가지고 박근혜 정부로 권력을 넘깁니다. 집권 말기 23% 지지율, 낮은 지지율이죠. 집권 초 최고 지지를 받았던 김영삼 정부가 말기에는 외환위기를 초래하면서 갤럽조사 5년 차 4분기 지지율이 6%였습니다. 박근혜 대통령이 탄핵 때 기록했던 4.4%보다는 높지만, 정말 정권 말기 역대 최저 지지율이었습니다.

집권 말기 때는 계속 이렇게 지지율이 다 떨어졌습니다. 어느 정도 레임덕을 감안한다고 하더라도 정상적인 게 아닙니다. 제도의 한계와 리더십의 실패가 맞물려 나타난 것입니다."

국민 요구에 민감한 정당정치를 하려면

지역편중의 정당체제, 과제는?

한국 정당체제가 변화해오는 과정에 대해 여러 측면에서 살펴보았습니다. 정당 지지기반이 지역별로 갈라지는, 즉 지역균열 구조가 형성돼온 과정에 대해서도 설명했습니다. 바로 이런 지역균열의 정당체제를 두고 한국 정당정치의 비정상성, 또는 저발전처럼 지적하는 사람들이 적지 않았습니다. 그럼 이게 과연 문제일까요? 왜 문제일까요? 물론 쪼개지지 않고 하나가 돼 살 수 있다면 좋겠지요. 그러나 오늘날 정당정치에서는 정치적 견해와 이해관계가 서로 다른 세력이 존재하는 것이 당연한 일입니다. 그런 세력들이 민주적으로 경쟁하고 서로 공존하면서 살아갈 수 있느냐 하는 것이 문제입니다.

그런 경쟁하는 세력으로서 정당의 기반은 계급, 이념, 세대, 지역, 아니면 집단으로 환원하기 애매한 개인별 특성 등 다양할 수 있습니다. 어느 정당이 특정 지역에서 지지를 많이 받는다고 그게 비정상적이거나 수준 낮은 정당정치는 아닙니다. 다만 그런 정당체제가 민주적 정당정치로 가동되지 못할 때 문제가 되는 겁니다.

어느 정당이 한쪽 지역에서는 압도적인 지지를 받는데 다른 지역에서는 반대로 지지를 못 받고 있다면, 국가와 국민을 보편적으로 대표하기에는 당연히 한계가 있습니다. 지역적으로 편중된 정당이 혼자서 국가권력을 주도하면 국민통합의 구심점 역할을 하기가 쉽지 않을 겁니다. 물론 보편적인 지지를 받는 새로운 세력이 나타난다면 고민할 필요가 없겠지요. 그러나 지역균열의 정당체제가 현실인 상황에서 해법은 다른 정당들과의 연합이나 또 다른 협치 전략을 만드는 겁니다. 김대중 정부의 경우 DJP 연합이라는 지역·이념 연합을 통해 이런 문제를 어느 정도 해결하려 했습니다. 그동안 우리나라 지역균열의 정당체제는 국민통합의 관점에서 보았을 때 그 자체가 한계가 있기도 하지만, 정당 연합이나 공존의 모델을 만들어내지 못했다는 점을 지적해야 할 겁니다.

지역균열의 정당체제가 가진 또 하나의 문제는 지역별로 보았을 때 경쟁적인 정당정치가 이뤄지지 못하고 있다는 점입니다. 국가적인 차원에서는 적어도 두 개 이상의 정당들이 경쟁합니다. 그러나 지역별로 특정 정당이 독점하면서 사실상 1당 독점체제나 마찬가지였습니다.

1당 독점이 정당민주화나 선거민주주의와 어울리지 않는다는 건 상식입니다. 우리가 민주적인 정당체제라고 얘기할 때, 그것은 여러 개의 정당이 경쟁하면서 지지를 받으려고 국민에게 호소하면서 국민이 주인 되는 정치를 하게 되는 정당체제를 말합니다. 한 지역에서 하나의 정당만 독점하게 된다면 그 지역 내에서 정당 민주주의가 발전하기 어렵다는 겁니다.

호남은 2016년 4·13 총선에서 1당 독점이 깨졌습니다. 국민의당의 등장으로 경쟁체제가 만들어진 거죠. 영남권도 최근 들어 기존의 1당 독점이 흔들리고 있습니다.

지역별 1당 독점체제는 사실 거대 양당 독과점을 온존시켜주는 현행 선거제도, 정당제도와 맞물려 있습니다. 4·13 총선과 탄핵 정국을 거치면서 우리의 정당체제는 확실한 다당 체제가 됐습니다. 그러나 지적했다시피 현 정치제도에서 3당, 4당은 매우 불안합니다. 그래서 자유한국당과 바른정당은 보수 적자론을 서로 주장하고 있고, 국민의당 역시 더불어민주당과의 통합 가능성이 늘 거론되고 있습니다. 제도적 배경이 다당제보다는 양당제로 이끄는 경향이 있기 때문입니다. 양당제로 이끄는 제도적 요인은 대통령제와 국회의원 소선구제입니다.

언론들에서 흔히 지역에 편중된 정당의 문제를 지적할 때 어느 지역에서 특별하게 지지를 많이 받는 걸 가지고 비판하는데, 그 자체로 문제는 아닙니다. 그 대신 다른 지역에서 왜 지지를 못 받는가, 그 문제에 대한 지적은 해줄 수 있겠지요.

또 현행 소선거구 선거제도 때문에 지역별 편중이 실제보다 선거 결과에서는 과장돼 극단화된다는 점은 문제입니다. 실제로는 60% 내외의 지지를 받아도 한 사람만 당선되기 때문에 100%처럼 된다는 겁니다. 그게 다시 다음 선거에서도 영향을 미쳐 더욱 한쪽으로 쏠리게 하는 악순환 과정으로 이어지는 면도 있을 겁니다.

이는 결국 지역주의 문제라기보다 양당 독과점을 온존시키는 소선거구의 문제입니다. 물론 이런 제도의 핵심에는 결선투표제도 없는 승자독식의 현행 대통령제가 있습니다. 정당 독과점의 악순환에는 소선거구제뿐 아니라 기호순번제나 정당보조금제 등에 포함된 거대 정당 특혜제도도 있습니다.

좋은 정당정치는?

그러면 어떤 게 좋은 정당정치일까요? 우선 과거에 보면 교과서에 뭐라고 쓰여 있느냐, 대의민주주의는 정당정치라고 돼 있어요. 그런데 한때 역사적으로 그런 시기가 있었지만 과연 대의민주주의를 위해서 반드시 정당정치가 필요한가에 대해 비판적인 지적도 있습니다. 모든 게 그렇듯이 정당정치가 가지고 있는 장단점이 있습니다. 정당이 주도하는 정치가 되면 그 장점은 최대화시키고 단점은 최소화시켜야 하겠지요. 만일에 단점이 더 크다면 정당정치는 없는 게 더 나을 수도 있을 겁니다.

정당의 적극적인 기능이자 장점은 국민의 요구를 모아서 적극적으로 반영해준다는 겁니다. 만일 정당들이 국민의 의견을 제대로 수렴하지 못한다면 정당은 오히려 국민의 의견 수렴을 방해하거나 왜곡시킬 소지도 있겠죠. 국민의 정치 참여를 중간에서 가로막는 문제 덩어리가 돼버립니다. 루소 같은 사람들은 정당정치 자체에 대해서 비판적이었습니다. 결국 좋은 정당이 되려면 국민의 의견을 잘 반영해야 되겠고 왜곡시키지 않도록 해야겠죠. 정당이 가지고 있는 장점은 잘 살리고 단점은 막도록 해야 되겠지요.

이런 점에 주목했을 때 우리나라는 시민이 요구하는 바를 잘 반영하고 있는 체제일까요? 제가 정당정치 이야기를 할 때 식당의 메뉴를 자주 빗대는데요, 식당이 있는데 손님들이 봤을 때 별로 맛이 없거나 자기가 먹고자 하는 메뉴가 없으면 그 식당은 잘되겠습니까, 안 되겠습니까? 다른 새로운 식당이 생겨서 손님들이 좋아하는 맛있는 음식을 만들면 그곳으로 손님이 모두 옮겨 가겠죠. 그런데 맛이 있으나 없으나 정해진 식당밖에 없다면, 어쩔 수 없이 먹거나 끼니를 건너뛰거나 하겠죠.

정당정치가 딱 그렇습니다. 유권자들 구미에 맞지 않거나 메뉴가 좋지 않은 정당은 문을 닫거나 아니면 메뉴를 바꾸도록 해야겠죠. 그런데 우리나라 정당들은 국민 요구에 민감하게 반응하지 않는 것으로 보입니다. 독과점체제이기 때문입니다. 식당이 한두 개밖에 없다면 안 좋더라도 식사는 해야 하니까 계속 거기서 먹을 수밖에 없지 않습니까. 과연 무엇이 가장 바람직한 정당정치인가를 물을 때, 바로 그런 관점에서 봐야 합니다.

정당, 갈등의 수렴과 통합 기능을 잘 해야

그리고 정당이 국민의 요구를 적극적으로 반영해야 하지만, 국민 전체를 통합하는 기능을 수행하지 못한다면 정당정치의 기반 자체가 붕괴됩니다. 이런 점에 우려했던 사람들은 정당의 파당적 속성을 지적하면서 정당정치를 부정하기도 했습니다. 그래서 정당은 약간 걸러줄 건 걸러주면서 통합해야 하는 건데, 그 통합 기능을 우리 정당이 과연 잘하고 있는 걸까요. 그렇다고 보기 어려운 점이 있죠. 정당이 갈등의 구심점은 되지만, 통합기능은 잘못하고 있다는 겁니다.

국민의 여론 분포로 봤을 때, 여론이 극단화돼 있는 나라가 있고 가운데로 수렴해 있는 나라가 있습니다. 수학에서 말하는 정규분포라는 것이 있죠. 대개 중앙 쪽이 가장 많이 있고 양 극단으로 갈수록 작아지는 건데, 그러면 그걸 정치에 반영한다면 중요한 정당들은 극단화되겠습니까, 중앙으로 뭉치겠습니까? 중앙으로 뭉치겠죠. 그런데 중앙으로 뭉치면 서로 경쟁하니까 또 정당들은 서로 멀어지면서 달라지려고 하겠죠. 그러다 보니까 경우에 따라서는 정당들이 실제보다는 오히려 여론을 더 양극화시킬 수도 있습니다. 좀 알 수 있게 설명이 됐나요?

나라에 따라서 사회적인 여론이 극단적으로 분열돼 있는 사회가 있는가 하면 중앙으로 모여 있는 경우가 있고, 중도 수렴 가능성이 있는 사회에서도 정당 간의 경쟁을 거치면서 양극단화되기도 한다는 것인데, 우리의 경우는 어떨까요. 중앙에 모여 있는 것 같습니까? 이념적으로는 어때 보입니까. 일반적으로 극단화되어 있는 것 같다는 얘기를 많이 하죠. 저는 그렇게 해석하지는 않습니다. 이념적으로는 그렇게 양극화돼 있지 않은데 세력 싸움에서는 극단적으로 싸운다고 저는 봅니다.

우리나라에서는 정치적으로 이념을 이야기할 때 주로 북한에 대한 태도를 두고 말해왔습니다. 북한에 대해서 비교적 이해하는 포용적인 쪽이면 진보라고 했고, 북한에 대해 비판적이고 냉전적인 대립의식이 강한 쪽을 보수라고 규정했습니다. 서로 극단적인 상대 진영을 공격할 때는 종북, 극우 이런 단어를 동원하기도 하죠. 상대방을 공존과 포용의 가능성이 거의 없는 적처럼 공격하는 양극화 경향이 있기는 합니다. 어쨌든 정당은 그런 모양인데, 너무 극단화돼 있으면 정당의 통합 기능보다는 갈등을 증폭시키는 역할만을 할 수 있다고 봅니다.

투표 연령의 변화, 21세 → 20세 → 19세 그리고?

전체적으로 정당이 국민의 의견을 고루 반영해야 하는데, 선거에서는 모든 국민이 참여하는 게 아니라 일정한 나이 이상 참여하게 되죠. 요즘 투표가 몇 살부터 가능한지 아시죠? 맞습니다, 19세부터 투표가 가능하죠. 그래서 대개 정치와 관련된 여론조사를 하면 '전국 19세 이상 몇 명을 대상으로…' 이렇게 얘기하죠. 그런데 투표권, 즉 선거권이 19세 이상으로 된 게 그렇게 오래되지 않았습니다. 그 이전까지는 20세 이상이었다가 2005

년부터 19세 이상으로 됐습니다. 오랜 기간 20세 이상이었죠. 최근에는 18세까지 낮추자는 주장도 나오고 있습니다.

우리나라에서 국민이 선거권을 가지고 참여하는 선거가 맨 처음 있었던 것이 1948년이지요. 그때 이승만 정권, 제1공화국, 제헌국회가 시작했던 시기죠. 그때 처음 투표를 했는데 그때는 투표에 참여한 사람들의 연령 기준이 지금보다 높았을까요, 낮았을까요?

두 가지 방향 모두 상상해볼 수 있을 겁니다. 한편으로는 지금보다 연령 기준이 높았을 걸로 생각할 수 있습니다. 왜냐하면 근래에 오면서 나이가 낮춰졌으니까요. 그런데 또 반대로는 옛날에는 10대 중반만 돼도 결혼하고 했으니까 낮은 나이에도 성인으로 생각하고 투표권을 줬을 수도 있을 거라고도 생각해볼 수 있겠지요. 실제 1948년 5·10 총선이 실시될 당시 기준은 21세부터였습니다.

선거를 주관했던 UN에서는 22세로 권고했다고 합니다. 당시에는 아직 우리 법이 없었으니 투표권을 규정하는 우리 법도 없었겠죠. 정부가 수립되기 전이었으니까요. 5·10 총선거가 우리나라 최초의 헌법을 만들기 위한 국회, 즉 제헌국회를 구성하기 위한 선거였습니다. 그 선거는 UN에서 주관했어요. 사실상 미국이 주관했죠. 그러니까 미군 군정 법령에 따라 우리가 선거법을 만들었고 그 선거법에서 21세로 규정해서 그렇게 하게 됐습니다.

그랬다가 4·19 이후부터 20세가 돼서 오랜 기간 동안 그렇게 해오다가 2005년부터 19세로 내렸는데요, 현재 19세도 세계적인 추세에 비춰 봤을 때 문제가 있다고 해서 18세로 낮추자는 운동도 전개되고 있죠. OECD 34개 국가 중에서 우리나라와 폴란드만 빼고 전부 18세입니다. 일본도 몇 년 전까지는 20세까지였는데, 2015년에 18세로 낮췄습니다. 앞으로 정치개

혁이나 선거제도 관련 논의가 나올 때, 이 선거권 연령 하향 조정 문제가
계속 쟁점이 될 겁니다.

민심이 갈릴 때는 어떻게 국정에 반영할까

시민의 직접 참여와 대의민주주의

오늘은 촛불 민심으로 이야기되고 있는 국민의 직접 참여와 대의민주주의에 대해 이야기해봅니다. 우리가 촛불 민심이 그대로 반영되는 정치, 또 그들이 주도하는 정치가 가장 이상적이라고 생각할 수도 있겠죠. 그런데 촛불 민심으로 대변되는 것을 모은다고 하면, 촛불 민심을 모으는 대표자를 뽑아야 하지 않겠습니까. 어떻게 뽑을까요, 투표? 거수? 사실상 원래 촛불 민심과 같은 것들이 있는데 그걸 대표하는 사람을 뽑아서 운영하는 게 대의제 아니겠어요?

비슷한 이야기가 나왔고, 논란도 있었죠. 가수 이승환 씨를 비롯해서 몇 사람을 이번에 촛불 민심을 통해 시민 대표자회의를 만들자고 했었는데요, 그럼 어떤 방식으로 과연 누가 대표할 것인가 논란이 충분히 있는 것 아니겠습니까? 기존에 대통령이나 국회의원들은 여러 가지 제도적인 검증을 통해서 대표자를 뽑는 거죠. 그 점에서는 오히려 현재의 대의제가 역사적인 과정을 거치면서 그나마 객관적인 대표성을 확보하려고 다듬어온 민주주의 제도라고 할 수 있을 겁니다. 그러면 촛불 민심을 반영하는 방식으로 운영한다고 하더라도 결국은 또 대표자를 뽑아서 반영하는 방식이 되니까 결국 대의제로 돌아간다는 겁니다. 일상적으로 민심을 잘 반영하고 민심의 통제가 잘 이뤄지도록 하는 방안을 고민해볼 수는 있겠죠.

항상 직접적인 민심이 반영되는 정치, 이른바 직접민주제는 소규모 정치체제일 때 가능할 수도 있었겠죠. 과거 그리스 시대라든가, 근래에 와서도 직접민주주의 방식으로 많이 운영하는 스위스 칸톤(canton, 자치지구) 내부에서의 정치라든가 이런 것들이 있죠. 대의제가 불가피한 상황이라면 과제는 민심이 얼마나 탄력적으로 잘 반영될 수 있도록 할 것인가 하는 것 아니겠어요? 한편으로는 국민을 잘 대변하고 대표하는 사람을 뽑아야겠고, 한번 뽑아놨다고 해서 완전히 맡겨놓는 것도 있을 수 없지 않습니까.

그런데 대의제의 취지를 적극적으로 주장하는 견해도 있습니다. 직접 참여보다는 대의제가 좋다는 겁니다. 모든 사람이 자신들의 욕망과 의지를 반영하려고 한다면 그 사회는 유지하기 힘들다, 왜냐하면 간혹 사회 전체가 단합해 한목소리를 내기도 하지만, 일상적으로는 이해관계가 충돌하고 견해 차이가 존재하는 것이 현실적인 사회의 모습이기 때문이라는 거죠. 사회적인 자원은 한계가 있습니다. 제한된 자원을 둘러싼 갈등은 불가피합니다. 이런 갈등 요인을 사회 구성원들이 스스로 조정하며 살아간다면 가장 이상적이겠지만, 그게 어려운 상황에서 국민을 대표하는 사람들을 뽑아 그들이 서로 조정하고 타협하는 방식이 필요하고, 그게 대의제라는 겁니다. 대의제의 한계를 지적하는 쪽은 대표자들이 국민의 직접 참여를 방해하고 경우에 따라 왜곡시킨다고 보고 있고, 긍정적 측면에 주목하는 쪽은 공리주의적 관점에서 대의제가 필요하다는 겁니다.

사회적 조건에 따라, 시각에 따라 사회적 갈등을 수렴하는 여러 방식이 제시될 수 있겠죠. 지난 촛불집회, 촛불 민심에서는 참석자 거의 전부가 공감하는 한목소리를 내는 분위기였죠. 적어도 박근혜 대통령 퇴진에 대해서는 그랬습니다. 각종 여론조사에서도 80% 내외가 퇴진을 요구했습니다. 결국 국회에서도 탄핵소추안이 가결됐는데요, 그러면 이제는 좋은 대통령을 앉히자는 주장도 충분히 가능하겠죠. 그러면 어떤 사람이 과연 좋은 대통령인가, 이렇게 얘기가 나아가면 80%, 90% 의견이 모일까요? 아마다 다르겠지요.

국민여론, 전문가 판단, 투표

그러면 이때부터 달라지기 시작합니다. '좋은 정치인'을 꼽는다면 누가 생각나나요? 요즘 많은 분이 노무현 전 대통령을 이야기하더군요. 노무현 전 대통령이라고 하면 90% 이상이 공감할까요? 그 정도는 아니겠죠. 또 다른 평가를 내리고 다른 사람을 선호하는 사람들도 있을 겁니다. 노무현 대통령이 선출될 때도 48.9%의 지지를 받았고, 임기 말에는 10% 내외의 지지밖에 못 받았습니다. 최근에는 역대 대통령 중에서 제일 선호하는 대통령으로 여론조사에서 자주 나옵니다. 오히려 근래에 좋은 평가가 나온 배경에는 여러 요소가 복합돼 있습니다. 그 투신 이후에 신화화한 측면도 있고, 후속 세력이 정치적으로 성공한 결과이기도 합니다. 각자가 경험했던 그 세대에 따라 차이도 있죠.

또 하나 재밌는 것들 중 하나가 이런 정치적 사안에 대한 판단에서 전문가들하고 일반 대중여론하고 항상 똑같진 않다는 점이에요. 어떤 정치인은 전문가적 수준에서 이 정도면 우리나라 국가에 대한 식견도 있고 철학도 괜찮다, 그렇다고 그 사람이 대중적으로 꼭 좋은 평가를 받지는 않아요. 왜 이런 문제가 제기되느냐. 제가 아까 촛불 민심 하면 국민의 90% 이상이 모이는 것 같았지만 이후의 정치 과정에서는 서로 견해가 다르고 충돌할 수도 있습니다. 그럴 가능성이 훨씬 더 큽니다. 그래서 결국은 어떻게 조정할 것인가, 누구를 대표자로 할 것인가, 어떤 방식으로 서로 공존하는 모형을 만들 것인가, 이런 문제들이 제기될 수밖에 없습니다. 대의제와 국민 여론, 또 전문가 견해, 장기적으로는 같이 가야 하겠지만, 국면에 따라 조금씩 다르기도 합니다.

민주주의라고 하면 시민의 뜻에 따르는 정치 아니겠습니까? 그런데 시민의 뜻이 하나라면 간단하겠죠. 우리가 멋있는 말로는 민주주의 하자고 이야기하는데, 시민의 뜻이 하나라면 그 뜻만 따르면 되는 거죠. 그런데 시민의 뜻이 서로 다를 경우, 이해관계가 다를 경우 어떻게 할 것인가? 민주주의가 모두가 공감하는 원칙 같지만, 어려운 이유가 여기에 있고 이게 사실상 민주주의 문제의 핵심입니다.

이견의 조정과 공존의 원리로서 민주주의

우리나라에서는 서로 다른 견해를 수렴하는 방식으로서 민주주의에 대해 그렇게 고민을 하지 않았습니다. 민주주의 하면 시민의 뜻에 따르는 정치만 생각했었지, 견해 차이가 있거나 이해관계가 다를 때 어떻게 통합할 것인지에 대한 고민은 우리나라에서 별로 없었습니다. 우리나라의 환경적인, 역사적인 배경과도 관련이 있습니다.

근대 국가의 개념을 이끌어냈던 유럽 국가들은 대개 그전까지는 작은 여러 봉건국가들로 쪼개져 있었습니다. 이것이 통합되면서 근대 국가가 만들어집니다. 하나의 국가로 합하려고 하면 이전의 봉건적인 전통이 서로 다르니까 어떤 방식으로 통합할지 갈등이 많았겠죠. 수도를 어디로 할 것인가, 또 종교도 서로 다른데 그 종교관계를 어떻게 할 것인가, 우리나라 국정교과서가 문제가 되고 있지만 국어교과서와 역사교과서를 누가 주도해서 만들 것인가, 이런 고민이 있으면 당연히 그 나라의 체제를 만드는 데 서로 공존하는 방식에 대해 고민할 수밖에 없었을 겁니다. 반면에 우리는 그런 문제를 상대적으로 덜 고민했습니다.

그런 배경 몇 가지 중 하나는 우리나라가 근대 국가로 전환되는 과정이었습니다. 일제로부터 독립하면서 나라를 다시 세우는 과정 속에서 하나의 민족이라는 개념이 강조될 수밖에 없었습니다. 물론 하나의 민족이라는 개념이 지배하는 가운데서도 국제냉전과 맞물린 좌우 이념 문제가 큰 쟁점이 됐죠. 그런데 이는 남북분단체제가 되면서 아예 '분열'로 정리됩니다. 분단체제 속에서 이념 문제는 가장 큰 쟁점이기도 하고 근본적으로 배제된 쟁점이기도 했습니다.

한편으로는 좌우 이념 문제가 잠재화되거나 정치적 사건 같은 특별한 경우에 쟁점이 됐고, 다른 한편으로는 막연하게 우리 민족이 민주주의만 하면 다 될 거라고 했었죠. 그런데 이런 문제가 이제야 구체적으로 노정되고 있는 게 아니겠습니까. 국제적인 냉전은 진즉 해체됐는데, 마치 북한 문제가 우리의 이념 축처럼 돼 있고, 이제야 통합의 방식, 공존의 방식으로서 민주주의 과제에 직면하고 있는 겁니다.

민족 내부, 우리 국민끼리도 서로 이해관계에 차이가 있고 그에 따른 갈등이 당연히 있죠. 소득 수준에 따라 차이가 있기도 하고요. 신념에 따라 차이가 있기도 하고, 지역에 따라 차이가 있기도 하고. 초기 민주화의 과제가 독재권력을 무너뜨리는 거였다면, 이후 민주화의 과제는 이런 갈등 요인들을 어떻게 수렴할 것인가 하는 민주적 공존 방식의 문제였습니다. 그래서 탄핵 정국 이후 촛불 민심을 받아서 좋은 정치인을 뽑는 게 중요한 과제이지만, 동시에 새로운 시대로 나아가기 위해서는 과연 어떤 방식으로 우리가 공존할 것인가 하는 문제에 직면하게 되는 거죠.

공존과 통합에 부적합한 현행 대통령제

그래서 나온 것이 우리 사회의 격차를 줄여야 한다, 승자독식의 현행 대통령제를 바꿔야 한다는 주장입니다. 그동안 보아왔듯이 이대로 이기는 사람이 다 먹어버리니까 나머지는 결국 권력 소유를 못 하니까 정치적 대립이 극단적으로 된다, 그러니까 대통령제를 바꾸자, 이런 주장들이 같이 제기되고 있죠. 바로 그런 방식들에 대한, 또 우선순위에 대한 시각 차이가 있는 것 아니겠습니까?

개헌 문제가 도출이 되긴 하는데 거기에는 몇 가지 견해 차이가 있습니다. 정치적 통합을 위해 어떤 제도가 바람직한가, 즉 개헌 내용에 관한 것이 하나 있고요, 다른 하나는 개헌이 정국에 미치는 파장에 따른 입장 차이입니다. 개헌이라는 게 중요한 사건이니까 뭐가 소용돌이칠지 모른다, 그러면 현재 그대로 유지하는 채로 대통령 선거를 치르자고 하는 쪽에서는 소용돌이치는 변수를 안 만들려 하겠죠. 그 대표적 사례가 유력 후보인 문재인 전 대표라고 볼 수 있겠죠. 또 다른 것이 있습니다. 촛불 민심이란 것이 뭔가 새로운 요구를 하고 있는데 자칫하면 개헌과 같은 문제가 터지면 그쪽으로 모든 게 쏠려버려서 촛불 민심을 계속 이어가지 못한다는 주장도 있습니다.

촛불 민심에 나타난 정치적 요구, 대의제가 불가피하지만 국민의 요구를 즉각적으로 잘 반영해야 된다는 것 아니겠습니까. 그런 면에서 현행 제도는 국민의 요구에 탄력적으로 호응하지 않아도 되는 구조로 돼 있습니다. 대통령에 한번 뽑혀서 임기가 시작되면, 임기가 끝날 때까지는 마음대로 해도 혁명적 상황이 아닌 한 별 대책이 없습니다. 거의 유일한 제도가 탄핵입니다. 이번엔 어떻게 탄핵이 국회에서 가결됐지만, 사실 대통령 탄핵이 현실적으로 거의 불가능합니다. 그래서 탄핵이란 제도는 실질적으로 가동되기보다는 뭔가 제어하는 용도로 쓸 뿐이라는 이야기도 있습니다.

알겠지만 대통령제에서 탄핵의 역사를 가장 먼저 도입했다고 볼 수 있는 미국의 경우 지금까지 탄핵이 한 번도 이뤄지지 않았습니다. 아니, 못했습니다. 자진 중도 사퇴는 있었지만 탄핵은 없었습니다. 탄핵 시도가 세 번 됐는데 닉슨 대통령은 탄핵 절차가 진행되는 도중에 자진 사임했고, 나머지 두 경우에는 부결돼서 무산됐습니다.

탄핵 얘기가 나온 김에 탄핵 자체의 역사로만 본다면 훨씬 오래된 나라가 영국인데, 영국은 좀 다릅니다. 영국의 제도는 입헌군주제에서 고위 공직자를 탄핵시키는 것이었습니다. 그런데 내각제 체제에서 최고 권력에 대한 탄핵은 의미가 없습니다. 의회 해산이나 총선거로 해결되기 때문입니다. 대통령제에서 탄핵될 정도의 상황이 오면, 영국 같은 내각제에서는 수상이 불신임받고 총선거를 다시 치르면 되니까요.

이번 국정농단을 거치면서 국민의 요구를 제대로 반영하지 않으면 책임을 지는 제도를 만들 필요가 있다고 공히 느낄 겁니다. 이를 위한 여러 대안을 구상할 수도 있겠지만, 대통령 권력과 관련된 부분은 개헌 문제하고 맞물려 있다고 볼 수 있습니다. 그래서 한편으로는 시민은 정부와 권력을 향해 꾸준하게 직접적으로 요구를 해야 되지만 결국 대의체제가 그 요구를 수렴하지 않으면 안 될 겁니다. 제도적이고 법률적으로 수렴해야 되는 것 아니겠어요? 그랬을 때 어떤 방식으로 제도적 보완이 필요할 것인가? 정당정치나 선거 관련 제도적 보완책도 있어야 합니다만, 큰 틀에서 정부 권력 구조 개편을 담는 개헌이 근본적인 과제라고 생각합니다.

동양 전통의 관점으로 지도자 덕목을 재조명하자

지난 시간에 촛불 민심과 대의제에 대해서 이야기를 했습니다. 촛불집회를 통한 민심의 표출은 한편으로는 기존 대의제의 한계 속에서 나온 거였다고 볼 수도 있고, 다른 한편으로는 대의제를 제대로 작동시키기 위한 보완책으로 나온 거라고 볼 수도 있다고요. 결국 대의제의 대표 기관인 국회에서 촛불 민심과 더불어 탄핵 여부를 결정한 겁니다. 아예 기존 대의제를 부정하고 촛불 민심이 주도하는 국정을 운영한다고 하더라도 다시 대의체제를 만들 수밖에 없다는 점을 지난번에 지적한 바 있습니다. 촛불 민심을 직접 반영하는 시민의회를 구성해서 대표를 뽑자 이런 얘기도 나오고 있다고 했었죠. 그러면 어떤 사람을 어떻게 뽑을 것인가, 그 방식을 정리해서 제도화시킨 게 사실상 오늘날의 대의제가 되는 거겠죠. 그래서 어떤 면에서는 기존의 대의제가 가지고 있는 것을 비판적으로 지적할 수 있겠지만 그나마 공식적인 대표성을 갖고 있는 것은 현재의, 아무리 욕을 먹지만 국회의원들이라고 볼 수 있습니다. 다만 더 나은 대의제를 어떻게 개선할 것인가, 보완할 것인가가 과제가 되겠죠.

집권세력의 몰락과 구(舊)여당의 운명

오늘은 정치적 변동 시기 정당에 대한 이야기입니다. 특히 집권세력의 몰락은 집권여당의 변동을 동반할 가능성이 아무래도 크겠죠. 탄핵 정국과 더불어 박근혜 정부의 집권여당 새누리당이 분당되는 상황을 맞고 있죠. 멀리 소급하자면 민자당에게까지 소급할 수 있지만, 이명박 정부의 집권여당 한나라당이 박근혜 당시 비대위원장 주도로 새누리당으로 바뀐 거죠. 이를 토대로 박근혜 대통령이 집권했는데요, 새누리당에서 분당을 주장하는 사람들이 삼십 몇 명이 모여서 새롭게 출범하겠다고 합니다. 명칭을 뭐라고 했던가요? 개혁적 보수신당; 줄여서 개×××이라고 비아냥거리는 말도 나오고 있던데요.

이렇게 집권세력이 실패했을 때 집권여당도 해체가 되거나, 정당체제가 바뀌는 가운데 재탄생되거나 하는 경우가 허다했지요. 노무현 정부의 집권여당, 열린우리당 기억납니까? 열린우리당은 사실상 해체가 되고 대통합민주신당으로 흡수되는 방식이었죠. 그보다도 결정적으로 실패했다고 볼 수 있는 게 이승만 정부의 여당인 자유당입니다. 이승만 정권은 4·19로 붕괴되는데, 4·19 이후에 자유당이 어떻게 됐죠? 군소정당으로 전락했다가 그마저도 실패해서 명목만 유지하다가, 1961년 5·16 세력이 기성 정당을 해체시키면서 다른 정당들과 함께 사라집니다.

4·19가 일어났을 때 당시 자유당의 의석은 국회 재석 233명 중에서 126명이었습니다. 자유당이 과반의 정당이었죠. 4·19 이후 이승만 정권이 집권여당으로 면목이 있었겠어요? 이승만 정권 시기의 비리나 부정선거에

연루된 의혹을 받는 사람들도 있었겠지요. 자유당 소속 많은 의원들이 탈당을 합니다. 지금 새누리당에서 분당하는 것과 유사한 모습이죠. 4·19 혁명 이후의 탈당, 탄핵 정국에서의 탈당. 1960년 당시에 4·19 이후 100일 만인 7월 29일에 5대 총선을 치렀는데, 자유당 소속으로는 48명이 출마했고 그중에 당선된 사람은 두 명뿐이었습니다. 처음 치렀던 정수 58명의 참의원 선거에서는 자유당 소속 네 명이 당선됐죠. 물론 이전 자유당 소속의 일부는 무소속으로 출마해 당선됐습니다.

그런 점에서 사실상 실패한 박근혜 정부 이후 새누리당은 어떻게 될지? 개혁적 보수신당을 표방하고 나간 새누리당의 분당 세력이 과연 향후에 어떻게 정착이 될지? 일단 분당 세력은 20명 이상이 기준인 교섭단체 이상의 규모는 될 것으로 대개 예상하고 있습니다. 또 반기문 UN 사무총장이 돌아오는 새해 1월쯤 되면 또 한 번의 기세 있는 변화가 있을 거라고 보고 있습니다. 주목해볼 부분입니다.* 어쨌든 2016년 4·13 총선에서 국민의당이 등장하면서 교섭단체 수준에서 3당 체제가 형성됐는데, 이제 새누리당의 분당으로 4당 체제가 됩니다.

4당 체제의 진로

우리 역사에서 4당 체제가 있던 시기가 많지 않습니다. 기억나는 정도가 하나가 있는데 민주화 직후에 있었던 1987년, 1988년 대선과 총선이 있던 그 시기였습니다. 구체적으로 원내 정당체제로 나타난 것은 총선을 통해

---

* 반기문 총장은 국내에 들어와 얼마 못 가 대선 출마 포기를 선언하고, 반 총장의 합류를 기대했던 분당 세력은 이후에 방향을 잃게 됩니다.

서였겠죠. 1988년 13대 총선. 그 이전 1987년 대선에서도 물론 정당 소속의 주요 네 후보가 등장합니다. 세 명이 김씨였고 한 사람이 노씨여서 1노 3김이라고 했었죠. 김대중, 김영삼, 김종필, 그리고 노태우. 그래서 당시에도 형식상으로는 4당 체제였는데, 구체적으로 4당이 정착된 것은 그다음 해인 1988년에 13대 총선을 통해서였습니다. 그때 4당 중에서 의석 수가 가장 적었던 정당이 신민주공화당으로, 35석이었습니다. 4당 체제에서 35석 정도면 규모가 작지 않죠. 지금 만들어지고 있는 4당 체제도 사실 보기 드문 경우입니다. 대선을 치르면서도 4당으로 지속될지, 대선에서 후보를 둘러싸고 합쳐질지 그건 봐야겠는데, 당장 이렇게 짧은 기간이나마 4당 체제가 만들어지고 있습니다.

1988년에 13대 총선에서 4당 체제가 성립될 수 있었던 배경으로는 각 지역에서 확실한 지지를 받는 대선 후보급 주요 정치인들이 있었다는 점이 큽니다. 김대중, 김영삼, 김종필 이렇게 각기 지역별로 지지를 받는 틀이 하나 있었고요, 또 하나는 기존에 집권했던 군부정권을 승계했던 세력인 민정당이 있었죠. 김대중, 김영삼은 이 군부정권에 맞선 민주화 세력이었죠. 그러니까 군부정권 세력 대 민주화 세력, 여기에다가 지역적으로 압도적인 지지를 받는 카리스마를 지닌 정치인들이 있는 지역 구도, 이 두 가지가 결합돼서 4당 체제가 됐다고 볼 수 있습니다. 그 점에서 이번 4당 체제는 어떤 것인가 생각해볼 수 있습니다.

일단 기존 정당체제에 대한 불신에서 태동한 국민의당이 등장했고, 다음으로 박근혜 대통령 탄핵 국면에서 여당이 재편되는 과정을 거치면서 결국 4당 체제가 된 거죠. 저는 그동안 보수 - 진보로 불러왔던 뭐든 기존의 진영구도, 여 - 야가 재편되기를 바라는 쪽입니다. 그게 쉽게 바뀔 것 같지 않아 보입니다만 최근에 새로운 시도들이 있기는 합니다. 불안정하지만 이미 4당 체제가 만들어져 있고요. 또 하나, 밖에 나가서 개헌을 매개로 움직이는 세력이 있습니다. 손학규, 정의화, 또 더불어민주당 내부에 있지만 김종인 전 대표 등이 움직이고 있는데, 이런 세력이 독자적으로 갈지, 기존에 있는 데로 갈지, 아니면 아예 양대 세력으로 뭉치는 역할을 하게 될지 모르겠는데, 하여튼 과도기적인 그런 상황입니다.[*]

제가 이렇게 민주주의가 쉽지 않은 이유를 얘기했던 거 기억납니까? 시민이 하나의 실체가 아니고 다양하다는 거였습니다. 교과서에 보면 민주주의는 시민의 뜻에 따른 정치 원리다, 이렇게 돼 있죠. 그러면 그냥 시민의 뜻만 반영하면 민주주의가 잘될 텐데 왜 그게 어려울까요? 우리 사회를 구성하는 시민의 이해관계도 다르고 정치적 견해도 다르고 그렇죠. 1987년 13대 대선에서 민주화의 열망을 받아들이지 못하고 민주화 진영이 분열돼서 정권교체가 안 됐다고 말하지만, 사실은 노태우 후보를 당시 지지했던 36.6%가 있었기 때문에 노태우가 당선됐습니다. 일차적으로는 그 지지 세력이 있었기 때문에 된 거고, 그런 가운데도 민주화 세력이 단일화됐다면 이길 가능성은 있었겠죠. 이건 무엇을 말해주느냐, 시민은 마치 하나의 선한 시민으로 있는 것처럼 보이지만 여러 견해와 이해관계를 가진 다양한 사람들로 구성돼 있다는 겁니다. 그래서 민주주의라는 것도 서로 다른 이해관계와 견해를 통합하는 원리로 봐야 한다는 겁니다.

정치체제에 주목한 서양, 리더십에 주목한 동양

그러면 사회적 갈등을 통합하는 방식으로서 어떤 정치체제가 바람직한

[*] 대선 전에 개헌을 매개로 제3 세력을 형성하겠다는 움직임은 결국 현실화되지 못했습니다.

것인지 고민해볼 수 있겠죠. 동서양의 고전들을 보면 어떤 정치체제가, 어떤 정치공동체의 모습이 바람직한가에 대한 얘기들이 많이 있습니다. 서양과 동양은 좀 다른데요, 서양은 비교적 정치체제에 관한 얘기를 하는 쪽이었습니다. 서양의 대표적인 고전이라고 하는 플라톤의『공화국』을 보면 다수가 참여하는 민주주의 방식이 바람직한가, 소수의 엘리트가 하는 게 바람직한가, 아니면 아주 똑똑한 한 사람, 철인이 군주가 돼 지배하는 게 바람직한가, 이런 체제들에 관한 논의가 나오는데요.

동양에서도 그런 논의가 있지만 동양에서는 주로 리더십 중심으로 얘기가 됐던 것 같아요. 어떤 군주가 괜찮은가, 지도자의 덕목, 자질 이런 것들이 주요 주제였습니다. 공자의『논어』에 나오는 주요 내용들이 그런 군주의 덕목에 관한 게 많지요.

그런데요, 오늘날 우리나라 정치 분석에서는 동양에서 나왔던 전통적인 지도자의 덕목 기준은 별로 차용되지 않습니다. 정치분석의 토대를 이루는 정치학 역시 기본적으로 서양식 학문체계를 토대로 하고 있는 우리나라 풍토가 일차적 요인일 겁니다. 서구식 정치체제 중심의 분석에다 리더십에 대한 분석도 서양식 기준을 가지고 합니다.

근래에 와서 정치인들의 자질 분석에 동양, 또는 우리의 전통에서 많이 논의됐던 기준이 적용될 필요가 있다는 생각을 자주 합니다. 서양식 리더십의 분석에서는 서구식의 정치이념만을 주목하는 경향이 있습니다. 저는 인의예지(仁義禮智) 같은 덕목의 필요성을 절감합니다.『맹자』등에서 군자의 덕목으로 자주 거론됐던 가치기준들이죠.

인(仁)은 측은지심(惻隱之心)을 말합니다. 사회적 약자들에 대해 마음 아파해주고 공감해줄 수 있는, 그런 마음 아니겠습니까. 의(義)라고 했을 때는 수오지심(羞惡之心), 부끄러움을 아는 자세입니다. 정치인으로서의 책임지는 자세, 잘못했으면 부끄러워하는 자세입니다. 그다음에 예(禮)는 사양지심(辭讓之心), 양보하는 자세입니다. 마치 우리나라에서 정치의 현실에서는 양보란 없다고 생각하는 경향도 있습니다. 그러나 양보하지 않는 자세는 결국 독단, 독선으로 이어집니다. 요즘 말하는 협치와 타협의 정치는 불가능합니다. 지(智)는 사리분별 능력을 말하는 시비지심(是非之心)이죠.

인의예지(仁義禮智)의 지도자 덕목 갖췄나?

우리의 역사 속에서 오랫동안 다듬어온 정치 지도자의 덕목에 너무 서양식 기준만 많이 적용하고 있습니다. 보세요, 아주 성공했다 싶은 정치인에 대해서도 저 사람은 과연 약자에 대해 불쌍해하며 공감하는 마음이 얼마나 있을까 생각해보는 문제는 중요하지 않겠어요? 자신이 잘못한 것에 대해 부끄러워하는 마음, 책임지는 자세가 얼마나 있는 건가, 사리 분별을 제대로 하는 역량이 얼마나 있는 건가, 이런 척도를 좀 봐야 하는데 별로 그러지 않는 것 같습니다.

여러분도 대권경쟁에 나서는 후보들이나 다른 정치인들, 지난 대통령들을 평가할 때 이런 관점을 두고 한번 보시길 권합니다. 그 사람이 측은지심, 수오지심, 사양지심, 시비지심을 진정 얼마나 갖추고 있는가. 그동안 우리 정치 지도자들의 실패를 볼 때 이런 덕목이 더 필요하다고 느낍니다.

근대 대의제로 오면서 선거, 투표를 통해서 사람을 뽑죠. 사람을 뽑을 때 투표, 즉 선거로 뽑는 것하고 제비뽑기로 뽑는 것하고 순서로 돌아가는 순번제하고, 어떤 게 제일 민주적일까요? 선거를 하는 방식이 민주적이 되려면 사실 여러 조건이 갖춰져야 하겠지요. 여러 가지 이유 때문에 선거와 투표를 민주주의 제도에서 쓰고 있는데, 실제로 제비뽑기나 순번제가 훨씬 민주적인 경우들이 많습니다.

실제 제도에서도 제비뽑기 방식을 하는 나라들이 있고, 순번제로 돌아가는 방식을 쓰기도 합니다. 가장 쉬운 예를 들자면 스위스의 경우 칸톤(자치지구)별로 대통령을 돌아가면서 순번제로 맡고 있죠. 우리가 익숙한 단순 다수결로 뽑고, 승자가 일방적으로 의사결정하고 소수가 권력을 가질 기회가 없다면 소수는 사실상 주권을 갖지 못하게 되는 셈이 됩니다. 그럴때 하는 방식은 뭐가 되겠어요? 이걸 경우에는 서로 한 번씩 돌아가면서 하는 방식이라든가, 제비뽑기 방식이라든가, 또 소수를 특별히 배려한 제도를 도입한다든가 해야겠죠. 제가 오늘 마지막에 왜 이런 얘기를 하느냐면, 우리가 민주주의라고 쉽게 말하지만 다양한 시민의 뜻을 반영하는 방식으로 민주주의 역시 다양하게 구체화된다는 점을 상기시키기 위해서입니다. 민주주의 방식 하면 다수결이라고 쉽게 말하지만, 다수결이 민주주의 원리에 부합하는 조건이 있고, 단순 다수결이 아닌 다양한 민주적 의사결정 방식이 있습니다.

다수제와 합의제 모델의 차이

조건에 따라 민주적 의사결정 방식은 다양하다고 했는데, 여러분은 어떤 상황에 직면했을 때 어느 방식이 적합할 것인지 고민할 수도 있을 겁니다. 앞서서 순번제, 제비뽑기 등을 예로 들었는데요, 정치이론에서 크게 나누는 또 하나의 기준이 있습니다. 단순 다수결로 결정하느냐 아니면 소수를 배려하면서 하느냐입니다. 다수제와 합의제 모델로 구분합니다. 대통령제냐 내각제냐, 이것도 정치체제를 구분하는 척도의 하나지만, 다수제냐 합의제냐도 중요한 분류 기준의 하나입니다.

우리나라는 어느 쪽에 속하겠습니까? 합의제 모델이겠습니까, 단순다수제 모델이겠습니까? 단순다수제 모델입니다. 여기에다 이긴 쪽이 다 가져가 버리는 승자독식, 영어로 'winner-takes-all'이라는 표현이 있죠. 단순다수제인 데다가 승자독식까지 결합한, 그러니까 우리나라는 단순다수제의 극단적인 형태입니다. 우리가 아는 선진국이라는 나라가 영국과 미국인데 그 나라들도 그래요. 그래서 마치 세계적으로 모든 나라가 그런 것처럼 보이는데, 사실은 선진국들을 포함해서 구분해보면 수적으로 협의제 모델하고 다수제 모델하고 수가 비슷비슷합니다.

우리나라가 앞으로는 협의제 모델로 좀 가야 되는 것 아니냐, 개헌 논란도 그런 쪽으로 되고 있습니다. 최근에 협치라는 것도 그런 모델로 제도화되지 않으면 사실상 달성하기 어려운 면이 있습니다.

이런 제도뿐 아니라, 그 나라의 질서를 유지하는 이념도 그 나라의 역사적인 조건 속에서 만들어집니다. 우리나라에서 식자들이 쓰는 이념 중에는 간혹 우리의 현실을 토대로 만들어진 게 아닌, 다른 나라 특히 서양의 한 시대 역사에서 쓰이던 것을 마치 절대적인 이념 기준인 양 쓰는 경우도 있죠. 마치 절대적인 이념 기준처럼 쓰이는 것들도 서구의 어떤 역사적 상황에서 쓰였던 역사적 개념인 경우가 대부분입니다. 우리 현실 속에서 의미를 따져봐야 한다는 겁니다.

한국에서 보수 - 진보 구분은 대북관을 기준으로?

역사적 개념으로서 보수 - 진보

'정치이념' 하면 뭐가 떠오르나요? 세부적으로 구분하면 공산주의, 사민주의, 그런 것들이 있죠. 요즘 우리나라에서 가장 많이 쓰이는 이념 기준으로 보수, 진보, 이런 것들이 있습니다. 또 좌우 개념이 있죠. 두 가지를 유사하게 쓰는 사람도 있고 구분하자고 하는 사람도 있습니다. 좌익, 우익의 연원에 대해서는 여러 설명이 있지만, 보통 프랑스 혁명기 국민공회에서의 좌석 위치에서 비롯된 것으로 많이 설명하죠. 프랑스 혁명 이후 국민공회에서 급진파 그룹이 의장 왼쪽에 앉았고 온건 그룹이 오른쪽에 앉아서 당시 급진파와 그 급진파의 속성을 좌익, 온건파 및 그 속성을 우익으로 부르게 됐다는 겁니다.

당시 급진파는 로베스피에르 등이 이끌었던 자코뱅당이었죠. 온건파는 지롱드당이고요. 당시 그 기준에 따라서 뭔가 상황에 대해서 급격하게 변화시키려 하는 쪽을 좌익이라 했고, 온건하게 점진적으로 개혁하려고 했던 쪽을 우익이라 했던 거죠. 이렇게 보자면 좌우익은 사실상 보수, 진보의 개념하고 비슷합니다.

보수, 진보라는 말이 우리말인데, 이런 논의를 할 때마다 서양 사람들이 썼던 보수, 'conservatism'을 인용합니다. 이런 의미의 보수는 영국의 에드먼드 버크(Edmund Burke, 1729~1797)가 프랑스 혁명기의 급진주의자들을 비판하면서 했던 말입니다. 급진세력이 모든 것을 다 근본적으로 바꾸자고 하지만, 문제가 있는 오늘의 현실도 그 나름대로의 경험을 토대로 축적된 자산이다, 불확실한 대안으로 현실을 파괴하기보다는 점진적인 개선이 적절하다는 역사관입니다. 그게 보수주의 역사관이죠. 이와 대비되는 것이 근본부터 바뀌지 않으면 안 된다는 시각입니다. 역사관으로 보자면 보수주의와 대비되는 개념은 급진주의라고 할 수 있겠습니다. 영어로는 급진주의를 'radicalism'이라고 하죠. 'rad-'라는 말이 근본, 뿌리라는 뜻입니다. '뿌리부터 바꾸자', 이런 차원이죠.

좌익 - 우익과 보수 - 진보 개념이 비슷한 측면이 있죠. 우리나라에서는 급진 대신 진보를 보수와 대비되는 개념 비슷하게 쓰고 있습니다. 좌우익 개념을 친공산주의 대 친자본주의 개념으로 한정해서 이해하는 사람들도 있습니다. 이른바 해방정국에서 공산주의 이념을 둘러싼 좌우익 대립에다가 이후 남북분단체제 개념을 상정한 개념이기도 합니다. 보수 - 진보 또는 보수 - 급진의 개념은 시대적인 상황에 따라 다르겠죠. 그 사회 시대 상황을 현상유지하면서 조금씩 개선하자는 쪽은 보수가 되겠고, 근본적으로 바꾸자고 하는 쪽은 진보라 볼 수 있겠죠.

그러면 러시아 같은 나라에서 사회주의가 몰락하려고 할 때 당시 보수주의는 자본주의와 사회주의 중 어느 경향이었겠어요? 맞습니다, 사회주의였어요. 자본주의적 시장경제 개혁을 외쳤던 나중에 대통령이 된 보리스 옐친(Boris Yeltsin, 1931~2007) 같은 사람이 급진파에 해당했습니다. 기본 토대가 사회주의 체제였기 때문에 그걸 고수하려는 쪽이 보수파였고, 급격하게 자본주의로 바꾸자는 쪽이 급진 개혁파였습니다.

우리나라에서의 보수 - 진보 개념

우리나라에서는 보수주의라는 말을 별로 쓰지 않고 있다가 1980년대 후반부터 많이 등장했습니다. 보수하고 진보를 구분했던 가장 중요한 척도가 북한 문제, 분단 문제를 어떻게 볼 것인가였지요. 북한에 대해 포용적이거나 호의적으로 보는 쪽을 진보라고 했고, 북한에 대해서 강경노선, 냉전적인 시각으로 봤던 쪽을 보수라고 했습니다. 이후에 정부의 시장개입 문제라든가 세금 문제라든가 이런 것들에 대한 시각으로 확장되고 있지만 초창기 때는 그랬습니다.

새누리당에서 이탈해 독자적으로 세력화한 바른정당은 개혁적 보수를 내걸고 있습니다. 깨끗한 보수, 따뜻한 보수를 얘기하더라고요. 깨끗하다는 말은 부정부패를 하지 않겠다는 거고 따뜻하다는 것은 복지를 얘기하는 거죠. 너무 개인만 중심으로 가는 것이 아니라 더불어 살아가자는 겁니다. 경제민주화도 말하고 있습니다. 그러면 복지, 경제민주화를 강조하는 이른바 진보 진영하고 이념상으로 무얼로 구분할까요. 여전히 북한에 대한 시각 차이는 있기는 합니다. 복지에 대한 입장에서 강도의 차이가 있기도 합니다. 그러나 개혁적 보수, 개혁된 보수는 어디로 가는 걸 말하는지가 분명치는 않습니다.

앞서 지적했다시피 세계관 또는 역사관의 차이라는 관점에서 보수 - 진보의 이념 축을 볼 수 있습니다. 그 사회가 문제를 가지고 있지만 뭔가 그 동안의 경험과 지혜의 축적 속에서 만들어져 온 것이라고 보는 쪽이 보수라면, 근본적으로 바꾸자는 쪽이 진보에 가깝다고 볼 수 있습니다. 이런 시각 차이는 각자의 세계관이라든가 그동안의 경험에 따라 다르겠죠.

여러분은 어느 쪽에 동조하는 쪽입니까. 문제가 있더라도 부분적으로 조금 개선하자는 쪽입니까, 근본적으로 바꾸자는 쪽입니까? 대개 젊었을 때에는 사회를 급진적으로 바꾸자는 경향이 더 클 것 같고, 경험을 많이 할수록 나중에는 조금씩 바꾸자고 하는 것 같죠. 그래서 나이 드신 분들이 보수적인 경향을 가진 것도 있습니다. 물론 우리의 경우는 6·25 한국전쟁을 겪었기 때문에 그런 이념적인 배경에서 나오는 보수 경향이 또 있고요.

또 하나, 우리나라에서 보수 - 진보를 가를 때 내용상, 이념상의 내용뿐만 아니라 태도나 행태의 문제도 있습니다. 기존의 것을 인정하면서 가려는 태도와 확 바꾸면서 세계 얘기하는 태도, 이것도 뭔가 보수 - 진보의 이미지와 연관되죠. 그런데 온건한 내용을 과격하게 말하는 사람도 있고, 반대로 과격한 내용을 타협적으로 펼치려는 사람도 있죠. 이중적이 되는 거죠.

한때 그런 얘기가 있었죠, '싸가지'가 있느냐 없느냐 하는. 우리나라에서 진보에 대해 비판적이거나 부정적인 선입견은 무례하고 무책임한 그런 행태에서 비롯된 점도 크다고 봅니다. 그래서 저는 특히 대중운동을 하거나 정치하는 사람들의 경우는 내용뿐만 아니라 사람들에게 어떤 자세로 접근할 것인가도 굉장히 중요한 부분이라고 이야기합니다.

앞서 말했듯이 우리나라에서 주로 보수 - 진보를 갈라왔던 가장 뚜렷한 것은 남북관계, 대북 문제를 어떻게 볼 것인가라는 거였습니다. 우리나라에서 사상 문제, 이념 문제가 생겼을 때는 다른 사상보다는 결국 북한과 관련된 쟁점이었죠. 그런데 우익에는 북한에 대한 냉전적인 시각뿐 아니라, 근래에는 한미동맹을 강조하는 견해도 포함하는 듯합니다. 보수를 주장하면서 태극기까지는 좋은데, 미국 성조기를 항상 들고 나오는 게 좀 이상하기는 합니다. 그렇지 않은가요? 사실 우익은 일반적으로 민족을 우선 가치에 두는 경향이 있는데, 미국을 중시하는 우익이 이상해 보이기는 하죠. 안보를 강조한다고 보면 이해될 수 있을 것 같기도 한데요.

보수 - 진보, 시장경제와 정부개입

역사적으로 보수 - 진보의 주장이 바뀌기도 합니다. 중앙집권체제로 가는 쪽이 한때는 진보였었지만 또 시기가 바뀌면서는 지방분권을 강조하는 쪽이 오히려 진보가 되는, 반대로 간 셈이죠.

자본주의가 많이 진행되고 산업화가 많이 되는 가운데에서는 주로 정부 역할을 강조하는 쪽이 진보였겠습니까, 아니면 시장의 역할을 강조하는 쪽이 진보였겠습니까? 근래에 와서는 정부의 역할을 강조하는 쪽이 됐겠죠. 왜냐면 시장이 돌아가는데 정부가 개입해서 이런저런 조정이 필요하다는 거죠. 우리나라에서 경제민주화라고 하는 헌법 제119조 2항의 의미를 더 강조하는 쪽이 진보세력이죠. 정부가 개입해서 조정해주길 바라는 쪽입니다.

훨씬 그 이전 시대였던, 신분제 사회에서 현대 사회로 넘어올 때에는 자유 시장을 강조하는 쪽이 오히려 진보적이었겠죠. 그때는 사유재산이 없을 때니깐 아무나 시장에 뭐 갖다 팔 수 없고 그럴 때였으니까요. 요즘은 시장의 문제점을 개선하는 정부의 역할을 강조하는 쪽이 진보적 경향으로 해석되고 있습니다.

그동안 우리가 보수당으로 불렀던 정당 중에서 당의 정강정책에 '작은 정부론'을 넣었던 정당들이 있었습니다. 작은 정부론을 당의 정책 1번에 넣었던 정당도 있었습니다. 어느 정당이 있었느냐? 이회창 총재가 주도했던 자유선진당이었습니다. 새누리당으로 통합되면서 없어졌죠. 한나라당도 작은 정부를 이야기했습니다. 요즘은 주요 정당들에서 작은 정부론을 당의 정책으로 내세우기까지 하는 정당은 눈에 뜨이지 않습니다. 정부가 시장에 개입해서 뭔가 사회정의라든가 균형을 맞추는 역할이 필요하다고 보는 경향입니다. 여 - 야 정당, 보수 - 진보 정당 사이에 정도의 차이가 있습니다.

20대 국회 초반기에 교섭단체 대표들이 국회에서 연설을 했는데, 교섭단체 대표들 모두가 격차 해소를 우리 사회의 가장 우선적인 해결 과제로 주장했습니다. 지금은 원내교섭단체가 네 개인데 당시는 세 개였는데요, 격차 해소는 결국 정부의 정책적 개입이 필요하다는 것 아니겠습니까? 그 점에서는 경제정책의 근본 틀에서는 큰 차이가 없다, 다만 박근혜 정부 시기 여당 쪽에서는 법인세 등에서 인상 반대를 했죠.

반면에 당시 야당 쪽에서는 법인세 등 인상을 통해 재분배, 고용 정책 등의 재원으로 확보하자는 주장이었습니다. 그러나 또한 복지 정책에서도 이른바 보수 진영의 유승민, 이혜훈 의원 등 당시 일부 여당 인사들은 중부담·중복지를 주장하면서, 정부의 복지 기능을 강화해야 한다는 입장을 견지합니다. 야당, 진보 쪽과 큰 차이가 없었죠. 환경 문제라든가 인권 문제에서도 마찬가지입니다. 일반적으로 보수 - 진보를 갈라서 말을 하지만, 이때 막연한 개념을 넘어 우리 현실 속에서 어떤 주장을 하는 건지 봐야 할 겁니다.

현재 선출직이 7가지, 투표는 10가지

어쨌든 오늘날의 민주주의는 대의제 방식으로 정착이 돼 있죠. 대표자를 뽑아서 상당기간 동안 맡기고 또 심판을 받고 이런 방식이죠.

이거 하나 물어볼게요. 우리나라에서 투표를 통해서 뽑는 국민 대표자의 직종이 몇 개나 될 것 같습니까? 한번 세어보세요. 대통령이 있고 국회의원이 있고 지자체장, 광역·기초단체장이 있고 또한 지방의원, 광역의원 기초의원이 있고, 또 하나 있죠, 교육감이 있습니다. 종류로만 보자면 7개가 되는데 투표로 보자면 좀 더 있습니다. 왜냐면 정당비례투표가 있기 때문에, 국회의원 비례도 있고 광역의원 비례도 있고, 기초의원도 정당 비례가 있기 때문에 한 10개쯤 됩니다.

한때는 교육의원도 선출했었죠. 지금은 교육의원 선출제는 폐지되고 광역의원 중에서 상임위원회 교육위원회 분과에 속한 의원들이 그 역할을 하고 있습니다. 교육계 일부에서는 교육 분야의 전문성이 있는 교육의원을 따로 뽑는 게 필요하지 않으냐는 주장을 하기도 합니다. 반대로 교육감 직선제도 문제가 있다고 하는 쪽도 있죠. 어쨌든 현재의 우리나라에서는 7개 분야, 10종의 투표를 통해 뽑는 선출직이 있습니다.

앞으로 우리의 국민주권을 강화하는 쪽이면 직접 뽑는 것을 늘리는 방향으로 가야 할까요, 아니면 줄이는 방향으로 가야 할까요? 늘리는 방향으로 가야겠죠. 늘리고 또 중간에 국민 여론이 잘 반영되는가 안 되는가도 체크할 수 있어야겠죠. 요즘 이야기 나오는 국민 주권을 강화하자 하는 게 그런 내용 아니겠어요. 방식은 여러 가지가 있을 수 있을 겁니다. 잘못하면 중간에 탄핵이라든가, 탄핵이 아닌 다른 방식으로도 국민소환을 할 수 있게 한다든가 이런 여러 가지 방식을 구상할 수 있을 겁니다. 기본적으로는 선출직을 더 늘리는 것이 필요하지 않느냐, 특히 국민의 생활에 직접적으로 권력을 행사하는 검찰, 경찰, 사법 영역 분야에도 선출직이 도입될 필요가 있다는 의견이 심심찮게 나오고 있습니다.

국민의 일상적인 권리, 민생 권리라고 할 수 있을지 모르겠는데, 이런 분야에 국민의 통제가 가능토록 해야 한다는 취지입니다. 미국의 경우에는 과거에 선출직 보안관에서 발전을 해가지고 검찰과 같은 이런 영역도 선출직이 있지 않습니까? 우리 여건 속으로 얼마나 수용할 수 있느냐 이런 문제들이 추후에 검토 과제가 될 겁니다.

우리의 현대 정치에 대해, 국회, 정당, 선거, 대의민주주의 등의 주제를 중심으로 살펴보았는데요, 앞으로는 우리 정치사적으로 전환기적인 사건이랄까 그런 것을 중심으로 볼까 합니다. 어떤 사건들은 우리 사회가 그 만큼 변화해온 결과가 누적돼 터진 것도 있고, 그 사건을 계기로 우리 정치사의 중요한 분수령이 된 경우들도 있겠죠.

가장 가깝게 우리가 요즘 무엇을 보고 있습니까? 탄핵 정국, 촛불 정국을 보고 있죠. 한편으로는 그동안의 박근혜 정부의 문제점이 폭발되고, 또 한편으로는 제왕적 대통령제의 문제가 쌓여서 폭발된 것 아니겠습니까? 또 한편으로는 이걸 계기로 우리가 다른 발전적인 시기로 나아간다면, 우리 정치의 발전적인 전환점이 될 수 있겠죠. 물론 발전적인 계기가 안 된다고 하더라도 그 자체로서 이미 초유의 역사적인 사건입니다.

초대부터 18대까지 11명의 역대 대통령

계기적 사건과 정치변동

1948년 우리 정부가 수립됐을 때부터 계기적 사건들을 볼 수 있겠지만, 거꾸로 지금 현재로부터 볼까 합니다. 지금 탄핵 정국 이전, 최근 중요한 역사적인 계기적 사건으로 무엇을 꼽을 수 있을까요? 많은 분이 세월호가 제일 먼저 생각난다고 합니다. 2014년 4월 16일이었죠. 박근혜 대통령이 며칠 전에 이야기할 때 '그게 작년인가 재작년인가?' 해서 상당히 비난을 받기도 했지요. 더 이전의 계기적인 사건으로는 또 무엇이 있을까요? 한참 전의 일이라면 1979년 10·26, 1980년 5·18 등이 생각나실 겁니다. 1987년에 6월 항쟁도 있었고요.

이런 계기적인 사건들을 하나씩 보려고 합니다. 하나하나 의미가 있고 흥미로운 부분들도 있을 겁니다. 우리 정치에서 대통령 선거나 그 결과도 매우 중요한 사건입니다. 우리 대의정치의 핵심적인 과정이죠. 우리 정치에서 대통령이 차지하는 비중이 워낙 높은 데다가, 우리나라가 대통령 중심제 아닙니까? 모든 대통령이 당선될 때마다 그 나름대로 의미가 있겠지만, 특별하게 중요한 의미를 가졌던 변화의 시기가 있을 수도 있겠죠.

하나하나 계기적 사건들을 보기 전에 먼저 역대 대통령을 중심으로 살펴봅시다. 우리나라에서 대통령에 당선됐던 사람들, 모두 기억합니까? 현재 박근혜 대통령이 몇 대라고 하죠? 18대죠. 얼마 전까지만 해도 국회의원 선거하고 대통령 선거하고 같이 갔습니다. 그랬는데, 국회의원 선거는 이미 지난해 4·13 총선 때가 20대 국회가 됐죠. 이렇게 왜 같이 가다가 대통령 선거가 추월당해 버렸느냐. 국회의원의 임기가 4년인데 대통령의 임기는 5년이 돼서 그렇게 됐죠. 대수로는 대통령이 18대가 되지만 사람 수는 그렇게 많지 않죠. 한번 꼽아볼까요.

초대 대통령이 누군지 아시죠? 이승만 대통령이었고, 이승만 대통령이 4·19로 퇴진한 다음에 누가 대통령이었죠? 윤보선 대통령. 4·19 후 제2공화국 때였는데, 당시에는 내각제였기 때문에 실질적인 최고의 통치권은 대통령이 아니라 장면 국무총리였습니다. 윤보선 대통령 다음이 박정희 대통령이었죠. 국가재건최고회의 의장에 이어 16년간 대통령 자리에 있었습니다. 대수로는 다섯 번에 걸쳐서 했습니다. 3선 개헌하고 세 번 하고 유신 때 두 번, 다섯 번째 임기 중에 10·26으로 돌아가셨죠. 그다음에는 누가 있었죠? 짧게 최규하 대통령이었고, 사실상 최규하 대통령을 강제로 하야시킨 다음에 전두환 대통령이 등장했죠.

전두환 대통령이 몇 번 했습니까? 두 번 했습니다. 기존 유신체제의 그룰에 따라서 최규하 대통령을 하야시키고 한 번 하고, 다시 헌법을 고쳐서 그렇게 했습니다. 그다음에 이제 쭉 알 겁니다. 전두환 대통령 다음에 노태우 대통령, 김영삼 대통령, 김대중 대통령, 노무현 대통령, 이명박 대통령, 그리고 지금의 박근혜 대통령까지.* 역대 대통령의 탄생 배경과 집권 기간이 또 역사적 사건들과 맞물려 있죠.

대통령 묘소의 위치, 국립현충원, 가족묘지, 개인묘지

마침 지난 1월 11일 10년간의 UN 사무총장직을 마치고 귀국해서 국내 정치 활동을 시작한 반기문 전 UN 사무총장, 13일에 첫 일정으로 동작동 현충원을 방문해서 전임 대통령들에 대한 예의를 차렸죠. 네 분을 찾아갔었죠. 이승만 대통령, 박정희 대통령, 김대중 대통령 그리고 2015년 말에 돌아가셨던 김영삼 대통령까지 해서 네 분이고, 또 한 분은 봉하마을에 있어서 나중에 갔죠.

다섯 분 묘소에 참배를 갔는데, 돌아가신 전임 대통령이 다섯 분 말고 우리나라에 더 있죠. 윤보선 대통령, 최규하 대통령. 두 분 다 조금 특이한 대통령이긴 합니다. 윤보선 대통령은 내각제일 때 대통령이었기 때문에 오히려 당시 장면 총리가 최고 정부의 수장이었다고 볼 수 있고요. 최규하 대통령은 박정희 대통령이 1979년 10·26으로 피살되면서 대행을 맡았다가 다시 선출이 돼서 9개월 동안 잠시 대통령을 지냈습니다.

그런데 그동안 보면 두 분에 대해서는 특별하게 참배하거나 그런 일이 별로 없어요. 혹시 이 두 분 묘지는 어디 있는지 아시나요? 대통령들도 반드시 현충원에 묘지를 써야 하는 건 아닙니다. 현충원 대상일 때 가족들이 개인적으로 하겠다고 하면 들어주고 그렇습니다. 그래서 윤보선 전 대통령은 충남 아산에 있는 가족묘지에 안장돼 있고, 최규하 전 대통령은 국립

● 박근혜 대통령 탄핵 인용 후 2017년 5·9 대선에서 문재인 대통령이 당선되었지요.

현충원에 안장돼 있는데 서울현충원이 아니라 대전현충원입니다.

그렇게 보면 묘지가 있는 분이 우리나라 1948년에 취임했던 이승만 대통령으로부터 일곱 분이 계시고, 세 분의 전임 대통령은 살아 계시죠, 전두환, 노태우, 이명박 전임 대통령. 한 분은 현직 대통령인데 직무 정지가 돼 있어서 탄핵 심판을 기다리는 상황입니다. 그렇게 박근혜 대통령까지 해서 우리나라 대통령이 총 11명이 탄생했습니다.*

미국의 경우 사람 기준으로 따져서는 이번에 취임한 트럼프가 45대가 되죠. 우리나라 같은 대수로 따지자면 훨씬 더 많습니다.

18대 박근혜 대통령 시기까지 이승만은 초대 대통령 때 국회에서 간접선거를 했지요. 윤보선 대통령도 내각제 체제였기 때문에 국회에서 결국 동의한 셈이죠. 박정희 대통령은 다섯 번 중 마지막 두 번은 통일주체국민회의 대의원들이 뽑는 간접선거, 이른바 체육관 선거로 뽑혔죠. 과도기의 최규하 대통령, 이후 전두환 대통령 역시 두 번 다 체육관 선거로 뽑힌 대통령이었습니다. 민주화 이후 지금까지는 국민이 직접 대통령을 뽑는 직선제 방식으로 선출하고 있습니다.

박정희 5선, 루스벨트 4선 대통령

현재 우리나라 대통령은 5년 임기에 한 번만 하도록 돼 있습니다. 박정희 대통령은 어떻게 18년에 5선이나 했을까요. 정식 대통령으로서는 16년 정도 되지만, 1961년 5·16 때부터 실질적인 권력을 잡았기 때문에 흔히 정권을 잡은 기간을 18년이라고 말합니다. 제3공화국 헌법에서는 원래 재선

• 이후 문재인 대통령까지 12명이 되었습니다.

까지만 허용됐는데, 세 번까지 가능하도록 이른바 3선개헌을 해서 다시 한 번 더 합니다. 세 번 하면서 다시 헌법 자체를 이른바 유신헌법으로 바꿔서 두 번을 더 한 거죠. 권력을 제한하고, 임기에 따라 심판받도록 하는 대의 민주주의 원리 자체가 제대로 작동되지 못했던, 박정희 장기집권 시기였다고 할 수 있겠습니다.

사실은 이승만 대통령이 재선을 한 이후에 개헌을 해서 세 번까지 하고 네 번째까지 됐다가 4·19로 무효가 됐지요. 기존 헌법에서는 재선까지만 허용돼 있었는데, 초대 대통령에 한해 적용을 받지 않아도 된다고 개헌을 해버렸던 거죠. 더구나 3분의 2 의결 정족수에 미달했던 것을 어거지로 사사오입을 통해 다시 통과시켰던, 그래서 사사오입 개헌이라고도 불리는 1954년의 2차 개헌이 그 개헌이었습니다.

미국 대통령은 연임이 허용되죠? 트럼프 이전에 오바마가 연임을 했습니다. 그런데 미국에서도 훨씬 더 많이 한 사람도 있습니다. 루스벨트가 4선까지 했고, 4선 당선되고 나서 얼마 후에 병사를 해서 나중에 트루먼이 승계를 했습니다. 프랭클린 루스벨트가 4선을 할 때까지는 미국 헌법에 대통령 연임에 대한 특별한 제한이 없었습니다. 그런데 관행적으로 그동안 대부분 재선까지만 했습니다. 왜 그런 관행이 형성됐을까요? 초대 대통령 조지 워싱턴도 두 번을 했는데, 한 번 더 하라고 주변에서 권유를 했지만 본인이 고사했습니다. 권력이라는 게 오랫동안 누리면 남용하고 부패하게 돼 있다, 그래서 자기는 할 만큼 했다며 고사를 한 거죠. 그다음부터 건국의 정신을 살려서 이후의 사람들도 연임을 재선까지만 했습니다. 재선을 하는 경우는 허다했습니다. 재선을 바로 하는 게 아니고 한번 건너뛰어서 더 하는 경우도 있었습니다. 클리블랜드(Grover Cleveland)라는 대통령이 그랬고요, 이런 경우는 연임이 아니라 중임이라고 해야겠지요.

연임 허용 여부하고 중임 허용 여부는 의미가 다릅니다. 연임이 안 된다고 규정돼 있다면, 연속적으로만 하지 않으면 다시 할 수 있습니다. 중임이 안 된다고 하면 쉬었다고 하더라도 또 안 되는 거죠. 우리나라 지방자치단체장은 3연임이 안 된다고 돼 있습니다. 세 번만 하면 영원히 안 되는 게 아니고, 3연임 하고 나서 한 번 쉬었다가 또 할 수 있습니다. 고재득 성동구청장 등이 그런 방식으로 4선을 했죠.

조금 전에 미국에서 대통령들이 재선까지만 했던 관행이 만들어진 배경을 설명했습니다. 초대 워싱턴 대통령부터 재선까지만 하고 스스로 고사하면서 재선까지만 하는 관행이 형성됐다고 했습니다. 반대로 우리나라 이승만 대통령은 헌법상 재선까지만 가능했는데, 자유당 세력이 초대 대통령에 한해서는 그 적용을 받지 않는다는 예외조항을 만들어 넣는 헌법으로 개헌까지 해 대통령을 세 번 하고 또 네 번째까지 하려다 4·19까지 일어나는 상황이 됐습니다. 박정희 대통령이 5·16으로 집권했고, 3선 개헌을 해서 연장했고, 또 유신 헌법까지 만들어 장기집권을 했습니다. 안타깝게도 미국과는 아주 대비되는 역사입니다.

미국 대통령의 재선 관행이 헌법 규정으로 명문화된 것은 루스벨트의 4선 이후 1951년이었습니다. 이른바 수정헌법 22조를 통해 재선만 할 수 있도록 규정을 해놓은 상태입니다. 얼마 전에 오바마가 임기를 마쳐가면서 고별 연설을 했었죠. 그 고별 연설 때 오바마를 칭송하는 지지자들이 뭐라고 했느냐, 4년만 더 해달라, 헌법상으로는 불가능하지만 더 해달라는 이야기를 했습니다. 유감스럽게도 박근혜 대통령은 임기 말을 맞아 탄핵 국면에 들어가 있는 상황입니다.*

• 박근혜 대통령은 이후 탄핵이 결정되고 구속 재판까지 받고 있죠.

퇴임 후 전직 대통령은?

우리나라 대통령들은 대부분 퇴임 후에 다른 특별한 활동을 하지 않았었죠. 그렇지 않았습니까, 대개 정계 은퇴해서 살고 있다가 나이가 드셔서 돌아가시거나 했었고. 이승만 대통령의 경우 퇴임이 아니라 4·19로 물러나게 된 경우이고요. 노무현 대통령은 자연스럽게 퇴임을 하고 고향에 돌아가 농사짓고 했는데 비극적으로 투신해 생을 마감했죠. 미국의 3대 대통령에 토머스 제퍼슨(Thomas Jefferson)이라고 있는데요, 미국의 헌법을 기초했던 사람 중 하나죠. 그런데 대통령 끝나고 나서 뭘 했느냐. 대학을 설립해서 초대 총장을 했습니다. 버지니아 대학이 토머스 제퍼슨이 설립한 학교입니다. 또 어떤 미국의 대통령의 경우는 대통령 하고 나서 하원의원을 했습니다. 존 퀸시 애덤스(John Q. Adams)라는 대통령인데, 퇴임 후 17년 동안이나 하원을 한 경우입니다. 물론 내각제 체제에서 수상을 그만두고도 일반 평의원을 하기도 합니다만 내각제의 수상하고 대통령제에서 대통령하고는 다르죠.

선거의 여왕 박근혜, 만들어진 신화

우리의 역대 대통령과 관련된 개략적인 내용을 살펴보았습니다. 미국의 대통령들에서 주요 특징하고 비교해봤고요. 오늘부터는 한국 정치의 역사에서 중요 분기점이라든가, 중요한 대통령에 대해서 하나하나 살펴보겠습니다. 맨 먼저 현재 탄핵심판을 받고 있는 박근혜 대통령의 탄생 배경부터 살펴보죠.

1997년 이회창 캠프, 1998년 원내 진출

박근혜 대통령은 1979년 10월 박정희 대통령이 피살되면서 청와대에서 나가게 됐죠. 아마 제3공화국이 출범했던 1963년부터 청와대에 살았으니까 청와대가 집이었던 생활을 17년 정도 하고 나가게 된 거죠. 그리고 나서 전두환 정권 시기나 노태우 정권 시기에서는 주로 육영재단을 배경으로 활동을 했습니다. 최근에 최태민 관련 얘기가 나오면서 육영재단을 둘러싼 형제간의 분규, 자매간의 분규, 주도권을 둘러싼 논란들이 있었습니다. 그러다가 1997년 12월 대선을 2주 정도 앞두고 이회창 캠프에 가담하게 됩니다.

당시 1997년 대선에서 주요 후보군으로서는 한나라당의 이회창 후보, 야당에는 새정치국민회의의 김대중 후보가 있었는데, 김대중 후보는 자민련의 김종필 총재하고 연합을 해서 단일후보로 나왔죠. 그리고 한나라당에서 불만을 품고 뛰쳐나가 독자적으로 출마했던 이인제 후보가 있었습니다. 국민신당이라는 정당을 만들어 출마를 했죠. 다른 개별 소수의 후보들도 있었지만 주요 후보군들은 그렇게 볼 수 있죠. 당시 김영삼 정부 말기 우리나라가 IMF 구제금융에 들어간 시기였습니다. 어쨌든 박근혜는 이회창 후보의 지원하에 정치에 입문하게 됐습니다.

참고로 이회창과 경쟁하는 김대중을 지원하는 DJP 연합에 가담했던 JP 김종필의 경우도 박근혜와 친척 간이죠. JP의 부인인 박영옥 여사가 박정희 대통령의 형인 박상희 씨의 큰딸이죠. 친인척으로 봐도 가까운 쪽인데 김종필이 가담했던 DJP 연합 쪽보다는 이회창 후보에 대한 지지로 갔습니다.

선거 결과 김대중 후보가 대통령이 됐지 않았습니까. 그리고 나서 박근혜는 김대중 정부가 출범한 2개월 후 보궐선거를 통해 국회로 진출합니다. 대통령 선거는 1997년 12월에 했지만 1998년 2월 25일에 김대중 정부는 공식 출범합니다. 국민의 정부라고 부르기도 했죠. 바로 그 두 달 후에 있었던 1998년 4월 재보궐선거를 통해서 박근혜가 처음 국회의원이 됩니다. 대구 달성이었죠.

정치인 박근혜의 등장과 부상

박근혜는 그 후 좀 지나서 선거의 여왕이라고 불리게 됐는데 그게 실체가 있는 얘기인지 제가 나중에 얘기하겠습니다. 처음 박근혜가 국회의원에 출마해 당선됐을 때 얼마나 득표했을 것 같아요? 자신의 고향이나 마찬가지인 곳에서 출마했는데, 90%는 됐을까요? 61.34%였어요. 그다음 당선 때에도 사실상 60% 정도였어요. 그랬다가 2004년 탄핵 정국에서 당 대표가 되고 하면서 지지가 한 단계 올라가게 됩니다. 1998년 보궐선거에서 단번에 당선되기는 했지만, 압도적 지지를 받았던 건 아닙니다. 알다시피 대구 달성이면 한나라당의 핵심적인 텃밭 아니겠어요? 거기선 아무나 한나라당 후보로만 나오면 이 정도 지지는 받았었는데, 고향에다가 아버지 후광까지 받는 상태에서 61%였기 때문에 압도적 지지는 받지 못했다고 보는게 객관적인 해석입니다.

그렇게 1998년에 처음으로 국회의원이 된 때가 15대였으니까 15·16·17·18·19대까지 당선이 된 겁니다. 19대가 대통령 선거가 있던 해인 2012년인데 그 당시에는 비례대표로 됐죠. 그래서 대통령 후보로 가면서 다섯 번째 임기를 시작한 지 얼마 안 돼 그만둔 거죠. 당시 야당 후보였던 문재인 후보에 대해서도 '당신도 국회의원 그만두고 배수의 진을 치고 도전해야 하는 것 아니냐'는 주장이 당 내외에서 나왔으나 알다시피 문재인 후보는 현직을 유지하면서 논란이 있었습니다. 이후 선거 패배 요인 평가에서도 이 문제가 지적되기도 했습니다.

박근혜는 국회의원이 된 지 겨우 2년 만에 당 부총재가 됩니다. 당시 당 대표는 이회창 총재였고, 이회창 총재 밑에서 부총재를 했죠. 그런데 다시 2년 지나고 나서는 이회창 총재와 갈등하게 됩니다. 이회창 총재의 독단을 비판하다가 결국 '같이 못 하겠다' 하고 나가버립니다. 나가서 한국미래연합이라는 독자적 정당을 창당하죠. 이때 그 옆에서 핵심적으로 도와줬던 사람이 정윤회 씨입니다. 정윤회 비서실장이 적극적으로 도와줬죠.

2002년 5월 17일, 공식적으로 한국미래연합이라는 정당이 창당됩니다. 공식 창당 며칠 전인 5월 12~14일 한국미래연합 대표 이름을 달고 북한을 방문합니다. 당시 방문과 관련된 편지들이 얼마 전에 언론에 회자되면서 논란거리가 됐죠. 평양을 갔을 때 김정일과 서로 이런저런 합의와 약속을 했던 걸 상기시키면서 지속적인 협력을 부탁하는 내용이었고, 김정일에 대해 상당히 신뢰하고 호의적인 태도를 보이는 편지였습니다. 그 편지를 어떤 네티즌이 마치 문재인 대표가 보낸 것처럼 해서 어느 인터넷 사이트에 올렸는데, 박근혜 지지 모임인 박사모 회원이 그걸 보고 이런 빨갱이가 있느냐고 난리를 쳤지 않았습니까. 사실상은 박근혜 당시 미래연합 대표가 북한을 방문했다가 그 후에 보낸 건데 말이죠. 박근혜 정권이 이미 몰락해가는 상황이어서, 이 편지 논란은 흐지부지 소멸돼버렸습니다.

박근혜는 5월에 한국미래연합이라는 독자적인 정당을 창당해놓고는, 11월에 그만두고 다시 한나라당으로 돌아가게 됩니다. 이회창 후보 선거운동에 다시 가세합니다. 2002년 당시 대선에서도 이회창 후보는 패배하고, 노무현 후보가 대통령이 됐죠.

탄핵 정국의 '천막 당사' 총선

그러다가 2004년의 탄핵 정국에서 박근혜가 한나라당 대표로 추대되는데, 이때부터 박근혜라는 정치인이 굉장히 주목받게 됩니다. 2004년 탄핵 정국에서 당시 한나라당은 물론 작은 민주당까지 완패할 거라고 했는데 한나라당은 그런 예상에 비해 조금은 나은 결과를 거뒀다고 할 수 있습니다. 121석을 건졌죠. 물론 열린우리당은 152석, 과반을 차지했으니까 거기에 비해서는 압도적 패배지만 그럼에도 선전했다는 평가를 해줍니다. 게다가 당시 이른바 '천막 당사'를 이끌었죠. 2002년 대선 때 이회창 후보 진영에서 차떼기로 불법 정치자금을 전달받는 등 총 700억~800억의 불법자금을 수수한 게 불거집니다. 그래서 그 자금에 해당되는 액수만큼 당이 가지고 있는 재산을 국고로 반납하겠다고 합니다. 자신들이 가지고 있던 천안연수원을 팔아서 반납하겠다고 약속합니다. 실제 반납한 것은 1년 뒤로 미뤄지지만 그때 그런 약속을 하고는 천막을 치고 당사로 쓰면서 총선을 치릅니다. 이른바 '천막 당사 선거'로 121석을 확보한 거죠. 박근혜 정부에서 국정원장과 비서실장을 했던 이병기 씨가 천막 당사 아이디어를 제안했다고 알려졌습니다. 어쨌든 박근혜 대표가 천막 당사를 이끌면서 선전했다는 평가가 나오면서 선거에서 진두지휘하는 사람으로 부각되기 시작했습니다.

국고 반납은 제대로 되었느냐고요? 네, 나중에 했습니다. 당시 감정가로는 620억 원이었지만 실제로는 1000억~2000억 됐다는 이런저런 얘기가 있습니다. 최근에도 새누리당이 국정농단에 대한 책임을 지고 기득권을 포기해야 한다는 얘기가 나오면서 재산 문제가 거론됐죠. 당시에는 천안연수원만 반납을 하는 거였는데 아직도 땅을 비롯한 일부 재산 논란이 계속 있고 지금도 각 지역에 당 건물들이 있다는 얘기가 나오고 있습니다. 그래서 전에 바른정당으로 나간 사람들은 당이 개혁하려면 지금도 반납해야 한다고 얘기하고 있습니다.

'선거의 여왕', 그 실상과 허상

그런데 당시 17대 총선에서 한나라당이 121석 받은 것이 박근혜 대표가 이끌어서 선전한 것으로 볼 수 있느냐, 즉 박근혜를 선거의 여왕이라고 부를 만했느냐? 그럴 정도는 아니었습니다. 그다음에 2년 뒤에 있었던 2006년 지방 선거에서 유세, 서울시의 오세훈 시장 후보 지원과정에서 신촌에서 커터칼 사건이 있었죠. 그때 더 주목받게 됐습니다. 그리고 선거 결과도 지방 선거에서 당시 한나라당이 압승을 거두게 됩니다. 그런데 이때 상대적으로 열린우리당에 대한 지지 분위기가 아주 안 좋을 때였습니다. 열린우리당의 전패가 예상되는 분위기였고, 실제 결과도 그랬습니다. 광역단체에서는 전라북도 한 곳에서만 이기고 전부 당시 야당이 차지했습니다. 전남, 광주는 소수 민주당이 차지했습니다. 나머지 지역들은 한나라당 차지였습니다. 그러다 보니까 박근혜 대표가 잘 이끌어 한나라당이 대승한 것으로 보도가 되기도 했습니다. 언론들이 대체로 박근혜 신화를 만들어주는 그런 분위기였습니다.

신촌 커터칼 사건에서 박근혜 대표가 바로 회복하고 나서 첫 번째 했던 말이 '대전은요?'였다고 보도가 그렇게 됐었죠. 당시 칭송했던 말들은 박근혜 대통령은 중요한 말을 짧게 핵심적으로 얘기한다고 좋게 평가해주기도 했죠. 비판하는 사람들은 박근혜 대통령은 짧은 말밖에 못한다고 지적합니다. 어쨌든 당시 대전시장 선거에서 열세에 처해 있었던 한나라당의 박성효 후보가 자유선진당의 염홍철 후보를 간발의 차이로 이기게 됩니다. 그래서 마치 이것도 박근혜 대표 덕이 아닌가, 이런 식으로 해석이 되기 시작하면서 박근혜 현 대통령을 두고 선거의 여왕이라고 했었는데요, 실제 내막을 객관적으로 분석하면 과연 박근혜 대통령이 선거의 여왕이었는가는 달리 따질 여지가 있다는 겁니다.

박근혜의 힘이라기보다 상대방의 열세 때문

현재 직무 정지 상태에 있는 박근혜 대통령이 선거의 여왕으로 불리게 됐던 몇 가지 계기에 대해서 이야기를 했습니다. 2004년 탄핵 정부에서 치렀던 17대 총선, 그리고 2006년의 지방 선거를 들었습니다. 그 중간에 재보궐선거도 있었습니다. 그 시기가 바로 당시의 여당 열린우리당의 국민 지지가 바닥이었던 시기이기 때문에 결과적으로 한나라당의 전승으로 나타났지요. 다만 이걸 두고 박근혜를 선거의 여왕이라고 할 수 있을 정도인가에 대해서 의문을 제기했죠. 2011년 말 새누리당 비대위를 이끌면서 박근혜의 힘은 더욱 주목받게 됩니다.

2011년 후반 한나라당이 심각한 위기상황을 맞았고, 결국 비대위를 만들어서 새누리당으로 바꾸게 되죠. 그때는 이미 박근혜가 한나라당의 대통령 후보로 사실상 확정돼 있었습니다. 당시 국민여론에서는 야당 민주당(민주통합당)에 대한 국민 지지 분위기가 압도적이었는데 실제 2012년 총선에서는 박근혜가 이끄는 새누리당이 압승합니다. 300석 중에 과반인 152석을 차지하죠. 위기의 한나라당을 빨간색의 새누리당으로 바꾼 것을 박근혜의 힘에서 비롯된 것으로 대부분의 언론들은 해석했습니다. 그래서 기존의 선거의 여왕 신화는 더욱 당연시됐습니다. 그러나 '선거의 여왕' 신화가 만들어져 왔던 구체적인 배경과 과정을 보면, 박근혜의 힘보다는 상대방의 열세에서 비롯된 점이 많았다고 앞에서 제가 지적한 바 있지요.

친박계의 등장과 세력화

박근혜를 선거의 여왕이라고 했지만, 막상 2007년에 한나라당 대선 후보 경선에서는 패배했죠. 이명박 후보하고 당내 경선에 붙어서 안 됐었는데요, 당시 경선 구도에서 두 가지 특징을 볼 수 있습니다.

하나는 당내 지지기반은 누가 더 강하냐? 그건 당시 박근혜 후보 쪽이 더 강했다고 할 수 있죠. 그다음에 일반 국민의 여론조사에서 누가 더 강할 것인가? 이명박 후보 쪽이 더 강할 거라고 했었는데 여론조사에서는 실제로 이명박 후보가 거의 9% 정도 이겼습니다. 그런데 당내에서는 박근혜 후보가 별 차이가 나지 않게 미세하게 이겼습니다. 그러니깐 결과적으로 누가 이겼겠습니까? 이명박 후보가 이겨가지고 나중에 대선까지 나가서 당선이 됐죠. 그때부터 이른바 친박이 형성되기 시작했습니다. 2007년 경선 과정에서부터요.

2008년에 이명박 대통령이 되고 나서 그다음에 총선이 있었죠. 18대 총선이 있었는데, 이명박 대통령이 된 지 얼마 안 됐으니까 대통령 권력을 등에 업고 친이계 중심으로 공천을 했죠. 이른바 친박 공천 학살이라는 말이 나왔습니다. 당시 박근혜 의원의 '국민도 속고 나도 속았다'라는 말이 회자됐었죠. 공천받지 못한 이른바 친박들은 친박연대라는 사실상의 독자정당을 만들어 출마합니다.

자기는 한나라당에 남아 있으면서, 밖에서 친박연대를 꾸리거나 무소속으로 출마하는 사람들한테 박근혜가 뭐라고 했습니까? 살아서 돌아오라고 했습니다. 일반적으로 보자면 오히려 해당행위라고 징계논란까지 나올 수 있겠죠. 경쟁하는 상대를 향해서 이기라고 한 거니까요. 그러나 어쨌든 간에 친박연대가 장외에서 14명을 당선시키는 등 성과를 거두게 됩니다. 또 친박연대에 참여하지 않았지만은 친박 성향의 무소속 후보들도 여러 명 당선됐습니다. 당시 김무성 의원도 친박 무소속으로 당선된 경우입니다. 그러다 보니까 박근혜는 후보 경선에서는 패배해 상대였던 이명박 후보가 대통령이 됐지만 계속해서 이명박 정부에서 당을 주도하는 분위기를 만들어갑니다. 그래서 이명박 정부 기간 동안 친이계와 친박계 사이의 대결이 계속됐던 거죠.

구보수세력의 구심점이 된 친박

박근혜 후보와 이명박 후보의 경선에 나타난 나머지 또 하나의 특징은 뭐냐면, 박근혜 당시 후보는 성향이나 지지기반에서 보수 성향이 더 강했고, 반면에 이명박 후보 쪽이 상대적으로 개혁적이었다는 겁니다. 박근혜 쪽은 박정희 전 대통령 지지 세력을 등에 업은 구(舊)보수세력이 많았다고 볼 수 있습니다. 반면에 과거 김영삼 대통령과 더불어서 한나라당에 합류했던 민주계는 이명박 쪽으로 많이 갔었죠. 선거 국면에서 합류한 언론인들도 주로 이명박 후보 진영으로 가세했습니다. 그래서 당시 박근혜 후보 쪽이 강한 보수 쪽이었다면 상대적으로 조금 더 개혁적 이미지를 가졌던 쪽이 이명박 후보 쪽이었습니다.

그래서 당시 일부에서는 '혹시 노무현 전 대통령 진영에서 이명박 쪽을 지지해주지 않느냐' 이런 이야기까지 흘러나왔죠. 사실 여부와 상관없이요. 그 당시에 그런 이야기가 나올 만하기도 했던 것이, 노무현 정부 주도 세력들이 여당 민주당의 공식 후보인 정동영 후보를 적극적으로 지지하지 않았습니다. 그런 상황이었기 때문에 그런 이야기가 오가고 할 정도였습니다. 어쨌든 간에 그 노선으로 봤을 때는 당시 이명박 후보 진영이 상대적으로 개혁적이고 박근혜 후보 쪽이 상대적으로 보수성이 강한 그런 쪽으로 평가가 됐습니다. 그랬다가 결국은 이명박 정부 내내 독자적인 행보를 하면서 충돌을 했습니다.

크게는 세종시 문제가 있었습니다. 이명박 대통령은 세종시로 행정수도를 옮기는 원래 계획에 반대하면서 세종시 수정안을 내놨죠. 경제적인 차원에서 집중적으로 분권화를 시키고 정부 기능은 서울에 두는 게 좋겠다는 제안을 했다가 박근혜 의원은 반대하고, 국회 표결 때 반대 토론까지 했다가 결국은 부결이 됐던 거죠. 박근혜 현 대통령이 원하는 대로 관철된 셈인데, 그때 내세웠던 게 뭔 줄 아세요? 원칙론입니다. 원칙은 지켜야 한다. 박근혜는 원칙을 지키는 사람이다. 이 이후에 다른 원칙들은 얼마나 지켜졌는지는 모르겠는데요, 대통령이 돼서 자기 고집을 내세울 때 원칙론을 꺼냈죠.

그런데 박근혜가 대통령이 되고 나서 강조했던 원칙은 그렇게 타당하지 않았습니다. 정치인들이 원칙을 이야기할 때는 약자의 입장에 몰렸음에도 뭔가 올바른 것을 지키기 위해서 자기의 희생을 감내하는 경우를 두고 쓰는 거고, 그럴 경우 그 사람을 원칙론자라고 이야기하는 겁니다. 대통령처럼 최고의 권력을 가진 자가 자기의 입장을 관철시키려고 강조하는 것을 두고 원칙론자라고 이야기할 수는 없겠죠. 그렇지 않겠어요? 대통령이 돼가지고 원칙을 강조하는 것은 독단, 고집을 이야기하는 거였죠. 그 이전에 소수로 몰렸을 때는 원칙론이라는 것이 그 나름대로 의미가 있는 발언이었지만 대통령이 돼서도 계속 썼었죠. 그건 독단, 고집, 불통에 다름 아니었고, 탄핵소추*라는 불행을 자초하는 요인의 하나이기도 했습니다.

● 그리고 이후 탄핵 결정과 구속까지.

'100% 대한민국' 공약 실천의 성과는 있었나

박근혜 비대위원장, 빨간색 새누리당을 만들다

어쨌든 박근혜는 이명박 정부 내내 집권여당 소속이면서도 청와대와 따로 가거나 충돌했습니다. 그러다가 2011년 말에 직접 당의 전면에 나서게 됩니다. 오세훈 당시 서울시장이 무상급식에 대한 서울시민의 의견을 묻는 주민투표를 감행하지요. 오세훈 시장은 곽노현 서울시 교육감이 주도하는 중고교 무상급식에 대해 포퓰리즘 과잉 복지라고 아주 강하게 비판했습니다. 이를 주민투표를 통해 저지시키려고 했던 겁니다. 시장직을 걸고 주민투표에 부쳤지만 3분의 1 미달로 주민투표가 성립되지 못합니다. 한나라당은 2011년 10·26 재보선에서 져서 서울시장직도 잃게 됩니다. 디도스 사건, 돈봉투 사건, 이어지는 스캔들에 한나라당이 위기에 빠지게 되고, 당 해체 논란까지 나오던 상황이었습니다.

이때 박근혜 의원이 당 비대위원장으로 전면에 서는데, 이미 한나라당의 차기 대권주자로 사실상 굳어진 상황이었죠. 박근혜 당시 비대위원장은 주도적으로 한나라당을 새누리당으로 바꿉니다. 김영삼 대통령이 민자당을 신한국당으로 바꿨고, 이회창 총재는 대선 후보 시절 신한국당을 한나라당으로 바꿨었죠. 이렇게 박근혜 대통령이 주도가 돼서 만들었던 새누리당이, 이제 박근혜 대통령의 탄핵 심판 정국에서 없어져 가는 상황이 되고 있습니다. 새누리당은 박근혜의 탄핵소추와 더불어 자유한국당과 바른정당으로 쪼개집니다.

박근혜 비대위원장이 공식적으로 당의 대통령 후보가 됐던 게 2012년이었죠. 2012년 8월 20일에 새누리당 후보로 박근혜가 확정이 됐고, 한 달 뒤쯤에 민주통합당의 후보로 문재인 후보가 확정이 됩니다, 9월 16일이죠. 그 3일 뒤인 9월 19일에 안철수 교수(당시로서는 교수)가 대권에 도전하겠다고 선언했습니다. 『안철수의 생각』이라는 책을 그해 7월 19일에 냈는데요, 희한하게 딱 두 달 뒤인 9월 19일에 대권 도전 선언을 한 거죠. 이때부터 '안철수 바람'이 불기 시작했습니다. 안철수의 바람뿐만 아니라 문재인의 바람도 이때 생기기 시작했죠.

안철수가 전면에 등장하기 이전까지는 문재인 후보는 20% 지지율을 넘지 못했습니다. 안철수의 등장으로 후보를 누구로 단일화하는 게 좋을지 후보단일화 문제가 거론되면서 안철수가 끌어온 표까지도 일부분 문재인 후보가 가져가면서 지지율이 올라갑니다. 그래서 당시 야권에서 안철수, 문재인 두 후보가 경쟁하는 가운데 두 사람 간의 여론조사 지지도 경쟁에서는 안철수 쪽이 강세였습니다. 당시 여론조사들을 찾아보니까, 문재인 대표가 이기는 쪽으로 나왔던 조사 결과가 두 개 정도밖에 없었더라고요. 박근혜 - 문재인 양자 대결에서 대부분의 조사에서는 박근혜가 미세하게나마 이기는 쪽이었고, 오히려 박근혜 - 안철수 양자 대결에서 안철수 쪽은 이기는 게 조금 더 많이 나왔습니다. 물론 실제 경쟁력에 대해서는 여러 다른 해석들이 있었습니다.

후보단일화 과정의 뒷이야기를 두고 논란이 있었죠. 어쨌든 문재인이 단일 후보가 됐지요. 대선 결과는 아실 겁니다. 48 대 51.6으로 박근혜 후보가 이겨가지고 당선이 됐죠. 특이한 게 51.6% 지지율, 그의 아버지 박정희가 주도했던 5·16 쿠데타 날짜하고 같은 숫자입니다.

아버지 시대의 문제를 두 차례 사과한 후

대선 과정에서 당시 박근혜 후보는 아버지 시대의 문제에 대해서 두 번에 걸쳐 사과를 하게 됩니다. 특히 유신체제하고 인혁당 사건에 대해서 사과를 합니다. 역사의 평가에 맡기자고 했다가 반발이 크자, 2012년 9월 24일 기자회견을 통해 '5·16, 유신, 인혁당 사건 등은 헌법 가치가 훼손되고 대한민국의 정치발전을 지연시키는 결과를 가져왔다고 생각한다', '상처와 피해를 입은 분들과 그 가족들에게 진심으로 다시 한 번 사과드린다'고 한 거죠.

그러면서 심지어는 반대 진영에 있던 사람들을 그쪽 진영으로 많이 끌어들였죠. 경제 민주화를 이야기했던 김종인에다가 김대중 계열에 있었던 한광옥, 김경재, 한화갑 이런 사람들이라든지, 박정희 시대에 탄압을 받아서 사형선고까지 받았던 김중태 이런 사람들도 영입하곤 했습니다. 그러다 보니깐 박정희를 아주 흠모했던 조갑제 씨 같은 경우에 '박근혜라는 딸이 아버지 무덤에 침을 뱉는구나' 하면서 비판을 한 거겠죠.

그런데 이런 사과와 반성이 집권 후에도 실질적인 역사의식으로 이어진 모습은 보이지 않았습니다. 반대쪽에 있다가 영입했던 인사들도 대통령에 당선되고 중용됐느냐? 대부분 토사구팽당했죠. 그나마 한광옥 씨 같은 경우가 유명무실한 조직이라 할 수 있는 국민대통합위원회 위원장을 맡았다가, 탄핵 정국에서 대통령 비서실장을 합니다. 20여 년 전 김대중 대통령의 비서실장을 했던 인사가 다시 박근혜 대통령, 더구나 탄핵 정국에서 비서실장을 맡은 것도 특이하긴 합니다. 그리고 김경재 전 의원은 정권 말기 보수 관변단체인 자유총연맹 총재 자리에 위촉됩니다. 그런 정도였습니다. 그러다가 최근에 국정농단과 탄핵심판에까지 이르게 됩니다.

대선 후보 시절의 일시적 변신

박근혜가 후보 시절에 유신 시대에 대해 사과한 걸 두고 조갑제 씨가 '딸이 아버지 무덤에 침을 뱉는구나'라고 했었는데요, 조갑제 씨가 쓴 『내 무덤에 침을 뱉어라』라는 책이 있습니다. ≪조선일보≫에 칼럼으로 연재했던 글을 모아서 만든 책인데, '박정희 대통령이 당시에 비판을 받으면서도 추진한 정책들은 혼자 무리하게 추진한 것 같지만 다 나라를 위한 거였다, 나중에 보면 잘했다는 걸 알 거다'라는 의미로 '내 무덤에 침을 뱉어라'라는 박정희의 말을 인용해 책 제목으로 삼았다는 겁니다. 그러니까 조갑제 씨는 박정희 대통령의 업적을 자랑하려고 그런 제목의 책을 낸 거죠.

그 책이 출간되자 그에 대응한 제목으로 『네 무덤에 침을 뱉으마』라는 책을 낸 사람이 진중권입니다. 상당히 도발적인 제목이죠. 진중권 교수도 이 책을 통해 사실상 주목을 받았고, 그 뒤에 논객이 돼서 지금까지도 계속 도발적인 화두를 던지며 활동하고 있죠.

박근혜는 당선 이후 3년 반 만에 국정농단과 탄핵심판 등에 얽히게 됐는데요, 국정농단이 불거져 탄핵에 오르기 전까지 3년 반 동안 박근혜 정부, 박근혜 대통령의 국정운영에서 괄목할 만한 성과가 뭐가 있을까요? 창조경제, 비정상의 정상화, 이런 구호들이 많이 떠오르죠? 창조경제 추진단장을 누가 했는지 아시죠. 몇 사람이 맡았지만, 지금 국정농단 상황에서 구속된 사람 중에도 창조경제추진단장을 한 사람이 있습니다. CF 감독도 했던 차은택 씨죠. 그다음에 또 차은택 씨의 후임으로 들어갔다가 근래에 그만둔 사람이 있습니다. 뮤지컬 〈명성황후〉를 제작·감독했던 박명성 씨죠. 이런 분들이 창조경제추진단장을 한 겁니다.

창조경제 하면 떠오르는 게 창조경제혁신센터일 겁니다. 18개 시·도별로 각 지역마다 센터를 만들었는데 그 과정에 대기업들이 협력을 했죠. 그래서 이걸 부정적으로 봤던 사람들은 대기업한테 할당해서 그냥 전시용으로 만든 것 아니냐고, 심지어 당시 여권 내부에서도 이한구 전 의원 등이 비판했습니다. 물론 국정농단 사태가 터져 버리니까 이마저도 제대로 운영이 안 되고 있어서 입주해 있던 벤처업체들이 불만을 많이 표출했죠. 그렇게 엉성하게 했던 것들이었습니다.

지금 미르재단, K스포츠재단을 꾸리는 과정 속에서도 창조경제혁신센터를 만드는 데 협조해줬다고 대기업 수장들, 회장들을 청와대에 불러다가 식사 후에 독대하면서 재단 기금 출연을 요청한 걸로 드러나고 있지 않습니까. 박근혜 정부에서는 창조경제와 문화융성을 가장 대표적인 국정 브랜드로 내세우려고 했던 것 같습니다. 그런데 이게 국정농단과 비리 의혹의 한가운데 서 있게 돼버리니까, 박근혜 정부 업적이 뭐가 남겠습니까?

박근혜 정부의 성과는?

우리가 어느 정부 시기, 어느 대통령 시기에 무엇을 했었나를 생각할 때 이런 몇 가지를 고려해서 봐야 합니다. 하나는 정부가 하겠다고 내세웠던 것, 실제로 해냈던 것을 중심으로 볼 수 있습니다. 또 다른 하나는 사회적 갈등이나 쟁점이 됐던 사안들입니다. 경우에 따라서 논란이 없는 가운데 잘 추진됐던 것들도 있겠죠. 오히려 순조롭게 잘돼서 논란이 안 됐던, 그래서 정권이 끝날 때 보니 성과가 나오게 됐던 그런 것도 생각을 해봐야겠고요. 또 반대로 소리는 없었지만 나중에 보니까 큰 문제를 만들어놓고 갔던 사건이 있겠죠. 우리가 정밀하게 분석하려면 이런저런 것들을 같이 봐야 합니다.

한때 박근혜 정부에서 긍정적으로 평가할 만한 것들로 외교순방의 성과들이 많이 나왔었죠. 순방 횟수도 적지 않았죠. 물론 횟수로 보자면 최종 마지막 회까지 통계를 내봐야겠지만 이명박 대통령 시기가 횟수로는 더 많았다고 이야기합니다. 대신 박근혜 대통령은 국내에서 소통을 잘하고 있지 않다가 외국에서 옷색깔을 많이 바꾸고 다니는 모습 때문에 주목을 받았습니다. 그래서 박근혜 정부 초기 2~3년 정도 평가를 할 때 그나마 가장 긍정적 평가를 받은 부분이 외교 쪽이었습니다.

그런데 현 시점에 와서는, 다 박근혜 정부의 책임이라고 할 수는 없겠지만 외교가 어려운 국면에 처해 있죠. 부산에 소녀상을 새로 추가로 건립하는 과정에서 일본은 대사 소환까지 하고, 이런 관계가 지금 정리가 안 돼 있습니다. 기본적으로 2015년 말 박근혜 정부가 일본 아베 정부와 했던 위안부 합의가 국민적 합의를 얻지 못하고 계속 한일 갈등 사안으로 남아 있죠. 사드 문제로 심각한 갈등 상황을 맞고 있는 중국과의 관계도 그렇고, 새로 들어선 미국의 트럼프 정부와의 관계를 어떻게 할 것인가 등 주요국가들과의 외교 모두 어려움에 직면해 있습니다. '한반도 신뢰 프로세스'를 내걸고 새로운 대북관계를 개척하겠다고 했지만, 북한과의 대화 단절 이상의 아무 대책도 없는 상황입니다.

후보 시절과 다른 당선인

박근혜 정부가 내세웠던 것은 후보 시절에는 '대통합, 경제민주화, 100% 국민행복, 100% 대한민국' 이런 거였는데, 인수위 구성 과정에서부터 어긋나기 시작했죠. 그 대표적인 게 인수위 대변인으로 윤창중 씨를 임명한 것이었습니다. 대통합을 내세웠던 후보가 당선 후 첫 인사로 극단적인 우익 편향의 논평을 해온 인물을 대변인으로 발탁한 겁니다. 그리고 이에 대한 반발에도 묵묵부답으로 밀어붙입니다. 공약하고는 다른 인사, 비판에 대한 불통이 바로 시작됐습니다. 인수위 때까지만 등용을 하고 본격적인 정부가 출범하면 다른 사람을 임명하지 않겠느냐는 이야기가 있었는데 그냥 대변인으로 갔죠. 그리고 다시 몇 개월 못 가서 미국 방문 때 성추행 사건이 터졌고요.

당시 대변인은 남녀 2인 체제였는데, 윤창중 대변인이 성추행 논란으로 그만두고 상당 기간을 여성 대변인 김행 1인 체제로 갑니다. 윤창중 전 대변인은 근래에 태극기집회에 종종 나와서 3년 반 만에 다시 한 번 기를 살려보려고 하고 있죠. 여론의 집중적인 비난을 받다가 탄핵 정국에 태극기집회에 나가는 걸 오히려 전화위복의 계기로 생각하는 거 같습니다. 언론이 본인을 죽였다, 마녀사냥을 당했다고 이야기하고 있지요. 마치 박근혜 대통령의 탄핵이 언론에 의한 무책임한 탄핵이라고 주장하는 것처럼. 당시 청와대 대변인은 김행 1인 체제로 가다가 2014년이 되면서 KBS 9시 뉴스 앵커를 했던 민경욱(20대 총선 때 인천 송도에서 국회의원이 됐죠) 대변인으로 바뀌게 됩니다.

박근혜 정부의 2013년, 그런 인사 문제를 빼놓고는 뭐가 있었을까요? 댓글사건 사과 논란이 2013년 정국을 지배했던 사안이었습니다. 2012년 대선 때 국정원 직원의 댓글 논란 관련해서 오히려 박근혜 당시 후보가 야당에 대해서 공세적으로 역공을 했었죠. 그런데 수사와 재판을 거치면서 국정원이 대선에 개입한 정황이 어느 정도 드러나면서, 야당은 역공을 했던 박근혜 대통령이 이제 사과해야 한다고 요구합니다. 박 대통령이 사과했겠습니까? 묵묵부답이었죠.

그런 논란 속에서 박근혜 대통령이 첫 휴가를 가게 되죠. 대통령 별장이 있는 거제 저도에 가게 됩니다. 박근혜 대통령이 '저도의 추억'이라고 모래 사장에 글씨를 썼던 사진, 보도도 됐었죠. 보도가 되기 전에 최순실의 태블릿에 먼저 전달돼 보관돼 있었다고 근래 국정농단 사태가 드러나면서 알려졌습니다. 박 대통령의 '저도의 추억' 휴가는 박근혜 정부에서 또 한 번의 전환기가 됩니다.

'저도의 추억'과 김기춘 실장 체제 시작

휴가에서 돌아와 청와대 비서실장을 허태열에서 김기춘으로 바꿉니다. 이때부터 박근혜 정부의 국가운영 방식이 김기춘 스타일로 상당히 바뀌게 됩니다. 그리고 나서 댓글 관련해서 수사하는 데 총책임자였던 채동욱 검찰청장도 사퇴하는 상황이 벌어집니다. 댓글 수사를 책임지는 검찰총장이 박 대통령이 뜻하는 바대로 움직이지 않았기 때문으로 보아야겠죠. 대통령의 공식 취임이 2월 25일이었는데 8월 초에 김기춘 실장이 들어오면서 전반적으로 공세적인 분위기로 완전히 바뀌죠. 그래서 국정농단 수사와 책임에서 김기춘 전 실장이 주목될 수밖에 없는 이유이기도 합니다.

다음 해인 2014년에는 4월 16일 세월호 참사가 있었지요. 바로 얼마 안 돼 이 와중에 6·4 지방 선거가 이어졌고요. 아무래도 세월호 참사로 정부

여당이 많은 책임을 지고 있으니까 당시 용서해달라고 막 엎드리고 했었죠. 그러나 세월호 특별법을 둘러싸고는 박근혜 대통령 측과 세월호 가족 및 야당이 완전히 맞부딪치는 상황으로 가게 됩니다.

저는 굉장히 아쉽다고 봅니다. 이건 박근혜 정부의 국정운영 과정에서 또 한 번의 결정적 패착이었습니다. 세월호 7시간 문제가 탄핵심판에서도 쟁점이 됐지만, 세월호 참사를 대하는 박근혜 당시 대통령의 태도 자체가 결국 촛불집회와 탄핵을 부르는 근원이었다고 생각합니다. 세월호 참사라는 비극은 오히려 대통령이 그 슬픔의 중심에서 국민과 함께 갈 수 있는 새로운 기회일 수도 있었습니다. 국민적 슬픔을 대통령이 껴안는 모습을 보였다면 국민통합의 구심점 역할을 할 수 있었는데, 권위를 내세우며 때로는 이념적 문제까지 동원하면서 정파적 문제로 만들어버린 거죠. 김영한 전 민정수석의 비망록, 이런 것들을 보면 김기춘 실장이 들어오면서 비판과 불만을 껴안고 가는 쪽보다는 전략적으로 더 극단화하면서 대처하는 양상이 되지 않았나 생각됩니다.

2015년에 또 사고가 터집니다. 성완종 리스트가 터진 거죠. 이완구 당시 총리, 홍준표 당시 경남지사 두 사람만 기소가 되지만, 애초 뇌물 리스트에는 김기춘 실장 등 박근혜 정부 주요 인사 여덟 명이 적혀 있었습니다. 또 바로 이른바 배신의 정치 파동이 이어지죠. 제가 자료를 보니까 박근혜 대통령이 국무회의에서 유승민 원내대표를 향해서 '배신의 정치는 국민이 선거에서 심판해줘야 한다'고 얘기했던 게 6월 15일이더라고요. 그리고 나서 그게 언제까지 이어지느냐, 그다음에 2016년 4·13 총선이 있었던 진박 논쟁까지 이어지게 됩니다. 그리고 2016년 후반기에 들면서 국정농단 문제가 불거지기 시작하죠.

국정농단과 탄핵으로 끝난 박근혜 정부 4년, 성과는?

박근혜 정부 3년 반, 국정농단 파문과 탄핵 정국에 이르기까지 몇 번의 분기점이 있었던 셈이죠. 처음에 터졌던 인사 문제, 왜 후보 때 내세웠던 것처럼 국민 대통합의 정신을 살리지 못하고, 대통합 주장에 오히려 맞서는 인사를 고집했는가? 그다음 세월호 사건이 터졌을 때 슬픔을 같이 껴안는 국가 최고 지도자라는 구심점으로 갈 수가 충분히 있었는데 이렇게 갔었나? 그 과정 속에서 전략적인 구심점을 했던 것으로 짐작이 되는 김기춘 실장 체제, 이게 최근 논란과 비판의 대상이 되는 상황입니다.

헌재에서 탄핵 심판 선고를 3월 13일 이전에 하는 걸로 공표를 한 거나 마찬가지라고 봐야 하겠죠. 여기에다가 특검이 재청구한 삼성 이재용 부회장 구속영장까지 금요일 이른 아침에 받아들여졌습니다. 만약에 박근혜 대통령 탄핵이 헌재에서 최종 결정된다면 바로 구속될 소지가 있어 보이기도 하죠. 만약에 탄핵이 받아들여진다면요. 현직으로 있을 때는 내란 외환의 죄가 아닌 한 불기소되니까 형사처벌이 유예되지만, 탄핵으로 그게 상실되면 형사처벌까지 겹치게 될 가능성이 큰 겁니다.

전직 대통령이 구속되는 사례는 이미 있었죠. 대표적으로 전두환, 노태우 전 대통령이 그런 경우였고요. 거기도 물론 돈하고도 관련이 돼 있죠. 그보다는 12·12, 5·18 등 내란, 내란목적 살인 등 무시무시한 죄목이었죠. 전두환, 노태우는 각각 무기징역과 17년형을 받았고, 2205억 원과 2628억의 추징금도 부과됐습니다. 박근혜 대통령 관련된 부분은 좀 더 지켜봐야 할 것 같고요. 다음으로는 이명박 정부 시절을 보기로 하죠.

이명박, 서울시장에서 대통령 당선까지

서울시장 업적을 기반으로 유력 대권 후보된 이명박

박근혜 대통령의 정치적 행로를 설명하면서 이명박 정부에 대해서도 이미 일부 살펴보았죠? 대개 역사적인 접근을 하면 옛날부터 순서대로 오는데, 그렇게 하다 보면 막상 우리가 살고 있는 현재를 다루지 못하게 되는 경우가 허다하죠. 그래서 우리가 지금 현재부터 보기로 해서 박근혜 대통령 시기를 먼저 보았고, 이명박 정부로 뒤로 이어집니다.

이명박 대통령 집권 시기, 기억나는 이미지를 꼽아달라고 하니 청계천, 쇠고기 수입협상 반대집회, 명박산성, 4대강이 쉽게 떠오른다고 합니다. 청계천 복원은 대통령 되기 전 서울시장 때 한 거죠. 미국산 쇠고기 수입반대 집회, 2008년 새 정부가 출범한 지 얼마 안 돼 있었죠. 그리고 흔히 '사·자·방'이라고 하는 4대강, 자원외교, 방산비리, 대개 비판적으로 지적되는 사안들입니다.

긍정적인 성과나 기억도 꼽아봅시다. 집권 초에 이명박 대통령이 '전봇대'에 대해 말을 했었죠. '공단에 큰 산업용 차의 통행을 방해하고 있는 전봇대를 왜 방치하고 있나' 하고 지적한 것입니다. 전봇대라는 말은 그 자체로서만이 아니라 규제개혁 차원에서 상징적으로 거론되기도 했습니다. 그리고 금융위기에 대한 대처는 이명박 정부 스스로 대표적인 성과로 자랑하는 부분 아닙니까? 이명박 정부에서 일했던 사람들은 대부분 그런 식으로 이야기합니다. 리먼브라더스 사건의 파장을 잘 막고 우리는 넘어갔다, 엄청난 외환위기 상황이었던 1997년의 IMF 체제 때에 못지않은 위기였는데 이명박 정부가 너무 잘 극복했으니깐 사람들이 그게 어려운 줄 모르고 지나갔다, 그런 식으로 자랑하는데요. 그건 따져봐야겠지만, 하도 긍정적으로 기억날 게 없다고 하니 이명박 정부에서 이야기하는 것은 그 정도였다고 말씀드릴 수 있겠습니다.

이명박 대통령이 정치적으로 성장해서 집권까지 할 수 있었던 결정적인 배경은 서울시장을 한 거였죠. 서울시장 시절의 대표적인 이미지는 '청계천'일 겁니다. 그게 국민한테 인기를 끌었어요. 인공 어항을 키우는 것 같다는 비판도 있었지만 일반 국민에게는 대체로 상당히 긍정적인 평가를 받았습니다. 대중교통체계도도 있죠. 청계천 복원, 대중교통체계 이런 것들에 힘입어서 서울시장을 마친 후 당시의 여론조사를 하면 차기 대선 후보감으로 이명박이 여론에서 선두를 달렸습니다.

그 당시에 당내 경선에서는 두 사람이 경쟁을 하고 있었죠. 박근혜 후보하고 경쟁하고 있었고, 또 물론 또 한 사람이 있긴 했습니다. 현재 국민의당에 2월 17일날 입당을 한 손학규 의장이 당시 3강을 이루고 있었습니다. 당시 기자나 전문가들 사이에서는 손학규 의원이 가장 좋은 평가를 받고 있었어요. 그렇지만 일반 국민 대상의 여론조사에서는 박근혜, 이명박 양강 구도였습니다. 여론조사에서는 박근혜에 비해 이명박 당시 전 서울시장이 10% 이상 앞서고 있었는데요, 그런데도 양강 구도로 봤던 이유가 당내 기반은 박근혜 의원이 훨씬 강했기 때문입니다. 아마 기억할 겁니다. 2004년 탄핵 정국에서 천막 당사를 이끌면서 총선을 지휘했고, 2006년 지방 선거 때 신촌에서 커터칼 사건을 겪으면서 당을 이끌었죠. 당내 기반이 강할 수밖에 없었습니다. 그래서 종합적으로 양강 구도였는데, 최종적으로는 이명박 당시 후보가 최종 당 후보가 됐습니다.

일반 여론조사와 당내 지지기반이 서로 엇갈리는 상황이니까, 경선규칙을 어떻게 하느냐에 따라 결과가 달라질 수도 있었다고 할 수 있겠죠. 경선 방식을 둘러싼 경쟁도 치열할 수밖에 없었고요. 결국 두 가지를 합해서 경선을 치렀는데, 일반 여론조사에서는 이명박 후보가 예상대로 9%가량 앞섰지만 당내 선거인단에서 박근혜는 미미하게 앞서는 정도였습니다. 박근혜 후보가 당내 지지에서 1% 정도밖에 이기지 못해가지고 종합적으로는 이명박 후보가 됐는데요, 열린우리당에서 대통합민주신당으로 이어진 당시 여권에 대한 국민 지지가 워낙 약했습니다. 그래서 한나라당 내부의 경선이 사실상 대선 본선이나 다를 바 없었습니다.

사실상 대선 본선이 된 한나라당 내부 경선

참여정부 말기 때는 국정 지지도나 여당 지지도가 간혹 10% 미만이 나오기도 할 정도였습니다. 지난해 말 탄핵 정국에 국회에서 의결되기 전에 박근혜 대통령에 대한 지지율이 가장 낮았을 때 기억하시죠? 4.4%까지 나온 적이 있었죠. 한때 박사모를 중심으로 박근혜 대통령을 지지하는 쪽을 두고 그들은(우리는) 4.4%에 속한다, 그런 이야기가 나오기도 했습니다.

국정농단 사태가 불거지고 탄핵 정국에 들어갈 정도에서 지지율이 4.4% 나오는 건 충분히 이해할 수 있는데 참여정부, 노무현 정부 말기 때는 뭘 어떻게 했기에 지지율이 10%도 안 되게 나왔을까요? 참 보면 좀 그렇습니다. 여러 가지가 같이 결합돼 있었는데요, 어쨌든 여당 후보가 대통령이 되기는 아주 어려운 상황이었죠.

그래서 지금 상황을 두고 2007년 대선정국하고 비교를 하기도 합니다. 현재는 압도적으로 야당이 우위에 서 있죠. 민주당 경선이 사실상 대선 본선이라고도 하고요. 어떻게 될지 모르겠지만 하여튼 그것을 비교하고 있습니다. 2007년 당시 그래서 어떤 상황이 벌어졌느냐? 당시의 여권 지지 세력들이 낙담해서 투표에 별로 참여하지 않는 그런 상황이 생겼습니다. 그 결과 2007년 대선에서는 역대 대선 중 최저 투표율인 63%를 기록합니다. 이어진 2008년의 총선에서는 투표율이 46.1%로, 모든 전국 선거에서 지금까지도 최저 기록으로 남아 있습니다.

우리나라에서 전국적인 선거라고 하면, 대통령 선거가 있고 국회의원 선거가 있고, 지방 선거가 있죠. 어느 선거가 투표율이 가장 높을지 짐작하시죠. 아무래도 국민이 보기에 비중이 더 크다고 생각하는 대통령 선거가 제일 높고, 그다음이 국회의원 선거, 지방 선거 이 순서입니다. 지방 선거는 50%대 투표율이 나옵니다. 가장 최근에 있었던 그 2014년에 6·4 지방 선거 때가 56.8% 나왔습니다. 그런데 2008년 총선에서 지방 선거보다 낮은 46.1%를 기록한 겁니다. 아까 말했다시피 민주화 진영이 참여정부에 실망한 후유증에다 정권까지 이명박 대통령에게 뺏겨 완전히 낙담해서 투표에 참여하지 않았기 때문입니다. 그 결과로 그때까지 역대 대선 중에서 1위하고 2위하고 가장 격차가 많았던 대선이었다고 이야기되기도 합니다. 그래서 당시에 이명박 후보가 당시 여당 후보였던 정동영 후보를 531만 표

차이로 이기고 당선됩니다.*

　그런데 절대 득표율로 보면 사실상 이명박 후보도 그렇게 많이 받지를 못했습니다. 투표율까지 감안하면 투표율이 63.0%밖에 안 되니까 지지율 48.7% 곱하기 투표율 63%를 하면 실질 득표수는 유권자 대비 30.7%밖에 안 되는 거죠. 이명박 후보가 압도적인 지지를 받았다기보다는 여권의 실패로 집권했다 할 수 있겠습니다. 여당 후보 정동영은 투표자의 26.1% 지지를 얻었습니다. 사실은 거기에 또 준(準)야권이라고 할 수 있는 이회창 후보가 갑자기 나왔죠. 그런데 15% 이상 얻어버렸습니다. 그런 것들을 합하면 당시 여권의 기반이 완전히 붕괴된 상황이었음을 알 수 있죠. 그 분위기가 2008년 총선에 그대로 이어집니다.

　2008년 18대 총선에서 한나라당이 299석 중 153석을 가져갔습니다. 과반을 넘긴 거죠. 그럼 그것만 가져갔느냐? 당시에 한나라당에서 공천을 못 받았던 친박계가 '친박연대'를 창당해서 지역구에서 6석, 비례대표 8석으로 총 14석을 가져갔습니다. 무소속도 25명이 당선됐는데 그중 상당수가 친박 무소속이었습니다. 또 당시에 이회창 대표가 이끈 보수 성향의 자유선진당이 18석을 가져갔습니다. 이걸 전부 합하면 어느 정도 되겠습니까? 사실상 3분의 2 이상을 가져가 버린 그런 상황이었습니다.

　2007년, 2008년 상황을 떠올리고 있는 지금의 탄핵 정국에서 향후 선거는 어떻게 될까요? 최근에 갤럽조사를 보면 더불어민주당의 문재인 후보, 문재인 전 대표하고 안희정 지사하고 두 사람 지지율을 합한 것만 가지고도 56~57%가 돼버린 상황입니다. 물론 2007년 당시 대세론을 말할 때 박

● 2017년 5·9 대선에서는 1위 문재인과 2위 홍준표의 격차가 557만 표로 새로운 기록을 세웠습니다.

근혜, 이명박을 합하면 70% 내외가 됐습니다. 지금은 그 정도는 아니죠. 만약에 박근혜 대통령의 탄핵이 인용된다면 지금보다 훨씬 야당이 더 우위에 서는 기울어진 운동장이 될 수밖에 없을 걸로 봅니다. 물론 또 다른 변수가 있긴 합니다. 탄핵이 결정돼버린 상황에서도 탄핵을 축으로 계속 정세가 진행이 될지, 아니면 이제는 뭔가 새로운 미래를 향한 경쟁이 될지도 두고 볼 문제입니다. 아직까지는 조금 더 기다려야 하는 3월 초에 있을 박근혜 대통령에 대한 헌재의 탄핵심판이 우리 정국 진행에 또 한 번의 분수령이 될 것 같습니다.

'작 은 정 부 , 큰 시 장 ' 론 의 공 과 (功 過)

'작은 정부, 큰 시장'을 내건 이명박 정부

지난 시간에 이명박 정부의 업적에 대해 질문하니까 대체로 부정적인 것들을 많이 떠올리던데요, 이명박 정부 집권세력 당사자는 금융위기 대처를 자랑하고 있고, 4대강도 비판여론에 맞서 업적으로 내세우고 있죠. 이런 것들은 결과적인 이야기이고요. 이명박 대통령은 후보 시절부터 뭘 내세웠습니까? '경제 대통령'을 맨 앞에 내세웠죠. 본인이 현대건설을 통해서 성장한 신화를 강조한 거죠. 우리나라를 경제 선진국으로 만들겠다고 '7·4·7'을 내세웠습니다. 7% 경제성장률, 4만 불 소득, 세계 7위 경제대국을 만들겠다는 경제 공약이었죠. 물론 7·4·7 가운데 어느 것 하나 달성하지 못했습니다.

또 정부의 역할을 줄이는 기조를 강조했습니다. '작은 정부, 큰 시장'을 이야기한 거죠. 작은 정부를 여러 측면에서 볼 수 있겠는데, 일단은 정부가 하는 역할을 줄이는 것일 수 있겠고, 정부가 차지하는 공적 부분을 줄이거나 이른바 민영화시킬 수도 있겠고, 공무원 규모를 줄일 수도 있겠지요. 이명박 정부에서는 작은 정부의 상징으로 정부 조직을 형식상으로는 줄이는 것으로 시작했습니다.

이명박 정부는 작은 정부를 표방하면서 정부 부처도 처음에는 기존의 18부 4처를 13부 2처로 대폭 축소하려고 했습니다. 심지어 여성가족부와 보건복지부를 합해 보건복지여성부로 하려고 했습니다. 또 오래된 통일부를 외교통상부와 묶어 외교통일부로 모으려고 했습니다. 야당과 관련 분야의 반발로 여성부와 통일부는 독립 부처로 간신히 유지됐습니다. 여성부는 김대중 정부 때 새롭게 만들어진 부처이고, 통일부는 상당히 오래됐습니다. 통일부는 박정희 정부 시절 제3공화국 말기 때, 1969년에 만들어졌죠. 그래서 명칭도 당시 분위기가 반영된 국토통일부로 시작했습니다.

이명박 대통령의 정부조직 대폭 축소 합병 구상은 국회에서 15부 2처로 조정돼 정부조직법이 개정됐습니다. 18부 4처에서 15부 2처로 축소가 된 셈이죠. 기존의 재정경제부와 기획예산처를 기획재정부로 통합했고, 산업자원부와 정보통신부를 합해서 지식경제부를 만들었습니다. 이 과정에서 정보통신부의 일부 기능이 방송통신위원회에 넘겨져, 위원회 조직이 방송통신 정책과 통신기기산업 정책을 동시에 담당하는 특이한 기구가 되기도 했습니다. 정보통신부라는 게 우리나라에 언제 생겼는지 혹시 짐작 갑니까? 정보통신부 이야기를 하면 아무래도 우리나라에 IT 산업이 시작될 때 그 무렵이죠. IT 벤처 붐은 김대중 정부 때 일었고, 정보통신부 부처는 그전 김영삼 정부 말기 때 생겼습니다. 또 이명박 정부는 청와대도 경호실하고 비서실을 합해서 대통령실 하나로 만들었죠. 박근혜 정부 들어와서 다시 쪼갰지만요.

일반적으로 정부의 역할을 줄인다고 하면 민간 영역에 자유 또는 자율의 폭을 많이 주는 것 아니겠습니까. 민간 영역에서 자유는 경제적인 영역에서의 자유와 정치 참여 또는 표현의 자유, 이렇게 크게 두 가지 차원으로 나눠 볼 수 있겠습니다. 이명박 정부에 들어서 표현의 자유, 정치 참여의 자유 영역이 확대가 됐습니까? 민간 영역에서 폭이 커졌습니까, 반대로 정부의 개입이 더 커졌습니까? 그건 조금 논란의 여지가 있는 부분이죠. 대신 경제 부분은 민영화로 시장에 많이 넘겼죠. 그러다 보면 정부가 주도하는 복지 영역은 축소될 소지가 있는 거고요.

앞서 지적했던 정치적인 부분, 표현의 자유 부분에 대해서는 견해가 엇갈립니다. 비판적인 사람들은 오히려 정부의 개입이 강화됐던 시기로 이야기를 하고 있습니다. 그건 아마 집권 초기에 그 광우병 수입쇠고기 파동이 일고 '명박산성' 같은 말도 나오고 하면서 충돌했던 경험 등을 염두에 둔 점도 있을 겁니다.* 이후에 박근혜 정부 시기까지 이어진 걸로 보자면 정치 참여라든가 표현의 자유 이런 부분에서는 그렇게 확대됐다고 보기 어렵고요, 적어도 정체되거나 조금 압박이 더 심해진 이런 기조로 해석하는게 맞지 않나, 좀 그렇습니다.

대북관계 경색의 재시작

또 하나, 표현의 자유는 이념의 자유 확대하고도 맞물려 있죠. 우리가

---

* 문재인 정부가 들어선 이후 적폐청산 작업이 진행되면서 이명박 정부 시절 국정원, 심지어 군 사이버사령부까지 동원돼 언론과 여론 형성에 개입했던 정황들이 대거 드러나고 있습니다. 결국 이명박 정부 시기는 공식, 비공식적으로 언론과 표현이 자유가 위축됐던 시기라고 볼 수 있습니다.

역사적으로 이념을 이야기하면 항상 가운데에 뭐가 있다고 했습니까? 대북 문제가 있었죠. 이명박 정부에 들어와서 이념 문제의 축이었던 대북관계가 아주 경색됐습니다. 몇 번의 구체적인 계기가 있었습니다. 아마 집권 초 2008년 7월 12일 금강산 관광객 박왕자 씨 피살 사건이 일차적인 분수령이었습니다. 그때부터 교류가 중단되기 시작했죠. 그리고 나서 2010년 지방 선거를 앞두고 천안함 사건이 있었고, 2011년에 김정일이 사망하면서 김정은 체제로 바뀌는 과정이 있었죠. 그리고 막판에 임기가 끝날 무렵에 박근혜 대통령 당선인 시절 3차 핵실험이 있었습니다. 대북관계가 경색되다 보니까 대내적으로도 정치이념적 자유 영역이 그렇게 확산되지 못했다는 겁니다. 이명박 정부는 이래저래 매력을 끌지 못한 가운데 집권 말기 갤럽조사에서 23%의 국정 수행 지지도를 가지고 박근혜 정부로 권력을 넘깁니다.

반복되는 집권 말기의 낮은 지지율

집권 말기 23% 지지율, 괜찮다고 봐야 할까요? 사실 23%면 아주 낮습니다. 그렇지 않겠어요? 집권 초에는 기본적으로 60%를 넘고, 집권 초 가장 많은 지지율을 받았던 김영삼 대통령 때 90%를 넘었던 적이 있어요. 평균적으로 집권 초에 많은 지지를 받았을 때는 김대중 정부 때였는데, 왜냐면 그때가 IMF 극복이라든가 국민의 단합이 필요했을 시기였고, 특정 기간 동안 짧게 가장 지지율이 높았을 때는 김영삼 정부가 들어섰을 때였습니다. 그때 전반적인 개혁 분위기 속에서 하나회 해체, 금융실명제 실시 등으로 김영삼 정부 초반 인기가 높았습니다. 그러나 집권 말기 때는 계속 이렇게 20%대로 다 떨어졌습니다. 이게 정상적인 게 아닙니다. 우리나라 대통령제에서 어느 정부든 간에 집권 말기가 되면 지지율이 떨어졌다는 건 문제입니다.

그런데 집권 초 최고 지지를 받았던 김영삼 정부가 말기에, 박근혜 정부의 국정농단하고 비슷할 정도로 — 성격은 다르지만요, — 추락했습니다. 외환위기를 초래하면서 갤럽조사 5년 차 4분기 지지율이 6%였습니다. 지금 박근혜 정부는 최저 4.4%까지 내려간 적도 있는데, 탄핵 정국에도 10% 이상을 유지하고 있는 듯합니다. 탄핵 정국이 진행되면서 초점이 뭔가 여-야, 보수 - 진보 대립의 구도로 가면서 보수 진영의 일부가 뒷받침해 지지율이 조금은 나오는 것으로 해석됩니다. 어쨌든 간에 지지율이 20%대라고 하면 국민 4분의 1의 지지밖에 못 받는 거니까, 국민의 대의기구로서 대표성을 확보하지 못하고 있다고 봐야겠죠. 여러분도 아실 겁니다. 지금 미국의 트럼프 정권이 위기라고 하는데 어느 정도 지지율 가지고 그러느냐, 집권 초인데 지지율이 39%가 나온다는 겁니다. 못해도 40% 중반은 나와야 한다고 보는 거죠.

정부조직에 반영된 각 정부의 성격

각 정부의 성격을 여러 가지 측면에서 볼 수 있을 것인데, 내세운 공약을 가지고도 볼 수 있을 것이고 이후에 구체적으로 정부가 진행됐던 과정을 보고도 평가할 수 있을 겁니다. 또 하나의 특징적인 것이 앞에서 이야기했던 정부조직을 보고도 볼 수 있습니다. 국정의 주요 기조나 우선 과제가 정부조직에도 반영될 수 있으니까요.

박근혜 정부 이야기를 하면 떠오르는 부처가 어디입니까? 이렇게 물었을 때 안전행정부나 국민안전처가 먼저 생각난다고들 하시는데, 세월호 때문이겠지요. 세월호 참사 이후로 독자적인 부처를 만들었죠. 국민안전처를 만들고, 그러고 나서 안행부를 다시 행정자치부로 이름을 바꿨습니다. 행정자치부라는 이름이 처음 쓰인 건 그전에 김대중 정부 때죠. 그 이전은 내무부라고 한 기억이 날 겁니다.

역대 정부 때마다 그 정부를 특징지을 만한 정부 부처가 있었어요. 한국전쟁 이후에 자유당 시기에 나왔던 부흥부. 한국전쟁으로 우리나라 여러 지역이 초토화된 상황이고, 산업도 새로 시작해보자 해서 부흥부라는 부처가 생겼겠지요. 체신부는 요새 많이 민영화돼서 KT로 일부가 가기도 했죠. 부흥부하고 다른 차원으로 박정희 정권 시기에 바뀌었던 게 경제기획원이었죠.

민주화 이후에 나왔던 것들 중에 보자면, 특히 김대중 정부 때 인권에 대해 주목했죠. 이와 관련된 정부 조직이 새롭게 생깁니다. 그중 하나가 여성부. 초대 여성부장관이 누군지 기억나십니까? 물론 남자가 여성부장관을 할 수도 있겠지만 지금까진 모두 여성 장관이었습니다. 우리나라 최초의 여성 총리 한명숙, 그 한명숙 총리가 최초의 여성부장관을 했었죠. 그리고 김대중 정부 말기 무렵에 국가인권위원회가 구성이 됐습니다.*

---

* 이명박 정부 이래로 국가인권위원회 위상이 약화되다가 문재인 정부가 집권하면서 새롭게 그 가치를 강조하고 있습니다.

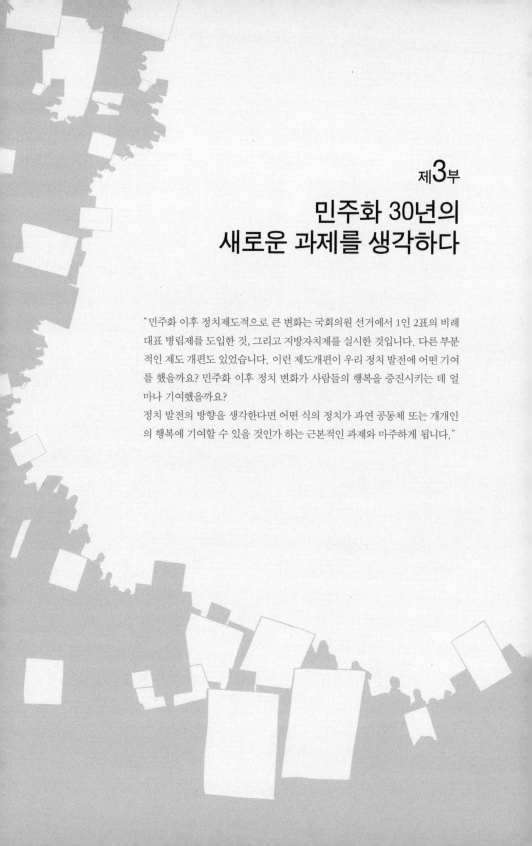

제3부

민주화 30년의
새로운 과제를 생각하다

"민주화 이후 정치제도적으로 큰 변화는 국회의원 선거에서 1인 2표의 비례
대표 병립제를 도입한 것, 그리고 지방자치제를 실시한 것입니다. 다른 부분
적인 제도 개편도 있었습니다. 이런 제도개편이 우리 정치 발전에 어떤 기여
를 했을까요? 민주화 이후 정치 변화가 사람들의 행복을 증진시키는 데 얼
마나 기여했을까요?
정치 발전의 방향을 생각한다면 어떤 식의 정치가 과연 공동체 또는 개개인
의 행복에 기여할 수 있을 것인가 하는 근본적인 과제와 마주하게 됩니다."

이제는 군부 쿠데타가 불가능한 사회

1987년의 민주화와 민주주의의 공고화

지금 우리가 민주화 이후의 정부들을 보고 있는데요, 거꾸로 최근 정부부터 봐서 박근혜, 이명박 정부에 관해 먼저 살펴봤죠. 1987년 민주화 이후의 정부들이 쭉 노태우, 김영삼, 김대중, 노무현으로 이어가죠. 요즘에 '87년 체제'의 극복을 이야기하고 있는데, '87년 체제'는 1987년을 기점으로 한 민주화운동 시기를 겪으면서 형성된 우리 체제를 이야기하는 거겠죠. 1987년 6월 항쟁에서 결국은 기존의 군부세력이 굴복을 하면서 6·29 선언에 민주화 조치 8개 조항을 담았습니다. 그 대표적인 것이 대통령 직선제로의 회복이었습니다. 물론 지방자치를 약속했던 것도 있었고 김대중 사면 조치도 포함되는데, 가장 특징적인 건 대통령 직선제 실시였죠. '87년 체제'를 얘기하면 그 핵심에는 대통령 직선제가 있습니다.

제5공화국 당시에도 대통령제였습니다. 대통령제 여부의 문제가 아니라 직선제를 회복하는 게 87년 체제의 초점이었죠. 이미 오랫동안 대통령제 자체는 하고 있지만, 유신 시대에 이은 제5공화국 시대에는 사실상의 투표 자유가 봉쇄된 간선제였고, 그것을 해결하자는 게 민주화의 과제였습니다.

그런데 최근에 와서는 대통령제 자체가 논란이 되고 있습니다. 1987년 당시 대통령 직선제를 비롯한 당면한 민주화의 과제는 일회성이나마 어느 정도 해결했지만, 민주주의의 공고화가 그다음 과제라고 민주주의 이론가들은 말했습니다. 민주주의의 공고화, 기존의 군부정권에서 민주화는 됐지만 이제 민주주의가 그 사회의 제도라든가 문화 습성으로 굳어지는, 정착이 되는 걸 의미하는 겁니다. 민주화 이후 지금 30년이 지났는데 민주주의가 공고화됐다고 볼 수 있을까요? 일반적 기준에 따르면 우리의 경우 민주화 이후 10년을 거치면서 대개 어느 정도는 공고화됐다고 보고 있습니다.

이를 두 가지 정도의 기준을 가지고 이야기할 수 있습니다. 하나는 다시 군부세력이 쿠데타를 일으킬 가능성이 없는 상황입니다. 이건 가장 기본적인 조건이죠. 그다음 하나는 선거에 의해서 정권교체가 이뤄질 수 있는 상황입니다.

노태우 정부가 민주화 이후 직선제에 의해 태동한 정부이기는 하지만, 그때까지 선거를 통한 정권교체의 경험은 갖지 못한 상태였지 않습니까. 그리고 역시 노태우 대통령도 군부를 배경으로 집권한 세력이죠.

그러면 제가 앞서 얘기한 두 가지 조건이 과제로 남아 있었죠. 군부세력이 다시 쿠데타를 통해서 집권을 할 수 있는 그런 상황이 없어야 한다는 것, 그건 언제부터 가능하다고 봤습니까? 노태우 정부 다음, 김영삼 정부 때라고 할 수 있겠죠. 특히 그동안 군 내부의 사조직이었던 하나회를 해체

하면서 이제는 우리나라에서도 군이 쿠데타로 정권을 장악하기가 쉽지 않다는 거죠. 군 조직의 그런 상황도 있지만 또 하나는 군이 도저히 넘볼 수 없는 사회적 분위기가 형성돼야 하지 않겠어요. 그 정도는 돼 있다고 봐야겠죠.

그런데 가끔 밖에 집회에 가보면 태극기 들고 나온 분들이 '군대여 일어나라', '계엄령 선포하라' 같은 걸 구호로 내세우고 있어요. 이런 건 일단 실현이 되기가 어렵다고 봅니다. 과거처럼 군에 사조직이 있는 게 아니라서 밖으로 나오기가 어렵고, 설사 나온다고 해도 일반 국민이 그걸 용인하겠습니까? 용인 안 하죠.

두 가지 조건 중 또 하나가 선거를 통한 정권교체였죠. 그건 언제 이뤄지게 됩니까? 김대중 정부를 거치면서죠. 김영삼 정부에선 군부가 다시 집권하려는 것을 막아줬다면 그다음 김대중 정부는 선거를 통해서 집권하는 그 역사를 만든 거죠. 그 점에서 둘 다 중요한 역사입니다.

선거를 통한 정권교체라고 하면 한 번 교체하는 게 아니라 적어도 두 번 정도는 반복해서 경험했을 때 선거를 통해 심판하고 집권했다고 볼 수 있다는 해석도 있습니다. 외국학자지만 국내에서 여러 사람이 인용을 했던 새뮤얼 헌팅턴이 이런 두 번의 정권교체 얘기를 했죠.

이런 두 가지 관점에서 우리나라 정치상황을 보자면, 기본적으로는 민주주의의 공고화를 이뤘다고 할 수 있겠습니다. 그런데 이뿐만 아니라 또 다른 차원에서의 민주주의가 필요합니다. 그게 '87년 체제'의 극복이라는 겁니다. 정치적 습속의 개혁이 필요하지만, 현재 우리의 대의민주주의를 규정하고 있는 제도들을 더 나은 민주주의에 부합하는 방향으로 개혁해야 합니다.

군부정권의 승계와 청산

　민주화 이후 첫 번째 정부가 노태우 정부였죠. 군부세력이지만 선거를 통해 집권을 했습니다. 당시엔 군부세력을 타도하자는 민주화운동이 있었는데 그 구조 속에서 어떻게 군부 출신이 다시 집권을 했을까요. 선거를 통해 그만큼 지지를 받았으니 집권을 했겠죠. 일부에서는 양김의 분열 때문에 집권을 했다고도 합니다.

　당시 주요 후보는 김영삼, 김대중, 김종필에다가 노태우, 즉 '1노 3김'이었는데, 노태우가 당선된 결정적 이유는 뭐겠습니까. 기본적으로, 노태우를 지지한 사람이 있었기 때문이죠. 전 국민이 군부세력 타도를 얘기하는 것처럼 보였지만 투표자의 36.6%가 군부세력을 승계한 노태우 후보를 지지한 겁니다. 특히 대구·경북, TK 지역을 중심으로 압도적인 지지를 받았습니다.

　제가 그런 얘기를 했을 겁니다. '시민이 주도하는 정치가 되면, 좋은 정치, 민주적인 정치가 될 거라고 이야기하지만 사실상 시민도 입장이 다 다르다'고요. 지금 우리가 태극기집회다 무슨 집회다 하는 걸 보듯이 사람들 생각이 다양하죠. 과연 그랬을 때 어떻게 할 것인가, 이게 민주주의의 과제죠. 1980년대 민주주의의 과제는 독재권력을 물러나게 하고 시민이 주도하는 정치를 확립하는 거라고 생각했는데, 이후의 민주주의의 과제는 다양한 세력, 서로 다른 이해관계를 어떤 방식으로 수렴할 것인가, 국가는 누구의 의견을 먼저 수렴할 것인가, 단순 다수결로 수렴할지 어떻게 할지 이런 것에 대해서는 우리가 별로 고민하지 않았습니다.

　노태우 정부가 군부세력을 배경으로 태동했었지만, 스스로 군부세력의 문제를 청산하는 그런 과정도 거쳤었죠. 이른바 5공 청산이라고 얘기했던,

전두환 집권 시기의 문제를 처리했습니다. 5공 청산 국회청문회 과정이 있었지요. 12·12, 5·18 집권과정에서 반헌법적 문제, 집권 후 재벌에게 돈 걷어서 만들었던 일해재단 문제, 인권침해 사례 등을 규명했지만 당사자들은 직접적인 처벌을 받지 않았죠. 그 처벌은 나중에 김영삼 정부 시기에 받게 됩니다. 김영삼 정부 시기에도 처음 시도했을 때는 처리하지 못합니다. 다시 특별법을 만들어서 노태우, 전두환 두 사람을 비롯한 제5공화국 세력들이 처벌받게 됩니다.

최종적으로 1995년 12월에 5·18 특별법이 만들어집니다. 김영삼 정부 출범 2년 10개월 만이었죠. 전두환은 무기징역, 노태우는 징역 17년을 받았고 뇌물로 받았던 수천억을 추징금으로 부과받았죠. 1997년 4월에 최종형이 확정됐는데, 그해 연말 12월 22일 김대중 대통령 당선인 시기에 김영삼 대통령에 의해 사면을 받게 됩니다. 특히 전두환 전 대통령은 추징금을 거의 내지 않고 있다가 박근혜 정부 시기에 관련법이 개정돼 일부 추징당하기도 했습니다.

사회주의권의 붕괴, 국내 학생운동 세력의 급진화와 퇴진

노태우 정부 시기, 국제적으로는 사회주의 정권들이 붕괴되기 시작했습니다. 세계사적으로 역사의 전환기였죠. 우리에게도 정말 중요한 새로운 국제환경이었습니다. 이미 1985년 고르바초프(M. Gorbachev) 서기장의 등장과 더불어 개혁(perestroika)·개방(glasnost)을 표방하며 변화가 시작됐던 소련은 1991년 연방체제 자체가 해체됩니다. 소련이 소비에트 연방의 줄임말인데, 15개로 구성돼 있던 연방이 해체가 되면서 각자 독립국가로 분리가 되죠. 앞서 지적한 고르바초프의 등장과 더불어 사회주의 체제의 변화가 시작됩니다. 기존의 사회주의를 고수하는 게 아니라 개혁과 개방을 표방하면서 서방 사람들도 초대를 하고, 시장경제를 도입해서 변하게 됩니다. 그러면서 사회주의 국가체제가 붕괴되기 시작한 거죠.

그런 영향을 받아서 동구권 사회주의 국가들이 1989년에 민주화를 요구하는 데모가 여기저기서 나오죠. 폴란드에서는 자유노조를 중심으로 활동했던 바웬사(L. Walesa)라는 사람이 있었습니다. 나중에 대통령도 했고요, 노벨평화상도 받게 됩니다. 방금 말했던 고르바초프도 노벨평화상을 받았죠. 알다시피 우리나라 김대중 대통령도 2000년에 받았고요. 동구권 사회주의 국가들의 민주화 흐름이 이어지는 가운데, 1990년 말에 독일의 베를린 장벽도 무너지게 됩니다. 장벽이 무너지고, 동서독이 통합이 되죠.

이런 국제적인 흐름, 이것이 우리나라에 어떤 영향을 미쳤을까요. 사회주의권의 붕괴로 사회주의 이념에 토대를 두었던 우리나라의 좌파 급진세력이 급속하게 무너졌을까요? 그렇진 않았습니다. 과도기 상태에서 좀 애매한 상태가 됐습니다.

학생운동 세력을 중심으로, 한쪽은 더 급진화됐습니다. 당시 학생운동의 중심에 섰던 사람들이 요즘 국회의원 몇 선을 하고 있는 전대협(전국대학생대표자협의회) 세대가 될 수 있고요. 전대협이 생겼던 게 1987년 8월이니까 민주화가 진행되는 과정에서 생겼다고 볼 수 있겠습니다. 노태우 정부가 들어섰을 때 한참 활동을 하게 됩니다. 그때가 1989년인가에 전대협에서 선발된 임수경이 북한을 가기도 했죠. 당시 전대협 의장이 국회의원을 하기도 했던 임종석이었죠.* 전대협은 나중에 한총련이라는 조직으로 바뀌게 되는데 이념적으로 더 급진화합니다.

* 임종석은 2017년 5월 문재인 정부의 초대 청와대 비서실장이 됐습니다.

그런데 이때는 학생운동 세력이 한편으론 급진화됐지만, 다른 한편으론 소멸해가던 시기였습니다. 서산에 지는 노을처럼, 약화 또는 소멸하면서 마지막으로 급진화했다고 할까요. 제가 했던 얘기 중에 우리나라 독재정부 시기에는 주요 정치세력으로는 한쪽엔 군이 있었고, 다른 한쪽엔 학생이 있었다는 말이 있죠. 군부 쿠데타가 어려워지고 군부세력이 도태되면서, 동시에 학생의 정치적인 비중도 약화되기 시작했다는 말입니다. 그렇게 학생운동 세력이 약화되는 막판에 급진화했던 시기가 노태우 정부 시기였습니다.

문민정부의 '세계화' 전략 논란과 외환위기

지난 시간에 독재정권 시기, 우리나라 정치세력의 두 축이 민주화 이후 동시에 전면에서 퇴진하게 됐다는 이야기를 했었죠. 이런 정치 환경은 사실상 김영삼 정부 시기에 구체화됩니다.

김영삼 대통령은 과거 민주화 세력, 야권 진영에 있다가, 군부정권 세력과 통합하는 3당 합당(비판적인 시각으로는 3당 야합이라고도 합니다)을 통해서 결국 대통령이 되었지요. 김영삼은 당시에 3당 합당에 대한 비판적 지적이 있을 때 '구국의 결단'이라고 설명했죠. 호랑이굴에 들어가야 호랑이를 잡을 수 있다는 얘기도 했습니다. 당시, 나중에 대통령이 됐던 노무현 의원 등은 반대하고 동참하지 않았죠. 오늘날 새누리당으로 이어져 온 (구)여권의 정당 기반이 3당 합당을 통해 그 전형이 형성됐다 할 수 있겠습니다. 현재는 또 변화의 계기를 맞고 있죠? 바른정당으로 분열되었고, 어떻게 될지는 더 지켜볼 부분입니다.

그러면 우리나라에서 여당의 개념은 어떻게 만들어지지요? 앞서 얘기한

적이 있듯이, 국무총리 훈령으로 대통령이 소속된 정당을 여당으로 규정하고 있습니다. 그 당과 연합하는 정당도 여당으로, 당정업무 협조 대상으로 규정하고요. 현재에는 대통령은 없고 대통령 대행이 있는데, 대행은 총리로서 지금 정당 소속이 아니죠. 그러기 때문에 여당이 없다고 볼 수 있겠습니다.

여당은 그냥 이름만 있는 게 아니라, 규정상으로 정부의 공무원을 파견받을 수 있는 등등의 근거가 있습니다. 그런데 현재 파견받아 있는 공무원이 있다면 여당의 지위를 상실했기 때문에 원직으로 복귀를 해야 할 겁니다. 과거에 보면 여당에 파견 근무를 했다가 다시 공무원으로 되돌아갈 때 직급을 올려서 가는 출세의 통로가 되기도 했습니다.

현대그룹 회장, 정주영의 정치실험

김영삼 정부의 탄생 과정을 이야기하는데요, 당시 김영삼 대통령이 당선됐던 1992년 12월 대선에서 주목할 만한 게 또 하나 있다면 현대의 정주영 회장이 통일국민당(국민당)을 만들고 대통령 후보로 나선 겁니다. 그전 3월 총선에서 국민당은 31명(지역구 24명, 전국구 7명)의 국회의원을 배출합니다.

당시 국민당 소속으로 알려진 기억나는 국회의원 있습니까? 코미디언 이주일 씨가 국민당 소속이었습니다. 탤런트 강부자 씨도 당시 국회의원을 했고요. 대선에서 정주영 후보가 16.3%를 얻었습니다. 그때 내세웠던 파격적인 공약 중 하나가 반값 아파트입니다. 국민이 상당히 깜짝 놀랄 만한 반가운 공약이었죠. 더군다나 정주영 후보 본인이 현대건설 등 건설업을 직접 해본 사람으로, '내가 해본 사람인데 충분히 가능하다'고 하는 말이 어느 정도 설득력이 있었을 겁니다. 그랬으니까 16.3%가 나왔겠죠. 당사자는 생각보다 지지를 많이 못 받았다고 그랬어요.

초원복집 사건과 김기춘의 법기술

초원복집 사건이라고 들어보셨어요? 김영삼 대통령이 당선된 1992년 대선을 1주일 앞둔 12월 11일, 부산의 초원복국 음식점에 모여, 김영삼 후보의 승리를 위해 지역감정을 동원하고 조직동원을 하자고 김기춘 전 법부장관을 필두로 부산지역 기관장들이 모의한 사건입니다. 이 비밀 회동에서 '부산, 경남 사람들 이번에 김대중이 정주영이 어쩌고 하면 영도다리 빠져 죽자', '민간에서 지역감정을 부추겨야 돼', '우리가 남이가' 같은 지역감정을 부추기는 발언이 나왔다고, 정주영 후보 소속의 국민당 관계자를 통해 언론이 폭로했습니다.

그런데 지역감정 동원과 공무원의 선거개입은 처벌받지 않았고, 오히려 폭로한 국민당 관계자만 도청을 했다는 책임으로 처벌을 받았습니다. 특히 지역감정 동원 회동의 주모자급인 김기춘은 헌법 소원까지 빌려 선거법 위반 혐의를 비켜갑니다.

김기춘은 최근 국정농단과 관련해서도 법망을 미꾸라지처럼 빠져나간다는 뜻으로 '법꾸라지'라는 별명으로 불리게 됐죠. 청와대 비서실장 시절 '정윤회 문건' 처리에서도 똑같은 기술을 발휘한 바 있죠. 지역감정 동원 음모나 비선실세들의 국정 농단이라는 사건의 내용이 아니라 정보획득 과정에서 도청이나 유출 문제를 사건의 초점으로 만들어 빠져나가는 수법 말입니다. 김기춘 등이 도우려던 이해 당사자인 김영삼 후보 측도 초원복집 회동이 음모라며 역공을 취했습니다. 실제 선거에서도 지역감정 동원에 대한 비판보다는 오히려 지역감정이 동원되는 역풍이 있었고, 결과적으로 그 폭로가 김영삼 쪽에 오히려 도움이 됐었다는 해석도 있습니다.

1992년 14대 대선에서 정주영 후보가 대통령에 나선 이유로 '내가 직접 대통령을 해야겠다'고 한 말도 의미 있는 대목이었습니다. 5공 청문회를 통해서 어쩔 수 없이 대통령한테 돈을 줘야 했다는 말을 한 적이 있었죠. '대통령에 돈 줘가면서 기업을 할 바에야 내가 직접 대통령을 하는 게 낫겠다'는 이야기였습니다.

이걸 보자면 이른바 정경유착 얘기를 할 수 있는데요, 정치권력과 기업의 관계는 역사적 시기에 따라 변하게 됩니다. 우리나라 초기에 대기업들은 어디에 의존해서 컸느냐? 국가에 의존해서 컸어요. 국가가 기업을 해외에 보증해주고 돈을 빌려온다거나 하는 방식이었습니다. 대부분의 후발국가들은 다른 나라의 기업, 또는 다국적 기업들이 그 나라에 직접 들어왔는데, 우리나라의 경우는 돈을 빌려와 우리가 산업화를 주도하는 방식이었습니다. 초기에는 개별 기업들이 돈을 빌려오기도 어려웠죠. 당연히 국가가 빌려왔고, 국가가 빌려오는 중에 보증 서는 과정에서 돈을 떼어가고 기업들을 좌지우지할 수 있었겠죠.

그런 역학관계가 1980년대 중반쯤 되면서 변하게 됩니다. 기업 스스로가 많이 커버린 거죠. 이제는 기업이 정권에 자발적으로 갖다주지 않을 경우도 있고, 달라고 하면 줄 수밖에 없지만 뺏겼다는 느낌을 가질 수 있죠. 정주영 씨 같은 경우가 그랬습니다. 그러니까 5공 청문회에서 기업 하고 살려니까 전두환 정권 세력에게 돈을 줄 수밖에 없었다고 한 겁니다. 그 이후로 점점 기업의 권력이 커졌겠죠.

그래서 노무현 대통령 시기에 노무현 대통령이 그런 얘기를 한 적이 있었죠. '이제 권력은 기업으로, 시장으로 넘어갔다.' 그런 역학관계 속에서 정주영 씨가 '내가 직접 대통령이 돼서 운영해보겠다'면서 출마한 거였는데 뭐 당선은 되지 못했죠. 당시 김영삼의 최대 경쟁자였던 김대중 역시 결국은 세 번째 도전에서 패배하고 바로 다음 날 정계 은퇴를 했었죠. 은퇴하고 영국에 갔었는데 다시 복귀를 하게 됩니다.

김영삼 정부 시기에 기억이 날 만한 정책들을 든다면 가장 대표적인 게 뭐가 있을까요? 금융실명제를 많이 얘기하더라고요. 그리고 김영삼 정부에 들어와서는 정부 이름을 새롭게 붙였습니다. 그동안 각 정부의 이름은 대개 제1공화국, 제2공화국 이런 식으로 붙였는데, 그대로 보자면 김영삼 정부는 제6공화국의 2기가 되겠죠. 그런데 제6공화국이 노태우 정부부터 시작된 거니까 노태우 정부와는 뭔가 다른 정부라고 구분해주기 위해서 '문민정부'라고 불러달라, 아니면 그냥 김영삼 정부로 불러라 이렇게 했던 겁니다.

김영삼 정부, 군부 - 학생의 퇴진과 시민단체의 등장

재야 세력이나 학생운동 세력이 제도 밖 활동의 중심이었다가, 김영삼 정부 시기를 거치면서부터는 시민단체가 활성화되기 시작했습니다. 6월 항쟁을 거치면서 민주화가 일정하게 이뤄졌고 시민운동이 필요하다는 인식이 있었죠. 여러 시민단체가 있었겠지만 가장 큰 규모의 시민단체로는 1980년대 말에 출범한 경실련, 경제정의실천시민연합이 있습니다. 경실련을 대표했던 분이 누구인지 아십니까? 최근에 태극기집회에 많이 나오고 있는 서경석 목사가 시민운동을 초기에 주도했던 분입니다. 그래서 국회의원 후보로도 출마하고 했었죠. 민주화운동도 꽤 했던 분이고 진보운동도 꽤 했던 분인데 당시 사무총장 직함으로 경실련을 이끌었죠. 지금은 확실하게 보수로 돌아섰습니다. 그 돌아선 계기가 탈북자 운동을 하게 되면서 북한 민주화운동을 한 거였고요. 그 관점에서는 충분히 그럴 수 있다고 봤는데요, 그런데 진영이 갈리다 보니까 다른 노선도 보수 진영으로 같이 가버리게 됩니다. 그런 사람들이 꽤 많이 있습니다.

어쨌든 초기의 시민운동을 대표적으로 주도했던 게 경실련의 서경석 목사고요, 그리고 최근에 자유한국당 비대위원장을 맡고 있는 인명진 목사도 있습니다. 그분은 초기엔 노동운동을 했고 자유한국당 비대위원장으로 가기 전에 경실련 공동대표를 했죠. 자유한국당 비대위원장으로 가자 경실련에서 비난 성명을 내고 영구 제명까지 했습니다.

경실련이 먼저 생겼고 그다음에 김영삼 정부 때 큰 조직이 몇 개 생기게 되죠. 최열 씨가 주도한 환경운동연합이 이때 생겼어요. 최열 씨는 환경운동연합 이전에 공해추방운동연합을 주도했습니다. 용어가 좀 생소하죠? 공해 관련 운동이 환경운동으로 확대가 된 거죠. 그다음에 박원순 서울시장이 당시 변호사 자격으로 주도했던 참여연대, 대표적인 시민단체죠.

지금도 아마 경실련, 환경운동연합, 참여연대가 대표적인 대규모 시민운동단체라고 할 수 있을 겁니다. 현재 회원 수로는 환경운동연합이 가장 크다고 얘기합니다. 경실련이 상대적인 주목은 덜 받고 있긴 하지만 활동은 계속해오고 있습니다. 아마 그런 변화과정 속에서 경실련이 이념에서 비교적 중립적이라는 평가를 받고 있고요. 참여연대는 경실련보다는 당시 개념으로서는 좀 민중적인 그런 속성을 반영하는 단체가 되자는 취지도 있었습니다.

아까 김영삼 정부의 대표적인 업적으로 금융실명제를 말했는데, 김영삼 정부에 들어와서 개혁이라는 단어가 굉장히 일상적인 구호가 됐습니다. 김영삼 대통령의 사투리 발음으로 '개핵'이라는 말이 유행이 될 정도였죠. 그런데 개혁, 무엇을 개혁의 대상으로 삼느냐에 따라 다르지 않겠어요. 심지어는 보수 진영 내부에서도 개혁을 화두로 던지기도 합니다.

지금 박근혜 전 대통령이 탄핵된 이후에 개혁을 내건다면 어떤 것들을 개혁의 과제로 삼아야 될까요? 부정부패, 정경유착의 고리를 끊는 것, 견제받지 않는 권력, 견제받지 않는 대통령. 이런 것도 개혁의 과제로 삼아야 겠죠. 그리고 무소불위의 사법기관을 어떻게 개혁할 것인가, 결국은 시민통제를 강화해야 하고 그래서 일정한 책임자급은 선출직으로 하는 게 낫지 않느냐 이런 얘기도 하고 있죠. 검찰, 경찰, 그리고 사법부도 선출직제의 도입이 필요하다는 주장이 나오고 있습니다.

어쨌든 김영삼 정부 때가 개혁이 일상적인 화두로 등장했던 시기였습니다. 더불어 국제적으로 당시 이른바 세계화가 급속하게 진행되던 시기였습니다. 소련 붕괴도 있었고요. 사회주의권의 붕괴로 동서의 냉전의 한 축이 무너지죠. 그 축이 무너지니까 냉전의 진영을 넘어 급속하게 세계화가 확산됩니다. 세계화라는 개념은 뭐였겠습니까? 국가를 넘어서는 교류접촉이 많아졌다는 거죠. 국가를 넘어선 교류가 확산되면서, 과연 국가의 역할은 그대로 유지되는가? 이런 질문들도 나왔습니다.

세계화를 국가 전략으로 내건 황당한 김영삼 정부

근대 이후의 가장 큰 특징은, 사람들의 삶이 국가를 단위로 이뤄지는 근대 국가 체제 속에서의 삶이었습니다. 보세요, 지금도 내가 어느 나라에 속하느냐에 따라서 정치사회적인 조건, 경제적인 조건도 달라지지 않습니까. 국가가 우리 삶을 규정하는 중요한 틀이 됐는데, 당시에 이렇게 급속하게 세계화가 진행이 되니까, 국가라는 게 과연 어떤 의미를 갖는가, 앞으로 국가의 위상이 변화하게 될 거다, 이런 논의들이 꽤 많이 등장했습니다. 그런데 지금 시기에 보면 어떻습니까? 여전히 국가는 우리의 삶을 구성하는 굉장히 중요한 요소가 되고 있죠. 거의 결정적인 요소죠.

당시 김영삼 정부는 이러한 세계화에 적극적으로 임하자고 나섭니다. 그것에 대해 상당히 비판적인 논란도 있었습니다. 우리나라 같은 데서 세계화 자체가 과연 국정 구호가 될 수 있느냐는 지적도 있었습니다. 세계화는 세계로 나가자는 진취적 의미라기보다, 세계적 개방체제에 동참하자는 거였습니다. 당시 우리나라의 상황에서 세계적 개방체제에 동참하자는 게 국정 구호가 될 수 있느냐는 지적은 타당한 거였습니다.

세계화의 구호 속에서 우리나라는 OECD에 가입하게 됩니다. 일부에서는 우리 스스로 대비하지 못한 가운데 세계화 추세에 흡수당했고, 준비가 안 된 체제에서의 세계화가 결국은 김영삼 정부 말기 때 닥친 외환위기의 한 원인이었다는 주장도 있습니다.

외환위기의 원인에 대한 진단은 다양한데, 원인이 어느 쪽이었든 김영삼 정부는 정권 말기에 외환위기를 맞고 지지율이 6%까지 추락합니다. 김영삼 대통령은 이른바 민주화 이후 첫 문민 대통령으로 개혁을 화두로 던지며 실질적인 개혁 조치도 이뤘습니다. 세계화가 급속히 진행된 시기였고, 그런 가운데 우리나라가 막판에 외환위기를 겪으면서 정권이 마무리됐습니다.

외환위기로 정권을 마감한 김영삼 정부

김영삼 정부 말기에 외환위기를 겪으면서 1997년 대한민국이 IMF 구체금융 체제에 들어갑니다. 이 IMF 체제에 들어가면서 1997년 12월에 16대 대선이 치러졌고, 김대중 대통령이 당선됩니다. 김대중은 이미 1992년 대선에서 세 번째 도전에 실패하면서 정계 은퇴를 선언했다가 복귀했습니다. 복귀 과정에서 찬반 논란도 있었는데, 새정치국민회의라는 정당을 창당하면서 정치 활동을 재개했습니다. 새정치국민회의는 1995년에 창당을 했고 창당 1년 만인 1996년 15대 총선에서 선거를 치르며 제1야당으로 원내에 진입합니다. 이러한 새정치국민회의를 배경으로 1997년 대선에 도전을 하게 됩니다.

김영삼 정부에서 여당은 민자당이었는데, 신한국당으로 이름을 바꿨죠. 1997년 대선을 앞두고 다시 신한국당은 한나라당으로 재편, 승계됩니다. 당시 한나라당에는 대선 후보가 많았습니다. 당시 여당의 아홉 명 후보군을 지칭하는 9룡(龍)이라는 용어도 언론에 자주 등장할 정도였습니다.

참고로 지금 이번 5월 9일 대선을 앞두고 자유한국당도 일단 후보가 아홉 명 등록을 했습니다. 자유한국당이 가장 많이 후보를 등록한 정당이 됐는데요, 정당의 지지가 높아서 예선만 통과를 하면 본선도 승리 가능성이 높아져서 사람들이 후보들이 많이 모이는 경우가 있는가 하면, 다른 경우도 있습니다. 당선 가능성이 없는 가운데 아무나 도전하기 때문에 경쟁자가 많은 경우도 있죠. 자유한국당에 아홉 명이나 후보가 몰리는 게 경선에서 이기기만 하면 본선에서 당선 가능성이 높아서 그런 건 아니죠? 탄핵의 후유증을 안고 있는 자유한국당이 이번 대선에서의 도전을 기대하기가 쉽지 않은 상황입니다.

최근 홍준표 경남지사가 주목을 받고 있지만 5~7% 정도 수준의 지지를 받는 상황이라 기대를 하긴 어렵습니다.* 본선에서의 승리 가능성보다는

● 실제 5월 9일 대선에서 홍준표 후보는, 41%로 당선된 문재인 후보에 이어 24%의 지지에 그쳤습니다.

자유한국당 내부에서의 정치적 입지, 아니면 보수 진영 내부에서의 정치적 입지를 고려하는 출마로 해석하고 있습니다.

이번 조기대선을 두고 '장미 대선'이라고 하죠. 5월에 장미가 피는 계절에 대선을 치러서 그러는데요, 원래 대선은 12월이죠. 12월 18일, 19일, 올해도 아마 정기적으로 치르게 됐으면 12월 20일에 치렀을 겁니다. 그게 18일, 19일 이쯤 된 이유가 대통령 임기를 70일 남기고 나서 첫 번째 수요일에 치르기 때문입니다. 그래서 날짜가 하루 이틀 왔다 갔다 했겠죠. 과거에는 목요일인 적도 있었습니다. 그래서 12월 겨울에 선거를 치르고 어떤 때는 아주 추울 때 투표하러 갔습니다.

앞으로는 특별한 일이 없으면 5월 9일로 임기가 마감되니까, 3월 초 수요일에 대선을 치르게 되겠죠. 올해만 장미 대선이 되는 거고, 그때부터는 3월 초이니 진달래 대선, 개나리 대선이 될 수 있겠네요. 대개 보궐선거라고 하면 새로 당선된 사람이 나머지 임기만 그 역할을 수행하게 되는데, 대통령 보궐선거의 경우엔 임기를 새로 시작합니다. 5년 임기가 되겠죠. 임기가 5월 10일에 시작을 하고 임기 종료 70일 전 수요일에 다음 대통령 선거를 치르니까, 5년 뒤에는 선거일이 3월 초쯤이 되겠죠.

국회의원 선거는 그동안 4월이었습니다. 지방 선거는 6월이었죠. 국회의원 선거는 임기 50일 남기고 나서 첫 번째 수요일에 치른다고 돼 있어서 그렇게 됐습니다.

정권교체로 탄생한 김대중 정부와 정당 연합정치

절묘한 상황이 만든 최초의 여·야 정권교체 대선

앞서서 여당인 한나라당 후보 9룡 이야기를 했었는데요, 그중에서 이회창 전 국무총리가 최종 후보가 됩니다. 그때 후보가 되고 나서 신한국당을 한나라당으로 바꾼 거죠. 형식상으로는 신한국당이 조순 대표를 비롯한 작은 민주당 세력과 통합하면서 한나라당이 됩니다. 이 과정에서 이회창 후보는 외환위기로 여당에 대한 국민 분위기를 나쁘게 만들었다고 김영삼 대통령을 공격하기까지 합니다. 김영삼 대통령은 한나라당을 탈당합니다. 여기에 또 한나라당 경선에 참여했던 이인제 후보가 탈당해 독자 세력으로 경쟁에 나섭니다.

경기지사 출신 이인제 후보는, 당의 공식 후보인 이회창 후보가 아들 병역비리 문제로 정당성도 없고 그에 따른 지지 하락으로 당선 가능성도 없기 때문에 자신이 대안이 돼야 한다면서 탈당합니다. 이회창 후보 아들의 병역비리 논란이 표면적으로 큰 이유가 됐죠. 과연 무엇이 진실인지는 애매합니다. 나중에 일부는 과장·허위로 판명나기도 했죠. 이회창 후보의 지지도에 이상기류가 생겼다 하더라도 당내에서 경선까지 했던 사람이 탈당하는 것에 대한 비판적 견해도 있었습니다.

이 일은 경선에 참여한 자는 동일 선거구에 무소속이나 타 당 후보로 참여할 수 없도록 선거법을 개정하는 계기가 됩니다. 그래서 일명 '이인제법'으로 부르기도 하는데, 정당 독점을 과도하게 보호하는 조치가 아닌가 하는 비판도 있습니다.

실제 선거에서 이인제 후보는 19.2%를 얻어 3위를 합니다. 제3후보로서는 상당히 지지를 많이 받은 편이나, 경선에서 경쟁했던 이회창의 대안이라고 하며 김대중을 넘어 세대교체를 이루겠다고 외치고 나섰던 것치고는 기대에 미치지 못했습니다. 사실 당시 이인제 후보의 부상은 김영삼 대통령의 이회창과의 불화, 또 일본에서의 발언에 힘입은 바도 있습니다. 김영삼 당시 대통령이 일본에서 귀국하는 길에 차기 대선 주자에 관해 기자가 질문하니 '깜짝 놀랄 만한 후보가 등장할 것'이라고 답변합니다. 그동안 예상하지 못한 후보. 이때 언론에서 여기저기 가늠하면서 분석하다가 이인제를 지목했죠.

그럼에도 이인제는 당내 경선에서 패배하고, 탈당 후 국민신당을 만들어서 출마해 19.2%를 얻은 거죠. 이회창 후보가 얻었던 38.7%하고 이인제 후보의 19.2%를 합하면 58%가량 됩니다. 당선된 김대중 후보의 40.3%를 많이 앞서죠. 구여권의 분열에 따라 결과적으로 김대중이 당선되면서 우리나라에서 선거를 통한 여·야 정권교체가 최초로 이뤄집니다.

대의민주주의의 동력과 정권교체

주기적 선거에 토대를 둔 대의제 민주주의에서 정권교체는 아주 중요한 의미를 가집니다. 대의제 민주주의가 작동하는 원리가 뭐냐면, 대표로 뽑힌 사람들과 그 대의제 기구가 제 역할을 못하면 선거를 통해서 심판을 받도록 하는 겁니다.

선거는 대안과 미래를 보고 뽑는 과정이기도 하지만, 기존 권력을 심판하는 기능이 사실 더 핵심입니다. 그래야 주권자 국민을 의식한 대의민주주의가 작동하는 거죠. 지금은 그것만으로도 부족하다고 하지만, 그때까지는 그런 정권교체도 경험하지 못했습니다. 한번 권력을 잡은 세력이 장기집권을 했으니까요. 잘못하면 선거에서 바뀐다는 것을 경험해야 위임받은 기간에도 국민을 신경 쓰게 되고, 그래야 책임 있는 대의민주주의가 작동하게 된다는 겁니다. 그것도 정권교체를 적어도 두 번 이상 경험해야 최소한의 대의제 민주주의가 작동된다고 헌팅턴 같은 정치이론가들이 주장했죠.

최근 박근혜 전 대통령 탄핵 정국은, 이런 주기적인 심판만 가지고는 대의민주주의가 제대로 작동되기가 쉽지 않다는 걸 보여주고 있습니다. 대통령 임기가 5년인데 임기 5년 동안 국민에게 신경 안 쓰고 내 맘대로 하면 어떻게 되느냐, 더구나 5년 지나고 나서는 물러나면 그만이고, 그나마 남은 정당이 책임을 떠맡게 될 텐데….

그동안 집권여당의 행태를 보면 집권 기간 동안에는 대통령에 종속돼 아무런 권한도 행사하지 못하고, 대통령 임기 후에 책임만 떠안게 되는 구조입니다. 권한과 책임이 따로따로니 책임을 전제로 한 대의민주주의가 제대로 작동되기 어렵죠. 그래서 평상시에도 책임지는 제도를 어떻게 할 것인가라는 게 지금의 고민이고, 그 연장선상에서 제도도 바꾸자는 얘기가 나오고 있습니다.

최초의 연합정권, 김대중 정부

김대중 정부가 탄생하는 과정 속에서 주목했던 또 하나의 새로운 현상은 연합정부였습니다. 김영삼 정부의 민자당도 연합정당의 성격이 있었지만, 김대중 정부는 완전히 독립적인 두 정당의 연합 형태로 출발하는데 그게 이른바 DJP 연합이었습니다. DJP는 김대중의 DJ하고 김종필의 JP를 결합한 단어죠. 김대중을 중심으로 한 새정치국민회의와 김종필을 중심으로 한 자민련이 하나의 세력을 형성해서 집권했던 겁니다.

다당제 체제가 흔한 유럽정치에서는 연합정부 현상도 역시 매우 흔하게 나타납니다. 한 정당이 독자적으로 다수를 만들기 어려운 경우 다른 정당과 연합해서 집권하는 거죠. 특히 내각제에서 그런 경우가 많습니다. 그랬을 때 어떤 세력과 연합하느냐, 즉 이념적으로 유사한 세력하고 연합하느냐 아니면 이념적으로 다른 세력하고 연합하느냐를 보면 사례가 비슷비슷합니다.

이념적으로 비슷한 세력은 말 그대로 이념적 친화력이 있기 때문에 연합하기 쉬운 측면이 있겠죠. 그러나 지지기반이 비슷하기 때문에 그렇게 연합의 효과가 크지 않을 수 있고, 또 비슷한 사람 사이에 오히려 경쟁의 가능성이 클 수 있습니다. 과거의 우리나라가 같은 민주화 진영인데도 DJ와 YS 간의 경쟁이 심했던 경우를 볼 수 있을 겁니다. 그래서 실제로는 이념적으로 비슷한 세력끼리 연합하는 경우와 이념적 간극이 있는 세력과 연합하는 경우가 유럽 사례에서 보면 비슷비슷한 겁니다.

이념적으로 간극이 있는 연합은 지지기반이 서로 다르니까 연합의 효과가 크겠죠. 다만 정책에서 어긋났을 때 어떻게 할 것인가 하는 고민이 있을 겁니다. 최근 독일의 메르켈(Angela Merkel) 정부가 사민당과 연합하는 대연정 체제의 정부입니다. 보수 기독민주연합 소속의 메르켈이 사회민주주의 노선의 사민당과 연합하고 있는 겁니다. 그런데 서로 차이가 있는 정책 성향의 정당 세력이 연합했지만, 연합정부를 이끌면서 서로 정책적으로 수렴하더라는 겁니다. 연합의 효과를 얻는 거죠. 그래서 연합하면 비슷한 이념끼리 연합하고, 또 다른 것은 안 된다는 것은 근거 없는 편견이라 지적할 수 있습니다. 정치연합은 목적과 조건에 따라 다양한 세력끼리 이뤄질 수 있습니다.

대연정, 소연정

대연정, 소연정이라고 들어보셨을 겁니다. 대연정은 우리나라식으로 분류하자면 여·야 간에 아예 하나가 돼서 집권하는 것이라 할 수 있겠습니다. 현재 독일이 그런 사례로 볼 수 있겠죠. 독일의 기독민주연합(기민당)은 대개 그동안 기본적으로는 기독사회연합(기사당)과 같이 항상 연합을 해오고 있습니다. 왜냐하면 기사당은 독일의 바이에른 지역만을 기반으로 하고, 비슷한 성향의 기민당은 나머지 다른 지역을 기반으로 합니다. 지역당으로서 역할 분담을 하고 있는 거죠. 이 세력이 독일의 사민당과 연합을 하고 있는 거고요. 서로 집권 경쟁을 해왔던 제1, 제2 세력이 연합을 한, 우리나라로 보자면 여·야가 연합을 하는 대연정이라 할 수 있습니다.

독일로 보자면 과거의 슈뢰더(Gerhard Schroeder) 총리가 집권했을 시기에 적록(赤綠) 연정이라고 있었습니다. 여기서 적(赤)은 사회당 계열을 이야기하고요, 당시의 사민당이었겠죠. 녹(綠)은 녹색당입니다. 기준이 조금 다르긴 하겠지만 상대적으로 진보적인 정당끼리 연합했던 경우로서 소연 정입니다. 우리나라에서 대연정이라고 하면 여당과 제1야당이 연합하는 경우이고, 그냥 연정 또는 소연정 얘기를 한다면 나머지 야권 내부라든가, 나머지 작은 정당들을 큰 정당이 같이 연합하는 방식이라고 할 수 있겠습 니다. 누구와 어떤 방식으로 연합할 것인가 하는 건 각 정치세력의 전략과 상황에 따라 달라질 수 있을 겁니다.

대북 정책도 국내 정치도 포용의 패러다임으로

연대, 후보단일화, 협치

대연정, 소연정, 이런 얘기를 하니까 가끔 방송인 배연정 씨 이름을 덧붙여 농담하는 사람도 있더군요. 연정과 함께 얘기되는 협치를 먼저 살펴볼까요. 그전에는 영어로 거버넌스(governance)라는 말을 쓰면서 간혹 협치로 번역되기도 했었죠. 정당 간의 협치보다는, 공식적인 대의제 기구 그리고 시민사회와 함께 정부를 이끌어가는 양식을 의미하는 거였습니다. 요즘 쓰고 있는 협치라는 말은 정당 간에, 또는 여·야 간에 서로 협력해서 공동으로 꾸려가는 걸 이야기하는 것 같습니다. 과거에 썼던 협치 개념하고는 좀 다르다고 볼 수 있겠습니다.

2010년 지방 선거를 두고 연정 얘기가 많이 나왔습니다. 야권 연대 얘기도 나왔었고. 그런데 연대라고 하면 대개 선거 끝나고 나서 자신들이 받은 지지를 가지고 그 지분만큼 결합하는 연립정부에서 주로 쓰이는 말입니다. 선거 후에 하는 거죠. 그런데 우리나라에서 연대가 나왔을 때는 선거 전략으로 나왔던 겁니다. 사실상 후보단일화 전략이었죠. 국제적으로 보았을 때, 선거 후에 연립정부 형태의 연대는 흔하지만 선거 전 후보단일화 전략으로서 연대는 그렇게 많지는 않습니다. 우리나라에서 연대는 주로 선거 전 후보단일화를 말하는 거였습니다.

최근에는 더불어민주당 후보를 중심으로 대연정론이 제기되고 있습니다. 구여권 쪽에서도 계속 연대가 거론되고 있습니다. 반문연대, 비문연대, 반패권연대 등입니다. 또 어느 세력하고 서로 연대할 것인가도 논란거리가 되고 있죠. 바른정당은 분당 전에 새누리당으로 함께했던 자유한국당을 연대의 대상으로 삼을 것인지, 아니면 현 야권 계열의 국민의당을 대상으로 할 것인지도 얘깃거리가 되고 있습니다. 어느 쪽이든 후보단일화를 통한 연대는 쉽지 않을 겁니다.[*]

사실은 이미 후보단일화가 아닌 다른 형태의 연정도 경험하고 있습니다. 지난 시간에 했던 DJP 연합은 확실한 연합정부였고요. 현재 지방자치 차원에서는 남경필 경기지사가 연정을 꾸려가고 있습니다. 그 연정의 방식은 당시 새누리당 소속의 남경필 경기지사가 더불어민주당 쪽에 자신이 임명하는 정무부지사 몫을 할애하는 거였습니다. 그러면서 더불어민주당이 다수를 차지하고 있는 도의회와 협력을 도모하는 도정 운영 방식이었죠. 이런 경험을 토대로 지방자치 단체장 출신들이 향후 한국 정치의 과제를 연대, 협치로 말하고 있습니다. 남경필 지사 외에도 안희정 충남지사, 원희룡 제주지사 등이 해당됩니다.

최근에 연정이나 협치가 제기되고 있는 배경을 보면 서로 다른 배경이

---

[*] 결국 후보단일화 없이 주요 후보들이 그대로 대선에 나섰습니다.

섞여 있습니다. 먼저 협치라는 측면에서 보자면 한쪽이 독재를 해서 일방적으로 국가를 운영하지 말고 반대쪽 의견도 듣고 하는 쪽으로 가야 된다는 취지입니다. 박근혜 정부에서 봤지 않느냐, 지난해 4·13 총선의 결과는 그런 것을 요구했다, 지금은 4당 체제이기 때문에 불가피하게 협치로 갈 수밖에 없는 협치의 시대다, 이렇게 말하고 있습니다. 연정에는 이런 협치의 필요성도 있고, 경쟁을 위해 연대하자는 측면도 섞여 있습니다.

포용 패러다임의 정치노선 김대중

협치의 필요성은 독점의 한계와 맞물려 있습니다. 한국사회 권력 독점에 유격 현상이 처음으로 생기려고 했던 게 김대중의 집권에 의한 최초의 정권교체였습니다. 최초로 정권교체가 되다 보니까 우리나라의 권력 카르텔에 새로운 양상이 나타났습니다. 우리가 사회 전체적으로 권력을 보자면 국가권력을 주도하고 있는 정치권력이 있을 수 있겠고, 기업 등의 경제권력, 자본권력이 있을 수 있겠죠. 또 방송권력, 언론권력이 있을 수 있겠고 아니면 문화계 권력도 있을 수 있겠죠. 지난번 블랙리스트가 나왔을 때는 김기춘은 '우리나라 문화권력은 좌파 빨갱이들이 장악하고 있다' 뭐 이런 식으로 주장도 했었죠. 그렇게 섞이는 현상도 정치권력이 바뀌면서 생겨난 것이기는 합니다만, 일반적으로 영역마다 권력의 주도세력, 즉 권력자가 조금 다를 수도 있을 겁니다.

우리나라는 오랫동안 특정권력이 장기집권을 하다 보니까 모든 사회영역을 특정 성향의 특정 세력이 장악했지 않았겠습니까. 정치권력뿐만이 아니라 경제권력, 문화권력, 언론권력 다 한통속 집단이 지배한 겁니다. 어느 사회든지 일정 정도 그런 성향이 나타날 수 있지만, 우리나라의 경우 산업화 과정과 함께한 장기 독재정권 체제에서 더욱더 확실한 권력 카르텔이 구축됐다 할 수 있습니다. 그런데 최초로 정치권력이 바뀌게 된 거죠. 각 영역별로 주도 권력이 서로 어긋나 있다면 사회체계에서 좀 더 견제와 균형이 작동할 수 있지 않겠어요? 다양성도 유지가 되고. 그런데 한쪽이 너무 오랫동안 국가의 전 영역을 지배해버린 겁니다. 불균등, 불평등이 완전히 체제화된 거죠.

더구나 우리나라는 세계에서 드물게 정치권력 중심의 사회라고 했죠. 그 배경에는 중앙집권체제가 있고. 중앙집권의 권력을 장기집권하면 그 지배적 효과가 그만큼 크지 않겠어요. 그런데 최초로 야당이 정권교체를 통해 정치권력을 잡게 됩니다. 뭔가 기존의 권력 카르텔에 새로운 요소가 들어가지 않았겠습니까? 갈등이 생기고 어긋나고, 처음으로 눈치를 좀 보려 하고. 그러나 권력 자체가 바뀐 게 아니라 정치권력에 틈이 조금 생기려다가 만 그런 상태였죠. 김대중 정부 시기, 우리나라에서 지배권력의 카르텔에 유격 현상이 조금 생기려다 말았던 그 시기였다고 볼 수 있겠습니다.

그뿐 아니라 정치 패러다임에도 조금 변화가 있었습니다. 야당이 최초로 정권을 잡았기 때문에, 구(舊)집권세력에 대한 보복이나 청산이 시도될 수도 있습니다. 그러나 김대중 정부는 기존 세력을 뒤엎는 방식이 아니라 포용하는 방식으로 갔습니다. 김대중 정부 얘기를 하면 대(對)북한 정책에서 포용, 햇볕정책만 얘기하고 있는데 사실은 국내정책도 비슷하게 포용적이었습니다. 출발 자체가 이미 DJP 연합으로 집권했던 것 아니겠습니까. 경제정책은 완전히 JP 계열, 김종필 계열이 주도하는 그런 상황이었습니다.

우리나라 이념을 대표하는 영역이 뭐였죠? 제가 여러 번 이야기했었지만, 주로 북한 관련 문제 아니었습니까. 북한 문제를 담당했던 통일부, 심지어 국정원까지 거의 보수 진영에 있던 사람들을 포용해 책임자급으로 임명했습니다. 심지어 독재정권 시기 국정원에 있던 사람들을 쓰기도 했죠. 대표적으로 강인덕 초대 통일부장관이 있죠. 지금 햇볕정책론자로 바뀌었지만 경남대 총장을 하고 있는 박재규 통일부장관, 이어진 임동원 장관도 과거에는 그쪽에 있었죠.

나중 얘기입니다만 김대중 대통령에게 박근혜가 찾아갔을 때도, 박근혜가 용서를 비니까 김대중 대통령이 '아버지가 찾아와서 나한테 비는 것 같다' 할 정도로 화해를 하면서 포용의 자세를 보였습니다.

그러나 김대중의 포용적 정치 패러다임은 이어지지 못합니다. 김대중 정부를 승계했다고 하는 노무현 정부는 조금 다른 스타일이었습니다. 시민혁명도 주장하면서 청산주의적 경향을 보였습니다. 노무현 정권 주도세력 일부의 이런 경향은 나중에도 이어져, '친노 패권주의'라는 비판을 낳기도 합니다. 어쨌든 우리나라 정치 패러다임의 최초 변환기였다고 하는 걸 김대중 정부 시기 또 하나의 특징으로 지적할 수 있겠습니다.

뉴밀레니엄 시대

김대중 정부 때 2000년대, 21세기로 세기가 바뀌었습니다. 21세기는 몇 년부터입니까? 정확하게는 2001년부터인데요, 그 무렵 가끔 이게 퀴즈로 나오기도 했었죠. 우리가 최초의 해를 0년으로 시작하는 게 아니라 1년부터 시작하니 다음 2세기면 101년부터이고, 이렇게 해서 2001년이 21세기의 시작입니다. 그래도 천 단위가 2로 바뀌니까 2000년부터 새로운 세기의 축제가 시작됐습니다. 새천년, 뉴밀레니엄(new millennium). 당시 연도 표시에 19로만 시작하다가 20이 되다 보니까 많은 게 교체되고 새롭게 적응해야 했습니다.

간판들도 많이 바꿔야 했고, 디지털 시계, 컴퓨터의 시계와 날짜 등에 예상치 못한 버그가 나오지 않을지 걱정도 많았습니다. '밀레니엄 버그'라고 했죠. 'Y2K'라는 단어도 많이 회자됐습니다. 'Y'는 Year고 'K'는 Kilo에서 따온 말입니다. 학번도 논란이 됐습니다. 왜냐하면 그전에는 79, 89, 99 식이다가 2000년대로 바뀌니까 00학번이 되는 게 영 어색했거든요. 그런데 그 0번대 학번도 지나서 벌써 2017년이 됐군요. 그만큼 세월이…. 그때는 하여튼 정권교체에 세기의 전환까지 걸쳐 있던 변혁기였습니다.

집권당이었던 새정치국민회의를 시대변화에 맞춰서 바꿨던 게 새천년민주당이었습니다. 새천년으로 시대의 변화를 반영하겠다는 것이기도 했지만, 집권 이후 새로운 정당체제로의 전환이 필요했습니다. 기존의 새정치국민회의는 사실상 김대중의 집권을 목표로 했고 그 목표는 달성됐던 겁니다. 새로운 세력의 충원이 핵심이었습니다. 기존의 김대중 지지 세력을 넘어 다양한 세력을 포용하는 것과 젊은 세대를 충원해 새로운 천 년의 주역이 되도록 하는 거였습니다. 새롭게 가세하는 젊은 세대를 두고 당시에 '젊은 피'라는 말이 언론에 오르내렸죠. 새천년민주당뿐만이 아니라 다른 정당들에서도 '젊은 피' 수혈은 공통의 의제였습니다.

그런데 그 젊은 분위기가 또 한 번 이어지게 됩니다. 그 계기는 정치적 사건이 아니라 2002년 월드컵이었습니다. 월드컵 개최, 한국 선수단의 선전, 특히 붉은악마 응원문화는 스포츠나 사회문화 현상뿐만이 아니라 정치를 포함한 우리 사회문화 전반에 영향을 미쳤던 전환기적 계기가 됐다고 봅니다. 나중에 좀 더 이야기하겠지만, 노무현이라는 주변부 인물이 대통령에 당선되는 배경에는 월드컵 응원 등에서 형성된 새로운 사회적 에너지가 있었다고 봅니다.

사회 역동성과 지역구도가 노무현 정부를 낳다

월드컵 에너지가 만든 광장의 정치와 정치적 역동성

월드컵이 우리 사회뿐 아니라 정치적으로도 굉장히 중요한 에너지를 만들었다고 했는데요, 이를 두 측면에서 주목해볼 수 있습니다. 하나는 변화를 요구하는 젊은 세대의 에너지를 만든 겁니다. 또 하나는 광장 문화를 만든 거죠. 광장에 대규모로 모이는 이런 문화를 만드는 데는 인터넷이 매개가 됐습니다. 지금의 촛불집회 문화가 사실 그때 월드컵 시기부터 왔다고 할 수 있죠. 야간 응원은 월드컵 시기에 있던 미군 장갑차에 의한 효순·미순 양 압사사건에 대한 연말 항의집회에서는 촛불집회로 이어졌습니다.

월드컵 분위기 당시 축구협회장을 했던 정몽준이 그 중심에 있었지만, 사실상 노무현의 집권도 월드컵의 새로운 젊은 에너지가 없었다면 불가능했을 거라고 봅니다. 2002년에 정말 월드컵 응원 에너지가 폭발적이지 않았습니까. 그뿐 아니라, 세대가 주목을 받았습니다. 노무현 대통령이 당선된 상황을 분석해보니까 당시에 여당이었던 새천년민주당 계열, 이른바 민주화운동 세력에 속하는 쪽의 지지에다가 젊은 세대의 지지가 압축이 됐습니다. 민주화 세력의 지지에 젊은 세대의 에너지가 가세한 거였죠.

젊은 세대의 비율은 계속 바뀌었는데요, 한때는 20~30대의 비율이 60%에 가까웠던 적이 있습니다. 김영삼 대통령이 당선됐던 1992년 무렵에 당시 통계상 20~30대 유권자 비율을 합해보니 58%가 됐습니다. 지금은 젊은 층이 줄어들어서 34% 정도 될 겁니다. 그러면 젊은 세대의 그런 지지를 받았으면 상당한 격차로 노무현 대통령이 당선됐을 것 같지만 상당한 격차는 아니었습니다. 젊은 세대의 투표율이 낮았죠. 조금 정도가 아니라 엄청난 차이였습니다. 50대, 60대가 70% 정도 투표율이면 젊은 세대의 투표율은 30%대 후반도 나오고, 40%가 안 됐습니다.

인구 구성에서는 50%가 된다고 하더라도 투표율이 절반밖에 안 되면 구성의 영향력이 4분의 1밖에 안 되겠죠. 결과적으로 1990년대부터 2000년대 중반까지 가장 투표 영향력이 많은 세대는, 구성비와 투표 참여율 두 가지를 같이 감안했을 때 40~50대입니다. 당시 2000년대 중·후반까지는 40대가 구성비도 높았고 투표 참여도 적정히 높았기 때문에 가장 투표 영향력이 큰 세대였는데, 지난 대선과 최근에 와서는 점차 50대의 구성비가 늘어나다 보니까 투표 영향력도 50대가 자연적으로 커지게 됐습니다.

우리가 세대를 얘기할 때 두 가지를 감안해야 한다고 했죠. 우선 연령에 따른 변화와 경험의 차이이죠. 일반적으로 조금 나이가 들어가면 보수화돼가는 경향이 있습니다. 변화를 싫어하게 되기도 하죠. 나이가 들면 변화에 대한 위험부담이 커지는 것 아니겠습니까. 60대에 들어서 사업을 새로 시작했는데 망하면 어떻게 되겠습니까. 그런 점이 영향을 미치는 겁니다. 또 이런저런 경험을 쌓으면서 오래 세상을 겪다 보면 남들이 문제 있다고 지적하는 걸 봐도 다 그 나름대로 사정이 있어서 그럴 거라고 생각하게 되는 겁니다. 그래서 학문적으로도요, 이른바 구조기능주의의 학파의 주장 중에 이런 게 있습니다. 현실을 충실하게 설명하다 보면 결국 현실이 그럴 수밖에 없다는 것을 인정하는 게 된다는 거죠. 그래서 연령이 늘어가고 많은 경험을 하게 되면 보수화되는 경향이 있긴 합니다.

또 다른 세대 변수는 특정 세대가 경험했던 시대적 환경의 차이입니다. 그 세대가 어떤 경험을 했느냐에 따라서 세상에 대한 인식과 태도가 다를 수 있겠죠. 우리의 과거의 고령층은 한국전쟁을 경험했던 세대 아니겠습니까. 지금은 60대 후반까지도 전쟁 이후 세대죠. 대신 우리나라에 야권*에 많은 지지를 보내 힘을 보탰던 민주화운동 세대가 지금은 거의 50대 말에서 60대로 넘어가는 시기죠. 앞으로 우리나라 고령층도 고령화에 따른 자연스러운 보수화가 한편으로 있겠지만, 이제 전쟁 세대가 아니고 민주화 세대의 경험이 고령층의 의식에 어떤 영향을 미칠 것인가도 주목할 부분입니다.

월드컵 응원과 관련해서 광장의 정치를 얘기했었죠. 바로 근래에 우리가 촛불집회라든가 반대쪽이 재개하고 있는 태극기집회 등을 통해 볼 수 있듯이 광장의 집회, 이게 어떤 의미를 가졌을까요. 하나는 일반 시민이 직접적으로 정치에 대해 요구를 하면서 영향을 미치고 있다는 점이죠. 과거에는 그런 주장을 하던 사람은 학생이거나 조직적으로 재야운동 하는 사람들이었는데 이제 그 주체가 일반 시민, 보통 시민으로까지 확산됐다는 겁니다.

이런 광장의 정치가 국가운영이나 정책에 실질적으로 반영되게 하려면

● 2017년 현재 집권세력.

어떻게 해야 할까요. 일단의 광장의 목소리를 대변하고 관철시키는 대표자를 구성해야 하겠죠. 역사적으로 보자면 그 대표자를 구성하는 게 결국 대의제였죠. 그 대의제의 형태로 뽑힌 게 오늘날의 국회의원이고 대통령이고 그런 겁니다. 문제는 과연 이들이 국민을 제대로 대변하고 있는 건가, 이런 문제의식을 항상 갖게 만든다는 거죠. 시민의 요구를 즉각적으로 잘 반영하고, 소통하고, 공감하는 대의제가 되도록 하기 위해서는 어떤 개혁이 필요한가, 이런 문제의식이 생기는 겁니다.

그런 가운데 지난 1991년에 부활됐던 지방자치 문제가 다시 주목을 받는 거죠. 아무래도 국가 차원에서는 시민의 의견이 직접 반영되기 힘들겠죠. 규모가 워낙 큰 데다가 의견이 다양하니까요. 그래서 직접민주주의적인 요소가 강하게 반영되는 대의민주주의를 운영하려면 현장 중심, 국민이 근접할 수 있는 그런 영역이 돼야 한다, 그래서 이후에 개혁을 할 경우에는 기능적인 차원에서의 분권형 대통령제 같은 방식의 분권도 필요하지만 지방 분권이 강화될 필요가 있다고 보는 겁니다. 이제는 '시민의 목소리를 반영하는 체제'로 개혁을 해야 한다고는 하는데, 구체적으로 생각해보면 막연한 측면이 있죠. 그나마 가장 근접하고 있는 게 현장 정치가 강화될 수 있도록 분권하자는 겁니다.

그런데 지방정치 영역에서 주목해야 할 과제들이 있습니다. 우리나라 근대 정치의 발달은 중앙정치를 중심으로 이뤄져 왔습니다. 그래서 지방정치 영역에서는 경우에 따라서 오히려 후진적인 요소들이 많이 있을 수도 있습니다. 한때 지역 유지들이 주도가 됐던 지역사회는 최근 여기에 조직화된 소수 시민운동 단체들이 가세하고 있습니다. 서로 양 극단에 있다고 볼 수 있죠. 이런 양 극단의 세력이 중앙정치 세력과 결합해 지방정치를 주도하고 있습니다. 또 분권화하려면 자치역량을 키워야 하는데 우리나라는 재정자립도를 포함해서 현재 자치분권적인 자원이 상당히 취약하다는 점이 있습니다. 몇몇 지역을 빼고는 대부분 자치 역량이 취약하지만 지역에 따라 그 격차도 심하죠.

다시 월드컵 응원 문화와 에너지로 돌아가서요, 월드컵 응원에서 시기적으로 바로 이어졌던 효순·미선 양 사건은 야간집회가 정치적인 성격을 갖게 만들었습니다. 미군 장갑차에 의한 압사인데도 미군의 태도가 뻔뻔한 데 대해 분노하다가 미국에 대한 성토로 이어진 거죠. 그런데 이때부터 그 집회에 반대하는 보수 진영의 활동에서 갑자기 성조기가 등장했습니다. 보수단체에서 한미동맹을 강조하면서 나왔던 미국 국기 성조기가 이후에는 특정 보수단체를 상징하는 것처럼 돼버렸습니다. 그런 보수단체에서는 국내 정치와 관련된 집회에도 성조기를 들고 나섭니다.

근래에도 박근혜 전 대통령 탄핵을 반대하는 집회에 성조기가 나부끼고, 좀 이상하죠. 한미동맹을 강조하는 데서라면 성조기를 들고 나올 만하다고 이해할 수 있지만, 박근혜 대통령 탄핵사건에 성조기를 들고 나오는건 이상하죠.

지역구도, 노무현의 집권 배경이자 딜레마

어쨌든 월드컵 세대의 새로운 에너지는 노무현 정부의 탄생에 한 힘이 됐습니다. 또 하나, 노무현 대통령이 집권하게 된 배경에는 역설적이게도 지역주의 구도가 있었습니다. 당시 김대중 이후 새천년민주당의 차기 대선 후보군으로는 경선 직전까지 선두권에 이인제, 한화갑 이런 사람들이 있었고 노무현 후보는 한 3~5위권 정도였습니다. 호남 기반의 김대중 정부와 새천년민주당은 호남에 대한 지역감정이 포위하고 있는 한국 사회의 딜레마를 안고 있었습니다. 이 딜레마를 극복하는 전략으로 변화의 에너지를 담고 있는 영남 출신의 노무현과 결합하게 됩니다.

알다시피 노무현이 차기 후보로 부상하는 결정적 분기점이 광주 지역 경선이었습니다. 여기에서 압도적 지지를 받았죠. 그 원인으로는 노무현 당시 후보의 개인적 매력도 있었지만, 지역적 딜레마에 따른 전략적 선택이라는 점도 있었습니다. 실제 2002년 16대 대선에서 노무현 후보의 출신 지역인 부산, 울산, 경남 쪽에서는 오히려 이회창 후보가 압도했죠. 노무현 후보의 두 배 정도를 이회창 후보가 얻었습니다. 그 대신 노무현은 90%대를 넘는 호남 지역의 지지를 얻어서 당선됐다고도 볼 수 있습니다. 집권 배경에서 지역구도의 딜레마가 집권 이후의 논란으로 이어집니다.

노무현 정부는 집권 이후 행보에서 김대중 정부에 대한 인식의 문제, 대북송금 특검 관련 문제 등 이런저런 발언들이 논란이 되면서 내부에서 갈등의 앙금을 낳습니다. 사실상 그런 문제들이 제대로 정리가 안 된 상태에서 근래까지 왔죠. 그걸 계승하고 있다는 문재인 후보도 실질적이든 감정적이든 그런 문제를 정리하지 못하고 있습니다. 주요 지지기반이면서 이런 지역적 딜레마가 있는 상황에서는 반복적으로 위기가 생깁니다. 그런 문제가 노출될 때마다 광주를 방문해서 이런저런 발표를 하거나 하는데, 이런 것들이 대체로 명쾌하게 해소되지 못했습니다.*

근본적으로 이런 지역구도의 딜레마, 즉 지역적 대표성과 지지기반의 비대칭 구조를 감내할 수밖에 없게 만드는 승자독식의 정치제도는 개혁돼야 할 겁니다. 민주주의 제도는 그 사회의 조건에 따라 여러 형태로 나타나

---

* 다행히도 문재인 대통령은 집권 이후 적어도 초기 행보에서는 그동안의 우려를 상당 부분 해소합니다.

는데, 현행 대통령제와 소선거구제로 대표되는 승자독식의 체제는 현재 한국사회 구조에서 민주적 기능을 하기에는 여러 한계가 있다는 겁니다.

정 치 적 배 타 성 문 제 와 논 란 들

외연 확장의 전통을 압도한 친노의 응집력

지역구도의 딜레마 속에서 노무현 후보가 당의 최종 후보가 되고 대통
령이 됐으나, 그 딜레마가 이후에도 해소됐던 게 아니고 남아 있다고 했지
요? 노무현의 집권 이후에 열린우리당과 민주당의 분당과 갈등도 그 배경
이 있었습니다. 지금 더불어민주당의 문재인 후보와 국민의당 안철수 후
보의 관계에도 호남의 지역적 딜레마가 놓여 있습니다. 뭔가 지금 또 한 번
의 분기점이 되고 있는 그런 상황이죠. 기존의 정당정치 체제가 아예 바뀐
다든가, 그게 바뀌지 않더라도 지지관계가 바뀌든가 했어야 하는데 그런
건 없는 상태에서 지속되고 있습니다. 제가 볼 때에는 정당체제가 바뀌었
을 때 그런 구도가 바뀌는 거지 정당체제가 그대로 있는 상태에서 갑자기
정치적인 성향이 바뀌거나 하기는 쉽지 않겠죠.

그런 딜레마를 안고 두 번 집권했던 민주당에는 상반되는 경향으로 볼

수도 있는 두 전통이 있다는 겁니다. 민병두 의원이 그런 얘기를 해왔었는데, 노무현 대통령이나 그 이전의 김대중 대통령이나 두 사람 다 우리나라 정치에서 그렇게 주류 주도세력은 아니었다는 겁니다. 상대적으로 소수세력이었다는 거죠. 그럼 소수세력이 국정을 주도해서 이끌어가는 방식은 여러 가지가 있을 수 있겠는데, 김대중의 방식은 외연을 확장하는 전략이었다는 겁니다. DJP 연합도 했고 포용 전략도 했고 심지어는 박근혜 당시 국회의원의 사과 때 용서를 하면서 '아버님이 와서 나한테 사과를 하는 것 같았다'고까지 했죠. 그리고 박정희 기념관 건립 지원 약속을 했을 정도로 뭔가 확대하고 포용하는 방향으로 갔다는 겁니다. 사실은 그런 방식이 햇볕정책, 포용정책이었죠. 대북 정책만이 아니라 국내 정치에서도 그랬다는 이야기를 이 시간에 몇 번 한 적이 있을 겁니다.

또 다른 소수세력이었던 노무현 대통령은 어떤 방식이었느냐. 소수세력인데 외연을 확장하고 확대해서 국정의 중심으로 잡으려 했던 김대중 대통령과 달리, 노무현 대통령은 자기 세력의 응집력, 단결력을 통해서 그 한계를 극복하려 했다는 겁니다. 그런데 이 두 개의 전통이 적절히 결합하지 못하는 상황입니다. 최근에는 대체로 자기 집단의 응집력에 토대를 둔 이른바 친노 세력이 더불어민주당을 주도하고 있습니다. 자기 집단의 응집만 중시하면 자칫 배타적으로 보일 수도 있겠죠.

그래서 문재인 후보 진영에서는 인정하지 않으려 하지만, 친문 - 친노 논란도 자기 집단의 응집력과 배타성이라는 양면성에서 부정적인 측면에 주목하는 비판이라 볼 수 있습니다. 문재인 후보의 확장성 부족이라는 지적도 그런 점에서 나왔던 겁니다.*

----

* 집권 초 문재인 대통령은 그동안의 우려와는 달리 각종 연설과 행보에서 통합적인 모습을

노무현 정부의 탄핵 정국

노무현 정부 시기 대표적인 특징의 하나로 탄핵 정국을 들 수 있겠죠. 탄핵 과정을 보면, 구여권 한나라당과의 갈등으로 일어난 것처럼 보이지만 실제로는 여당 내부 분당의 후유증에서 촉발된 측면이 큽니다. 당시 새천년민주당에서 분당해 새로 만들어진 집권당이 열린우리당이었죠. 새천년민주당은 같은 여권 계열이었지만 집권세력이 새롭게 정당을 만들면서 집권세력 밖의 세력으로 남게 된 거죠. 17대 총선을 앞두고 새천년민주당과 열린우리당은 오히려 같은 지지기반을 두고 제로섬(zero-sum) 경쟁 관계에 놓입니다. 노무현 대통령과 여당에서 같은 지지기반인 새천년민주당을 찍으면 한나라당이 된다면서, 자신들에 대한 지지를 호소한 거죠. 여기에서 비롯된 갈등이 법적 논란까지 가면서 노무현 대통령을 국회에서 탄핵하기에 이릅니다.

탄핵으로까지 치닫게 된 건 서로의 갈등만큼 어느 쪽도 양보하지 않은 결과입니다. 당시 국민여론조사를 보면 탄핵에 대해서는 비판적 견해들이 많았습니다. 그러나 동시에 노무현 대통령의 선거법 논란 관련 발언 부분에 대해서는 노 대통령이 사과해야 된다는 여론이 높았습니다. 어느 쪽도 양보하지 않고 여론에 맞서 결국 탄핵까지 가버렸죠. 당시 노무현 대통령의 탄핵 사유로 제기된 법률 위반으로 보자면 이번에 있었던 박근혜 전 대통령과는 차원이 다르죠. 중앙선관위에서 선거법 위반으로 해석했던 거죠. 위반이 되려면 정확하게는 검찰 수사가 진행되고 법원의 판단까지 가야겠죠. 뭐 대통령은 그런 수사의 대상이 아니니까 해석하는 정도였는데

보여주면서 지지를 받았는데, 점차 다시 회귀하는 것 아니냐는 우려도 나오고 있습니다.

그런 갈등이 끝까지 가다가 그렇게 됐습니다. 결국은 대통령의 사과를 요구하는 쪽이 다수이기도 했지만 탄핵에 반대하는 쪽도 다수였습니다.

국회의 탄핵에 대한 민심의 반발, 즉 탄핵 역풍이 세게 부는 가운데 결과적으로는 몇십 석밖에 되지 않았던 열린우리당이 17대 총선에서 152석이라는 과반을 점하게 됐던 거죠. 그러면 그 과반을 점한 무기를 가지고 3년 동안 계속 안정적으로 국정을 이끌어갔느냐, 그러지를 못했습니다. 4월에 선거가 있었는데 선거 끝난 지 3개월 지나고 나서부터 지지가 2등으로 밀리기 시작했습니다. 152석이었던 과반 의석도 재보궐선거를 거치면서 무너지기 시작했죠. 그때부터 임기 끝날 때까지 노무현 대통령과 집권여당 열린우리당에 대한 국민 불신은 회복되지 못합니다.

노무현 대통령에 대해서는 당시나 지금이나 인간적인 매력으로 굉장히 칭송되는데, 당시 국정운영에 대해서는 국민이 비판적 견해를 많이 보였습니다. 여기다가 경제적으로 가장 결정적인 게 하나 있었는데, 그게 부동산 가격 급등이었습니다. 특히 아파트 가격을 잡겠다고 이런저런 정책을 계속 내놨는데 오히려 그 당시에 두 배에서 세 배까지 가격이 뛰기도 했습니다. 국정 주도세력과 국정운영 방식에 대한 불만에다 부동산 정책에 대한 불신이 겹치면서 노무현 정부는 임기 말까지 지지율을 회복하지 못하고 추락하게 됩니다.

조폭과 정치, 권력

최근 정치권 관련해서 조폭(조직폭력배) 동원 얘기가 나오고 있는데 그 얘기를 좀 해봅시다. 과거에 정치권과 조폭 얘기 하면 맨 먼저는 과거 조폭들이 정치 테러에 앞장 섰던 자유당 때가 생각나죠. 그 시절을 배경으로 한

영화들도 많고요. 〈야인시대〉라는 드라마도 있었죠. 〈야인시대〉는 일제 때부터 자유당 때까지 이어지는 조폭들 이야기로서, 조폭과 시대 상황을 결합시킨 것들이죠. 조폭과 정치인들이 가깝게 결탁하고, 조폭 출신이 바로 국회의원이 된 경우도 있지 않습니까. 그때뿐만 아니라 민주화 이후에도 상대 정당의 전당대회를 방해하려고 각목 같은 걸 동원해서 패싸움을 했던 '용팔이 사건'이라고 알려진 사건도 있습니다.

최근에 논란이 되고 있는 조폭 관련 얘기는 그런 얘기는 아니고요, 지역의 무슨 단체들 행사에 안철수가 가서 인사를 했는데 거기에 그 지역 JC청년회의소 임원들도 참석했다는 거 아닙니까. 그중에 지역에서 조폭으로 알려진 유명한 사람들이 있다는 소문을 둘러싼 논란이었습니다. 행사장에서 같이 사진을 찍었다는 건데, 물론 JC 중앙회장은 자기네 임원들을 폄하했다고 항의 성명을 내기는 했습니다.

과거에 이런저런 경력을 가진 사람이 일반 사회단체의 임원이 될 수 있죠. 그 자체가 문제될 수는 없습니다. 지역의 경우 조폭 경력을 가진 사람과 지역 유지의 경계가 애매한 경우가 있을 수 있죠. 그러니 정치인이 행사에 참여하다 보면 이런저런 사람들이 같이 사진도 찍을 수 있지, 그 자체를 문제 삼을 수는 없지 않습니까? 조폭활동 경력이 있다고 정치에 관심이 없어야 되는 건 아니니까요. 대신에 만약 조직적으로 조직폭력배를 동원해서 정치활동을 한다거나 하면 문제가 될 수 있겠지요.

이런저런 행사에 참석하다 보면 사람들이 요청하는 사진도 찍게 되곤 하는데, 그걸 가지고 문제 삼을 수는 없다고 표창원 의원이 SNS에 올렸나 봐요. 적절한 발언이라고 보는데, 이에 대해 항의를 엄청 받은 모양이죠. 이 때문에 SNS 계정이 폐쇄될 정도라고 하네요. 최근 〈베테랑〉, 〈내부자들〉 같은 영화에도 권력(여러 유형의 권력)과 조폭 이야기가 포함돼 있죠.

사실은 서양도 마찬가지였습니다. 오늘 이 개념을 하나 소개하며 마무리할까 합니다.

마피아 국가보다 못한 나라?

근대 국가로 넘어오는 과정의 정치이론에서요, 과도기 국가를 '마피아 국가(mafia state)'라고 합니다. 마피아가 어느 나라에서 태동했는지 아시죠? 이탈리아 시칠리아를 중심으로 마피아가 생겼는데, 왜 다른 곳이 아닌 거기서 생겼느냐에 대해 이런 분석이 있습니다. '공적인 국가기구에 대한 신뢰감이 없으니 사적인 조직에 의존했다'는 겁니다. 앞서 말했던 〈야인시대〉에 나오는 장면을 보면 우리 한국인 조폭들이 시장 상인들을 보호해주고 자릿세를 받아가잖아요. 상인들은 자릿세 내고 보호를 받고 그러는 겁니다. 그런데 그걸 조폭들이 저렴하고 공평하게 해주면서 좋은 소리를 듣는 거죠. 사실상 그걸 제도화시킨 게 국가라고 볼 수 있겠습니다.

만일 국가가 세금은 받아가면서 제 역할을 못한다면 마피아보다 못하다고 얘기할 수 있겠죠. 그러면 공적 기구에 대한 신뢰가 없어지겠죠. 대신에 마피아들은 확실하게 보호해주는 역할을 하고 거기에 해당되는 자릿세든 뭐든 받아가는 그런 관계입니다. 그게 점차로 발전해가고 제도화된 게 오늘날의 대의제라고 볼 수 있겠죠. 거기서 마피아 국가에서는 그 힘이나 주도권이 마피아한테 있는 거죠. 그런데 이것이 민주적으로 발전하려면 힘이 국민한테 있어야 합니다.

그 폭력을 공적으로 제도화한 게 오늘날의 국가 아니겠습니까. 문제는 그 제도화된 폭력이 얼마나 제대로, 공정하게 작동되느냐의 문제겠죠. 폭력의 공적 제도화라고 표현했다시피 제도화의 초기 단계에서는 원초적인 조직폭력 같은 쪽과 서로 결합하는 정치가 많이 등장했죠. 이번 선거에서는 없었고, 없을 것이지만, 이전에는 당의 경선 동원 과정에서 그런 문제가 나왔지 않습니까? 경선 등에서 현장 참여의 필요성을 말하면서도 늘 이런 동원이 문제가 됩니다. 사실 적극적으로 동원하지 않으면, 현장 참여에 한계가 있다고 경험자들은 이구동성으로 말합니다. 그래서 어느 정당이건 간에 일정하게 당연히 동원했을 겁니다. 심지어는 선거인단도 대학생들을 동원했다가 지금 수사를 받고 있는 상황이 생겼죠. 또 다른 정당에서는 렌터카를 제공해서 동원했다고 논란이 되고 있고요. 이 과정에서 종종 또 다른 조직, 조폭이 개입되기도 하는 모양입니다.

그래서 경선 등에서 ARS 모바일 방식이 활용되기도 하는데, 이 또한 문제가 지적되곤 합니다. 그래서 아무래도 현장에 참여하는 게 좋다는 평가도 나오는데, 많은 수를 참여하게 하려면 조직적으로 뭔가를 동원하는 양상이 나올 수밖에 없는 문제가 과제로 남아 있습니다.

다시 돌아가서, 마피아 국가라는 개념을 처음 들어봤을 수도 있을 텐데요, 국가가 제 역할을 못하면, 근대 국가로 발전하기 이전 과도기 상태의 마피아 국가보다 못하다는 소리가 나올 수도 있겠죠.

정권과 정부의 차이는?

우리가 무슨 '정부'라고 할 때하고 '정권'이라고 얘기했을 때하고 어떤 느낌의 차이가 있는 것 같나요. 예를 들면 '노무현 정부/노무현 정권', '박근혜 정부/박근혜 정권'. 어떤 차이가 있을까요? '정부'의 경우는 전체 제도까지 포함해서 얘기하는 느낌이고 '정권'이란 용어를 쓰면 세력을 얘기하는 그런 느낌이 있습니다. 어느 정치세력을 말할 때 그렇게 좋은 느낌으로 쓸 경우가 많지 않죠. 그래서 정권이라고 얘기하면 비판적으로 쓰는 느낌이 있긴 합니다만, 정부와 정권을 그냥 섞어서 쓰기도 합니다.

논란과 파란의 노무현 대통령

노무현 정부, 노무현 정권의 집권과정에 대해서 여러 번 논의했었는데요, 파란을 일으키는 행보를 보자면, 노무현 대통령 후보 때부터 후보직을 걸고 나섰던 일이 있죠. 후보가 바로 되고 나서 2002년 6월 지방 선거를 앞두고 있었는데, 부산·울산·경남 세 군데 지방 선거에서 한 군데 정도는 단체장을 만들어내야겠다, 그렇지 않으면 후보를 사퇴하겠다고 후보직을 너무 쉽게 걸었어요. 부산·경남 출신인 자신이 호남 기반의 새천년민주당 후보가 됐는데, 자신의 지역 기반에 스스로의 체면치레 정도는 해야 후보 자격이 있다는 심정이었겠죠. 그런데 한 석도 못 얻었죠. 말을 세게 해서 논란거리를 자초한 겁니다. 그런 가운데 또 월드컵 분위기가 뜨면서 정몽준 축구협회 회장이 후보로 부상이 되니까 노무현 후보에 대한 지지가 상대적으로 떨어집니다. 그러면서 후보교체 논란이 나오기도 했고요.

노무현 대통령은 취임 이후에도 말을 세게 하곤 했습니다. 예컨대 '대통령직 못 해먹겠다', 대통령 된 지 3개월밖에 안 된 시점이었습니다. 5·18 기념식에 참석하려는 노 대통령을 한총련 학생들이 미국 관련 노 대통령 발언을 문제 삼으며 입장을 저지했던 일이 있었습니다. 뒷문으로 우회해서 입장은 했죠. 행사를 마치고 이후에 5·18 재단 관계자들과 오찬하면서 '이런 식이면 대통령직 못 해먹겠다'고 해버린 거죠. 가볍게 농담식으로 한 것을 언론이 과잉 보도했다는 주장도 있지만, 그런 솔직한 발언들이 대통령직에 대한 기존 인식과 어긋나면서 논란거리를 만들었습니다.

또 연말에 가서는 한나라당 차떼기 사건이 나왔을 때 내가 만약 한나라당이 받은 것의 10분의 1을 넘을 정도로 부정 정치자금을 받았다면 대통령을 그만두겠다고 얘기합니다. 이런 식의 발언을 너무 쉽게 하면서 논란을 자초했고, 그러다 보니 탄핵 논란도 쉽게 가는 측면이 있었습니다. 아무튼 국회에서 탄핵소추안이 가결됐는데 그러나 또 이것도 여론이 저항하고 헌재에서 기각으로 반전이 됐던 것 아니겠습니까. 이런 정도로 파란을 일으켰습니다.

노무현 대통령은 국민이 보기에 대통령 직무 수행 차원이 아니라 개인적으로는 상당히 매력 있는 인물로 인식됐다고 봅니다. 그럼에도 탄핵 시기 빼고는 국정 수행에 대한 지지도가 높지 않았죠. 상당히 낮은 수준이었습니다. 여러 가지 이유가 있겠고 해석도 다양할 겁니다. 당시 우리나라의 대통령직과는 어울리지 않았다는 해석도 있습니다. 노무현 전 대통령을 옹호하는 쪽에서는 대통령은 잘 가고 있는데 우리나라 기득권 세력이 '왕따'를 시키는 분위기여서 그랬다고 주장하기도 합니다. 국민 다수의 평가 속에서는 국정 자체에 대해서는 좋은 지지를 받지 못했습니다. 그러다가 비극적으로 퇴임 1년 3개월 만인 2009년 5월에 투신으로 생을 마감했죠.

최근에 대선 TV 토론에서 홍준표 후보하고 문재인 후보 간에 당시 뇌물 수사 관련 논란이 있었죠. 뇌물 여부를 떠나 가족들이 받은 건 확인됐는데, 노 대통령도 연루가 됐느냐는 논란 중에 돌아가시게 돼서 수사가 중단됐죠. 파란의 대통령이었던 건 분명한 것 같습니다. 민주화 이후의 대통령 하면 노태우, 김영삼, 김대중, 노무현, 이명박, 박근혜 이렇게 여섯 명이 있었고, 이번에 일곱 번째 대통령인데요, 역대 대통령 중에 마무리 시기에 영광스러웠던 경우는 상당히 드물었다고 할 수 있습니다.

정권 승계와 단절의 딜레마

민주화 이후 대통령들

노태우 정권은 역설적인 위치에 있었죠. 군부정권, 전두환 정권을 승계한 정권이라고도 할 수 있죠. 그럼에도 자신의 권력을 만들어준 전두환 정권, 즉 5공의 청산을 담당해야 했고요. 그동안에 우리나라의 독재정권은 주로 반공이라든가 안보를 이념으로 삼고 있었는데, 노태우 정권 시기는 국제적으로는 사회주의 국가들이 붕괴되면서 냉전체제가 깨지는 시기였죠. 이런 국제환경 속에서 대북 관계에서도 상당히 전향적인 지형을 만들었습니다. 지금 우리가 얘기하는 한반도 비핵화가 공식적으로 합의가 된 게 노태우 정부 시기였습니다. 1991년 남북기본합의서였죠.

그리고 사회주의권 국가들하고 우리가 외교 수립을 가장 많이 한 시기가 이 시기였습니다. 사회주의가 붕괴되니까 그쪽 국가들에서도 우리나라를 포함한 기존의 자본주의 진영과 외교관계를 맺으려 했고, 가장 문이 많이 열렸죠. 그때 나왔던 용어 중에서 '북방외교'라는 말이 있었습니다. 러시아라든가 사회주의권 국가들을 겨냥하는 외교를 말하는 거였죠. 이때 북방외교의 주도적 역할을 자임하고 나섰던 정치인이 박철언 씨였습니다. 노태우 대통령과 친인척 관계가 있었죠. 그래서 박철언이 북방외교를 주도해서 이후에 차기 대통령까지도 노리는 그런 전략도 같이 가지고 있었던 걸로 알려졌는데, 김영삼과의 내부 권력투쟁에서 밀렸다고 할 수 있겠습니다. 3당 합당으로 만들어진 민자당 내부에서 김영삼을 구심점으로 한 민주계가 차기 대권 후보를 차지한 거죠.

김영삼 정부는 형식상으로는 노태우 정부를 계승한 정권이죠. 그러면서도 군부정권과의 차별성을 강조하기 위해 문민정부라는 용어를 씁니다. 남북기본합의서를 기본으로 한 대북관계의 새로운 화해 모드는 김영삼 정부로 그대로 이어졌습니다. 그런데 김영삼 정부에 들어서 이런 대북 관계가 특별히 진전되지 못했습니다. 뭔가 대화가 될 듯했다가 오히려 김영삼 전 대통령 스타일로 강경 모드로 나와버리곤 했죠. 당시 전문가들 용어를 빌리자면 '냉탕과 온탕을 오갔던 시기였다'는 표현을 씁니다.

그럼에도 김영삼 정부 쪽 사람들은 당시에 남북 정상 간의 회담이 가장 먼저 성사될 수도 있었다고 말합니다. 북한의 김일성이 사망하면서 무산이 됐다는 겁니다. 그래서 이후에 그다음 정권이던 김대중 대통령이 처음으로 남북 정상회담을 갖게 되는데, 만약 김일성이 죽지 않았다면 김영삼 대통령 때 남북 정상회담이 성사될 수도 있었다는 가정입니다. 결국 노태우 정부 시기에 대북관계가 전면적으로 대화 분위기로 바뀌고 비핵화에 대한 남북합의서가 있었는데 김영삼 정부 시기에는 약간 주춤했던 것으로 볼 수 있겠습니다.

김영삼 정부 시기에는 그렇게 초반에 크게 실점을 한 게 없습니다. 오히려 개혁대통령으로 높은 지지를 받았었죠. 결정적인 실점이 IMF 체제로 들어가게 한 외환위기였고, 그 때문에 역대 최저의 지지를 받고 임기를 끝냈습니다. 물론 이후에 최저 지지율의 신기록을 박근혜 전 대통령이 갱신하긴 했습니다만, 김영삼 대통령 5년 차 마지막 분기 때 지지율이 겨우 6%였습니다. 그래서 정권 재창출을 실패하죠. 3당 합당을 통해서 기존 여권에 들어가 집권을 했는데, 바로 다음으로 정권교체가 이뤄집니다.

김영삼 대통령도 사실상 3당 합당의 연합정부로 집권

김대중 정부의 특징은 연합정권이 최초로 우리나라에 등장했다는 거죠. DJP 연합정권입니다. 그런데 사실은 김영삼 정부도 연합정부의 성격이었습니다. 3당 합당을 통해서 기존의 군부세력과 새로운 민간세력이 합했고, 이를 토대로 집권한 것 아닙니까.

앞서 제가 노태우 정부를 두고 딜레마에 빠져 있던 정권이라고 했습니다. 자기를 만들어준 군부정권을 청산해야 하는 5공 청산을 화두로 떠안을 수밖에 없었으니까요. 김영삼 정권도 비슷합니다. 군부정권 세력과 합당해서 집권했는데, 김영삼 정부 말기에는 그 세력을 제거한 거죠. 하나회 숙청 같은 거는 집권 초에 했었고요. 최종적으로는 역사 바로 세우기를 했죠. 나중에 멀리서 관측해보면 같이 합해서 권력을 잡았다가 나중에는 청산해버리는 그런 개혁을 했습니다. 그래서 우리가 공식적으로는 DJP 연합을 했던 김대중 정부가 최초로 연합정권의 사례를 보여줬다고 하는데, 그 이전에 김영삼 정부도 사실상 연합정권의 성격이었고 정권 말기에 연합세력을 청산 대상으로 삼았다고 할 수 있겠습니다.

중도에 끝난 연합정부들

김대중 정부의 연합정권은 계속 갔느냐? 이것도 깨졌죠. 약간의 이념적 갈등이 결합되면서 붕괴가 됐는데, 집권 기간 실정은 상대적으로 가장 적었던 정권이었습니다. 물론 대통령의 세 아들, 이른바 3홍 비리라는 것도 있었습니다.

그러나 이보다 더 결정적인 어려움은 DJP 연합이 붕괴되면서 나타났습니다. 이념 갈등이 다시 등장하고 지지가 약해졌죠. 상대적으로 진보적인 김대중 대통령이 김종필을 필두로 한 보수세력들을 포용하고 그들과 연합했습니다. 앞에서 말했듯이, 과거에 이념적으로는 아주 보수 진영에 있던 사람들을 이념과 관련된 통일부 쪽에 장관으로 기용하기도 했죠. 그런데 포용과 연합의 축이었던 DJP 연합이 붕괴되면서 정국이 다시 이념적 대결 구도로 가고 지지가 약화됐었습니다. 그럼에도 김대중 정부는 자신의 집권여당을 토대로 정권 재창출에 성공합니다. 노무현 정부가 승계한 거죠.

노태우 정부, 김영삼 정부 모두 승계와 단절의 딜레마에 있었다고 했는데, 노무현 정부는 김대중 정부를 정통으로 승계했을까요? 초반에는 오히려 김대중 정부와 차별성을 만들려고 했습니다. 두 정부를 하나로 묶어 말하는 민주정부 10년은 정권 말기에 만들어졌죠. 집권 초기에는 김대중 정부와의 연속성보다는 3김 정치 청산, 양김 정부와의 차별성을 오히려 강조했습니다. 거기다가 김대중 정부의 대표적인 성과라고 얘기했던 대북 정책과 관련된 송금 특검을 하면서 갈등까지 낳았습니다. 새천년민주당으로부터 열린우리당의 분당 배경에도 그런 갈등 요소들이 포함돼 있습니다. 참 특이하죠. 김영삼 정부도 마찬가지였고, 김대중 정부의 DJP 연합도 마찬가지였고, 노무현 정부도 이렇게 집권의 기반을 재편합니다.

그런데 노무현 정부는 거꾸로 집권 말기에 어려워지면서 오히려 이전의 김대중 정부와의 연관성을 강조하기 시작했습니다. 당시 야당인 한나라당 쪽에서 김대중 정부와 노무현 정부를 하나로 엮어서 '잃어버린 10년'이라고 규정했습니다. 한나라당의 이런 규정이 결과적으로 '민주정부 10년'이라는 개념을 상대적으로 만들게 했고, 취약해진 노무현 정부 세력이 다시 김대중 정부와의 일체감을 강조하면서 '민주정부 10년'이라는 개념이 굳어집니다.

당시 한나라당과 이명박 후보 진영에서 잃어버린 10년, 특히 노무현 정부의 경제 문제를 지적하면서 '경제대통령'을 내세워 집권합니다. 그럼 이명박이 경제대통령으로서 성과를 냈나요? 이명박 정부 사람들의 평가 말고는, 객관적으로 성공한 경제대통령이란 평가는 없죠. 강만수 당시 장관을 브랜드로 하는 '7·4·7 공약'하고 4대강 사업, 그리고 자원외교 정도를 들 수 있겠지만, 알다시피 '7·4·7'에서 성장률 7%, 소득 4만 불, 경제 7위국 모두 실패했죠. 4대강은 논란거리가 되고 있고, 자원외교는 비리 수사 대상이 됐습니다. 다만 이명박 정부 당사자들은 4대강 사업에 대해 여전히 다른 주장을 하고 있고요. 2008년의 금융위기는 정부가 잘 대처한 덕분에 큰 충격없이 지나갔다며, 이명박 정부의 대표적인 성과라고 주장합니다. 이렇게 개별 정권들을 비교해봤는데, 박근혜 정부는 최근에 많이 얘기했기 때문에 추가적인 얘기는 하지 않겠습니다.

지 수 로 살 펴 본 한 국 의 민 주 주 의

민주화 30년의 변화와 과제

1987년 민주화 이후에 지금 30년이 지났죠. 어떤 변화가 있었을까요? 여러 기준과 관점이 있을 텐데요, 일단 민주화, 경제성장과 복지, 대북 문제와 외교, 그리고 정치 리더십과 정치문화 등을 중심으로 볼까 합니다.

민주화 자체가 어떻게 진행이 됐나, 다음으로는 경제성장과 분배 문제가 어떻게 진행이 됐는가, 또 세 번째로는 특히 우리나라에서 중요한 문제인 대북관계와 외교는 어떻게 변해왔는가 하는 건데요. 경제성장, 분배 문제는 우리가 직접적으로 다루기보다는 다른 정치와 관련해서 다루는 정도로 지나갈까 합니다. 그래서 민주화가 어떻게 진행이 됐고 실제로 민주화가 발전적으로 이뤄져 왔는지 아닌지, 이 문제를 살펴보도록 하겠습니다.

'1987년 민주화'는 직선제에 대한 것이었습니다. 대통령을 국민이 직접 뽑는 거죠. 당시에는 대통령을 직접 뽑자는, 아주 초보적인 민주주의를 애기하는 거였습니다. 오늘날에는 민주주의를 이야기할 때 국가를 대표하거나 통치권을 가진 사람들을 시민이 뽑는 것으로부터 시작하죠. 뽑는 방식은 다양하지만 직접 뽑자는 게 당시 민주화의 과제였습니다. 물론 나라에 따라서는 직접 뽑지 않고 간접선거로 선출하는 나라들도 있습니다. 어쩌면 미국의 경우도 간접선거 방식이라고 볼 수도 있겠죠. 상하원 말고, 대통령의 경우에요. 미국의 대통령은 각 주의 대표들, 선거인단이 나서서 선출하는 간접선거 방식이라고 할 수 있겠습니다. 대표자를 뽑아서 그 대표자들이 상위의 대표자를 뽑는 간접 선출방식도 오늘날의 대의민주주의의 한 방식일 수 있습니다.

하나의 방식이라고 해도 좀 덜 민주적으로 보이기도 하죠? 왜곡될 소지가 충분히 있는 방식입니다. 대의민주주의 자체가 사실은 대표를 뽑아 그 대표가 권력을 나 대신 행사하는 것으로, 권력을 내가 직접 행사하는 게 아닙니다. 선출 방식에서 중간 대리자가 있다는 건 자칫 왜곡될 소지가 그만큼 있는 거죠.

특히 우리가 경험했던 간접적인 방식이라는 게 권력에 의해 좌지우지됐습니다. 유신체제 때는 사실상 박정희 대통령을 지지하는 사람들만 통일주체국민회의 대의원이 됐고, 그들이 체육관에서 대통령을 뽑았습니다. 국민이 대표자를 뽑는다는 초보적인 민주주의도 제대로 작동하지 않았던 시대였어요. 이어진 1980년대 제5공화국 때도 명칭만 선거인단으로 바뀌었을 뿐 전두환을 지지하는 의견만 반영되는 간접선거 방식이었습니다.

그러니 우리나라에서는 대통령을 국민의 손으로 직접 뽑자는 것이 일차적인 과제였습니다. 당시에 이른바 '6·29 선언'으로 나왔던 민주화 조치 8개 항목 등 여러 가지가 있긴 했습니다. 그중에는 지방자치 실시도 들어 있었고요, 또 김대중 사면과 민주화 운동 인사들의 석방 등도 포함돼 있었는데요, 좋습니다. 그렇다면 대통령 직선제 정도만 해도 당시 민주화의 과제였는데, 다음 단계, 즉 더욱 진전된 민주화를 말할 때는 어떤 민주화가 더 진행돼야 한다고 그랬겠어요?

대통령을 국민의 손으로 직접 뽑자는 것이 대의민주주의 초보적 과제인데, 이렇게 주기적인 선거를 통한 대의민주주의가 작동되는 원리에 대해서 이야기했던 거 기억나십니까? 대의제는 국민의 손으로 대표자를 뽑고 심판해서 다시 또 다른 사람으로 바꿀 수도 있고 이런 거 아니겠어요? 심판의 두려움을 알게 만들고 책임의식을 가지게 되고 말이죠. 그러려면 정권교체 경험이 몇 번은 있어야 하지 않겠어요?

정권교체가 언제 어떻게 될지 몰라야 국가기구가 중립적으로 역할을 하게 되는데, 우리의 경우는 지금 아직도 국가기구가 중립적이라고 평가하기가 어렵죠. 정권교체가 있었는데도요. 그래서 여러 가지 과제가 있긴 합니다.

민주화 정도라는 것을 가늠하는 민주화지수라는 게 있습니다. 기관마다 지수의 기준이 조금씩 다른데요, 우리나라의 경우도 민주화기념사업회 등에서 우리나라에 부합하는 민주화지수를 연구했던 적도 있습니다.

주목하는 기준과 조사 방식이 다르더라도 역시 가장 초보적인 민주화의 척도는 '정치 참여의 자유가 얼마나 확보돼 있는가'입니다. 조금 전에 얘기했다시피 대표자를 직접 뽑을 수 있는 권한이라든가, 또 내가 나가서 공무를 담임할 수 있는 권리, 즉 피선거권을 따질 때 심지어 연령도 많이 확장되고 내려가야 한다는 얘기를 하는 쪽도 있습니다. 또 우리나라 공무원과 교사들의 경우에 정치 참여가 여러 가지로 제약받는 부분이 있죠. 단체 행동을 제약하고 있기 때문에 우리나라의 정치 참여와 관련해서 UN 등에서 개선 권고를 받고 있습니다. 물론 이런 건 나라의 사정에 따라 판단할 부분이니까요.

결사집회의 자유, 표현의 자유 이런 것도 정치 참여의 자유와 관련된 기본적인 내용입니다. 또 국가기관의 운영과 활동에서 시민의 입장이 얼마나 잘 반영되는가, 즉 시민 통제권이 얼마나 강하게 관철되고 있느냐가 아주 중요한 기준입니다.

지금 우리나라 정부권력, 국가권력이 시민에 의해 잘 통제되고 있다고 보세요, 아니면 권력기관이 마음대로 힘을 행사하고 시민은 권력에 의해 통제되기만 할 뿐이라고 보세요? 물론 시민과 정부, 상호작용하면서 민주적 통제와 국가기관으로서의 역할 수행이 모두 이뤄져야 합니다. 아예 시민이 국가기관을 완전히 장악해버린다면, 국가기관으로서의 권력이 실종돼버리겠죠. 그렇다고 국가권력이 마음대로 그 권력을 행사해버린다면 민주주의가 작동이 안 되겠죠. 시민의 통제와 국가기관의 중립적 독립성이 어떻게 조화를 이루고 작동하고 있는가를 봐야 합니다.

민주주의의 어려움을 말할 때 저는 시민의 의견이 하나가 아니라는 이야기를 합니다. 시민의 이해관계가 서로 충돌하기도 하고, 정치적 견해도 다양합니다. 민주주의가 발전되고 확장된다는 것은 다양한 이해관계와 다양한 목소리를 포용하는 능력이 증대된 정치체제로 발전한다는 겁니다. 우리 몸이 건강할수록 이런저런 다양한 병균이 몸에 들어와도 면역력이 생기고 견뎌낼 수 있게 되는 것에 비유할 수 있을지 모르겠습니다. 그런 점에서 봤을 때 민주화 이후 지난 30년간 우리나라가 과연 그런 공존의 공동체 모델을 발전시켜왔는지 반성적으로 생각해볼 수 있다는 겁니다.

프리덤하우스 자유지수, 헤리티지 경제자유지수, EIU 민주주의 지수

국제기구들이 민주주의라든가 자유에 관한 평가를 많이 하는데, 그럴 때 가장 많이 인용하는 것 중 하나가 프리덤하우스(Freedom House)에서 매년 발표하는 자료입니다. 이를 프리덤하우스 자유지수라고 하죠. 이 자유지수를 중심으로 보자면, 우리나라는 민주화 이후 완전한 자유국가와 부분적인 자유국가의 경계에서 왔다 갔다 하다가 완전한 자유국가 범주로 발전해왔는데, 이명박 정부와 박근혜 정부에 들어서 한두 단계가 후퇴하는 상태입니다.

프리덤하우스는 자유를 기준으로 완전히 자유로운 나라, 자유롭지만 부분적으로 조금 결함이 있는 나라, 완전히 자유국가가 아닌 나라를 구분하는데, 우리나라는 지금은 완전히 자유로운 국가로 분류됩니다. 2016년 결과를 보면 195개 분류대상 국가 중 87개가 자유국가였고, 우리 대한민국은 42번째였습니다. 유감스럽게도 언론의 자유와 인터넷 자유에서는 부분적으로 조금 결함이 있는 나라로 분류됐습니다. 근래에 와서 한두 단계 하향으로 점수가 나온 게 이 언론의 자유 영역이 영향을 미친 결과로 보입니다.

그리고 헤리티지(Heritage) 경제자유지수라는 게 있습니다. 프리덤하우스 자유지수가 정치적인 자유를 중심으로 하는 거라면 헤리티지 경제자유지수는 경제활동 영역 중심으로, 법치와 경제 중심으로 보는 겁니다. 이 기준은 어떤 시각 같습니까? 흔히 이야기하는 보수 진영의 시각 같죠. 경제자유지수를 중심으로는 186개국 대상 중에서 27위, 그러니까 상당히 경제자유국으로는 올라갔다고 볼 수 있겠습니다. 프리덤하우스 지수는 정치참여라든가 언론의 자유라든가 수용력, 포용 이런 걸 얘기했는데 헤리티지 지수는 재산권 관련된 부분이라든가 규제 문제라든가 시장개방이라든가 이런 걸 보니까 보수적인 경제노선의 입장과 거의 비슷합니다.

그래서 어느 것 중심으로 판단할 것인가에 따라 좀 다른데요, 이런 걸 종합해서 ≪이코노미스트≫지의 경제정보센터(EIU)에서 매년 민주주의 지수(democracy index)를 발표하는데, 여기에는 5개 영역을 종합하고 있습니다. 선거 과정, 정부 기능, 정치 참여, 정치문화, 시민 자유 영역이 그것입니다. 이게 민주화 수준을 종합적으로 파악하는 대표적인 지수라고 생각됩니다. 선거 과정이 얼마나 민주적인 것인가, 정부가 민심을 잘 반영하는 기능을 하고 있는가 아니면 일방적인 통치기구가 돼버리는가, 이런 것들이 민주화를 보는 중요한 기준이죠. 이 기준으로 정치문화 자체가 과연 얼마나 민주적인지를 볼 수 있겠죠. 시민적 자유는 프리덤하우스의 자유지수에 해당하는 것으로 보면 되겠습니다.

정의를 독점하는 배타적 반민주 정치문화와 그 극복과제

우리나라가 대의민주주의를 도입했지만, 가부장적이고 권위주의적인 정치문화가 지배적이었다고들 했습니다. 독재정권에 대한 저항, 민주화 경험, 촛불집회 등 시민적인 경험을 확대해가면서 시민적, 참여형 정치문화로 많이 발전해왔다고 볼 수 있겠습니다.

그런데 근래에 특이한 정치문화가 우리 편 아니면 나쁜 사람, 적대적인 관계로 보는 그런 배타적인 문화가 상당히 돌출되는 경향이 있습니다. 예를 들어 '양념부대' 논란이 있었습니다. 양념부대라는 말은 더불어민주당 내부의 대선후보 경선 토론 과정에서 이재명 후보가 문자폭탄의 문제점을 지적하자, 문재인 후보가 '치열하게 경쟁하다 보면 있을 수 있는 일', '경쟁을 더 흥미롭게 만들어주는 양념 같은 것'이라는 답변을 하여 비판적으로 만들어진 말이죠. 누군가가 자신들의 마음에 들지 않으면 전화, 문자나 SNS를 통해서 공격하는데, 이게 인터넷과 SNS의 시대 환경을 배경으로 집단화되기가 쉽습니다. 이런 집단화가 권력에 대한 저항일 경우 그 나름대로 유용할 수 있지만, 배제와 독점의 정치문화로 이어진다면, 이는 민주적 공존에 역행하는 정치문화입니다. 자기확증과 배타성을 강화하는 경향이 있는 인터넷과 SNS 시대가 만들고 있는 극복 과제이기도 합니다. 과거 20세기 전체주의를 보고 비판했던 칼 포퍼(Karl Popper)의 『열린 사회와 그 적들』이 21세기 인터넷과 SNS 시대에 다른 형태의 과제로 등장하고 있다고도 볼 수 있습니다.

EIU 민주주의 지수로 본 한국 민주주의

이런 여러 측면을 종합해서 평가하는 EIU의 민주주의 척도는 상당히 참고할 만하다고 봅니다. EIU 조사에서 우리나라는 그동안 '민주국가(full democracy)'로 평가를 받다가 2015년, 2016년 연거푸 하락해 '결함이 있는 민주국가(flawed democracy)'로 분류되고 있습니다. 2016년 조사 대상 167개국 중 20위까지가 완전한 민주국가였는데, 우리나라는 24위를 기록했습니다. 2015년보다는 두 계단이 떨어진 겁니다. 부문별 점수로 보자면 선거과정 9.17, 시민 자유 8.24, 정부 기능 7.50, 정치문화 7.50, 정치 참여 7.22 순이었습니다. 참고로 북한이 167위로 조사대상 국가 중 최하위였죠.

우리나라 사람들이 많이 거론하는 미국은 민주주의 척도에서 우리나라보다 앞서 있을 것 같습니까, 비슷할 것 같습니까? 지난번 통계에서 우리나라보다 두세 칸, 약간 앞선 정도였습니다. 미국도 2016년에는 20위에서 21위로 한 칸 내려가 '결함이 있는 민주국가'로 밀려났습니다. 주로 선두권을 달리는 나라들은 어느 나라일 거 같습니까? 유럽의 스웨덴, 벨기에, 이런 나라들이 살기 좋은 나라에다가 소득도 좋고, 또 이런 민주주의도 좋은 평가를 받고 있습니다. 미국도 이들 북유럽 국가들만큼은 아니지만 큰 나라들 중에서는 비교적 괜찮은 편이었는데, 근래에 와서 좀 떨어진 상황입니다.

정치 리더십, 즉 대통령을 비롯한 지도자들이 어떤 방식으로 체제를 이끌어가고 있느냐 하는 것도 민주주의에 굉장히 중요한 영향을 미치는데, 어떻습니까? 대통령을 비롯한 주요정치인들의 리더십이 1987년 민주화 이후에 민주적으로 발전해갔던 것 같은가요? 김영삼, 김대중 같은 카리스마적인 대통령 시대가 있었죠. 카리스마적 리더십과 민주주의는 좀 다른 측면이기는 합니다만, 민주화 운동의 유산을 배경으로 한 대통령들이었습니다. 이후에 우여곡절을 거치기는 했었는데 결정적으로 오히려 못했다고 평가받는 게 지금 경험하고 있는 거 아니겠어요?

민주적 리더십으로 발전했다고 한다면 초점은 무엇이겠습니까? 국민의 다양한 이해관계를 포용하면서 통합을 이끄는 리더십 아니겠습니까? 포용적인 민주적 리더십이 가장 잘 발휘됐을 때가 김대중 대통령 시기였다고 봅니다. 그래서 김대중 대통령은 북한을 향해서도 햇볕정책과 포용을 주장했을 뿐만 아니라, 국내적으로도 포용과 통합의 정책을 펼쳤다 그런 얘기를 했었죠. 진보 정치인으로 분류됐던 김대중 대통령이 이념과 관련된 부처에 보수 진영을 기용한다든지 하면서 국민에 발맞춰 가는 이른바 '반걸음의 리더십'을 말했습니다.

이런 통합적 국정운영이 정권 후반기 DJP 연합의 붕괴로 약화됐는데, 노무현 정부에 들어서면서는 포용적 리더십보다는 더욱 다른 방향으로 갑니다. 노무현 대통령의 그런 리더십은 한편으로는 강력한 의지를 가지고 이끌어가는 장점도 있었지만 오히려 다른 쪽은 배제하는 포용력이 부족한 한계를 가졌습니다. 이 한계는 다른 몇몇 정치인에 의해 증폭되면서 한때 '친노 패권주의' 논란을 불러오기도 했습니다.

　박근혜 정부에 들어와서는 민주적 통합의 리더십은커녕, 제도적 리더십 자체가 붕괴됐습니다. 청와대에서 문고리 몇 인방이니 하다가, 결국은 국정농단 최순실 사건으로 탄핵까지 당하게 된 것 아닙니까? 박근혜 대통령의 시대 인식 자체가 거의 1970년대 유신 시대를 벗어나지 못했습니다. 우리의 대통령제에서 대통령이 얼마나 민주적 리더십에 대한 인식과 선호를 가지고 있느냐는 우리의 민주주의 수준 전체에 결정적인 영향을 미치는 변수입니다. 그러나 승자독식의 제도적 특징 자체가 민주적 통합의 리더십과 어울리기 쉽지 않은 구조적 한계가 있다는 지적이 강하게 나오면서 대통령제의 개편을 포함한 제도개혁이 제기되는 상황이죠.

대통령제와 이에 종속된 의회정치 구조의 개혁

공존과 통합의 민주적 리더십 발휘됐나?

대통령의 민주적인 리더십은 어떤 방식이 돼야 할까요. 대의민주제의 형식에서 민주적이려면 일단 시민의 손으로 뽑은 대통령이 돼야 하겠죠. 물론 뽑은 과정에서도 민주적인 원리가 얼마나 제대로 반영되느냐를 두고도 논란이 있습니다. 선거제도나 선거의 실상을 둔 논란입니다. 우리나라도 승자독식의 체제나 국회의원 소선거구제 등은 개혁 대상으로 오랫동안 지적돼왔습니다. 선거 과정에 대해서는 앞의 EIU의 민주주의 지수에서 우리나라의 민주주의 영역 중 가장 높은 점수를 받았죠(9.17/10.00). 문제는 뽑힌 다음 권력을 위임받아 국정운영을 할 때 민주적 리더십을 발휘하느냐입니다.

한번 선거를 통해 뽑혔다고 해서 대통령이 5년 동안 마음대로 하면 안 되겠죠. 그래서 대의민주주의는 일단 선거를 통해서 뽑고 또 심판하는 것이기도 하지만, 선거가 아닌 기간에 국민의 요구에 반응해줘야 하는 거죠. 선거를 통해 선출됐다고 해서 마음대로 간다면 그것 또한 뽑히기만 했을 뿐 대의민주주의가 아닙니다. 선거를 통해 위임을 받았지만, 모든 것이 위임된 것처럼 해버리는 위임독재와 다르지 않습니다. 간혹 위임독재 대신에 위임민주주의라고 부르기도 합니다.

위임민주주의, 위임독재 이런 개념들은 군부독재 직후 민주화 국가들을 두고 주로 나왔습니다. 1960~1970년대에 많은 나라, 특히 제3세계권 국가들이 군부독재를 경험했죠. 우리나라도 제5공화국 때까지 군부정권이라 할 수 있겠고, 이후 노태우 정부도 그것을 계승한 정부였습니다. 그런데 민주화가 되고 새로운 민간세력이 대통령이 됐으면 훨씬 민주적인 리더십이 발휘됐어야 하는데 통치하는 방식은 그렇지 못한 경우가 적지 않았습니다. 군부정권과 달리 선거를 통해 뽑혀서 정권의 정통성이 있기 때문에 역설적으로 더 막무가내로 했다는 해석도 일리가 없지 않습니다. 그래서 '군부독재가 아니라 문민독재'라는 이야기가 나오기도 했죠.

민주적인 정부는 당연히 국민의 의견을 받아들여 정부를 운영해야 하는 것인데, 의견이 다를 경우 어떤 방식으로 수용할 것인가가 과제라고 했었죠. 최근 많이 거론되는 협치는 바로 이런 문제에 대한 현실적인 인식에서 나오고 있는 건데요. 과거에는 서로 의견이 다르면 내 편은 옳고 상대방은 틀린 것, 한쪽은 선이고 한쪽은 악인 것처럼 간주했죠. 만약 한쪽이 악이라면 서로 같은 나라에서, 같은 공동체에서 살기가 힘들지 않겠습니까? 따로따로 살아야겠죠.

군부독재 권력에서 민주화가 됐기 때문에 개혁이라는 용어가 등장했습니다. 한편으론 여러 사람들이 같이 가는 통합을 이야기했지만, 한편으로는 기존의 잘못된 것을 개선하고 바꿔야 하는 개혁을 말했습니다. 그러면 개혁을 주도하는 사람 입장에서는 상대방을 놓고 개혁의 대상이라고 할 수도 있겠죠. 최근의 적폐청산 논란이 떠오르죠. 그래서 개혁의 대상을 분명히 하면서 국민이 공감할 수 있는 개혁이 있을 수 있겠고, 자신의 반대세력을 무조건 적폐세력으로 몰아붙이는 개혁 구호도 있을 수 있습니다. 최근 적폐청산 논란도 막연한 구호를 넘어 주체와 대상을 개혁과 통합이라는 관점에서 정리해볼 필요가 있습니다.

늘 개혁과 통합이란 말이 맞물려 다녔습니다. 통합은 같이 공존하는 전략을 모색하는 것이고, 개혁은 기존의 잘못된 것들을 청산하자는 것 아닙니까. 개혁을 먼저 앞세우는 쪽들은 대개 개혁을 제대로 해야 진정한 통합을 이룰 수 있다고 이야기하죠. 그런데 개혁은 미완성일 수밖에 없는 현실에서, 대부분 개혁을 토대로 한 통합 논의까지는 이르지 못했습니다.

이번 5·9 대선을 치르고 나서도 통합 문제가 중요한 쟁점이 될 겁니다. 근래 며칠 사이에 주요 후보들이 통합정부, 대통합정부, 개혁정부 이런 것들을 내걸었죠. 과연 그렇게 될지는 모르겠지만, 여느 때보다 그런 말이 많이 나오고 있는 걸 보니 현실화될 가능성은 예전보다 더 있어 보입니다. 물론 2012년에도 박근혜 당시 후보가 내세운 여러 구호 중에 맨 앞에 먼저 내건 게 대통합 아니었습니까. 그런데 실제로 가서는 새누리당 자체도 통합하지 못하고 이른바 친박을 중심으로 가버렸죠. 이번에는 조금 그와는 다를 것으로 기대를 해보긴 합니다.

국민 요구에 대한 반응성 부족한 현행 대통령제

아까 제가 대의민주주의를 얘기했을 때 선거를 통해 뽑고 다음 선거에서 심판하는 것이기도 하지만 임기 중에도 국민의 요구에 잘 반응하고 책임지는 과정이 제대로 돼야 하는 거라고 말했습니다. 내각제의 경우에는 국민의 요구에 잘 반응하지 못하거나, 정당 간의 갈등이 커져 해소되지 못하면, 의회가 해산될 수도 있죠. 그래서 내각제에서는 선출 후 임기 중에도 국민의 여망에 부응하지 못하면 책임을 지게 돼 있습니다. 대통령제처럼 임기가 보장돼 있는 경우는 탄핵이 아닌 한 다른 방식으로 어떻게 할 수가 없는 겁니다. 내각제가 대통령제보다 제도적 차원에서는 국민의 요구에 더 탄력적으로 반응할 수 있는 제도라고 할 수 있습니다.

앞에서 대통령의 문민독재, 위임민주주의 이런 지적을 했었는데, 노무현 대통령 때는 오히려 상반된 이야기가 나왔습니다. 대통령이 예전처럼 너무 권위를 부려서는 안 된다는 거였습니다. 비슷한 맥락에서 과거 노태우 정부 시기에도 '보통사람들의 시대'라는 용어로 일종의 탈권위 모습을 보이려 했습니다. 회의 탁자도 서열 구분이 없게 원탁으로 했고, 후보 시절에는 가방을 직접 든 대통령 모습을 미리 연출해 보여주기도 했습니다. 그러나 노태우 정부 때는 군부독재 정권에 대한 세탁용 전략이라는 의미가 강했죠. 반면에 노무현 대통령 시기는 대통령의 개인적 성격 자체가 탈권위적이어서 자발적으로 그런 모습을 보여주었습니다.

그런데 노무현 대통령 개인의 탈권위적 성격과 대통령의 안정적 직무 수행이 그렇게 조화를 이루지는 못했다는 비판도 나왔습니다. 대통령으로서 자기 하고 싶은 대로 이야기하고, 자기 하고 싶은 대로 하는 게 뭔가 소탈하고 탈권위적이라고 할 수 있지만, 오히려 대통령으로서의 책임 있는 역할 수행에 언행이 어울리지 않는 경우가 눈에 띄었습니다. 당시 대체적인 여론의 기류에선 대통령 개인에 대해서는 호의적인데도 대통령으로서 역할에 대해서는 그렇게 긍정적이지 못했고요.

권위주의라는 말이 나오는데요, 권위하고 권위주의하고 어떻게 다를까요. 대통령은 일정하게 권위가 있어야 합니다. 여기에서 권위는 대통령으로서의 리더십에 대해 자발적으로 믿고 따르게 되는 힘이라고 할 수 있겠습니다. 가부장적이거나 위압적인 의미의 권위를 벗어나는 탈권위는 당연히 필요합니다. 사실은 '탈권위'라기보다는 '탈권위주의'입니다. 자발적으로 권위가 형성되는 게 아니고 힘으로 만들어가는 게 권위주의죠. 자기 권위가 없는 경우에 권위주의적인 태도를 보이겠죠. 자발적으로 자신의 권위가 통하는 경우가 아닌 경우에, 권력을 통해 만들려고 하는 게 권위주의입니다.

대통령과 더불어 또 하나의 대의기구인 국회가 민주적인 역할을 잘했다고 보십니까? 그렇게 좋은 평가를 받지는 못했죠. 우리나라 공공기관에 대해서 국민의 신뢰도 조사를 하면 거의 항상 꼴찌가 국회 또는 정당이었죠. 그런데 사실은 우리나라만이 아니라 다른 나라들도 조사를 하면 그쪽이 가장 안 좋게 나옵니다. 정치에 대해서는 다들 그렇게 비판적이고 냉소적인 경향을 보입니다.

국회 불신의 제도적 배경

우리나라에서 국회에 대한 불신을 저는 두 가지 차원에서 볼 수 있는데요, 하나는 임기보장에 따른 일반적 폐해입니다. 국회의원들도 임기제에서 한번 뽑히고 나면 다음 선거까지 임기가 보장이 되죠. 이후에 심판 기능도 문제가 있습니다. 큰 정당에서의 공천을 받으면 다시 국회의원이 될 가능성이 높으니까 국민을 신경 쓰기보다는 큰 정당에서 재공천을 받는 것을 더 신경 쓴다는 겁니다. 그래서 국회의 기능도 잘 이뤄지지 않고, 정당 민주화도 제대로 안 될 수 있습니다. 또 하나, 국회의 불신은 국회가 독자적이고 자율적인 기능을 못 한 데서 비롯된 겁니다. 여당·야당이 있죠. 제가 전 시간에 여당·야당이 원래 대통령제가 아니라 내각제에 있는 개념이라고 했었지요. 내각제에서는 당이 집권세력이 되는 거니까요. 그 당의 대표가 수상이 되는 거죠. 우리나라는 당이 아니라 대통령이 집권하는 건데 여당 개념을 쓰고 있습니다.

대표적인 대통령제 국가라는 미국도 간혹 여·야당 개념을 쓰지만, 일반적으로는 의회 다수당, 소수당의 개념을 씁니다. 의회의 다수당하고 대통령이 소속된 당이 다를 수 있죠. 정치학적 용어로는 이런 경우를 분점정부 (divided government)라고 합니다. 분점정부일 뿐이지 여소야대라는 말은 성립이 안 되겠죠. 어느 쪽을 여라고 할지 모르는 거죠. 대통령 관점에서 보면 현재 대통령의 소속 당이 여당이 되겠고, 국회의 관점에서 보면 다수당 쪽이 여당이 되기 때문에 애매합니다.

그런데 우리나라에서는 대통령 소속 당이 여당입니다. 여당이 대통령에 종속돼 있습니다. 그러면 대통령에 대한 견제라는 차원에서 여당, 즉 국회의 절반가량이 제 기능을 못 하게 돼버립니다. 여당은 대통령에게 끌려가고, 그러면 야당은 이에 대응하는 데 국회 운영의 초점을 두게 될 가능성이 크고, 그동안 그렇게 돼왔습니다. 무조건적인 여·야 대결이 계속되는 거죠. 그러다 보니까 매번 한 번씩은 식물국회라는 말이 나오게 된 겁니다.

역대 국회의장들은 현재 대통령제 시스템으로는 이런 문제를 극복하기 어렵다고 해왔습니다. 국회 운영에 대한 경험을 토대로 제도적 한계가 있다는 걸 인식했기 때문입니다. 국회가 독자적인 기능을 할 수 있도록 확실하게 권력분립 방안을 모색하든지, 아니면 아예 당이 책임지고 국정을 주도하는 내각제로 가든지 하자는 겁니다. 결국 개헌이 동반되는 문제이죠. 역대 국회의장들이 공히 개헌을 이야기하는 이유가 거기 있습니다.

2012년 대선에 무소속으로 출마했던 강지원 후보가 대통령은 정당 소속이 아니어야 한다는 얘기를 한 적이 있습니다. 현행 대통령제 체제에서 대통령이 소속된 정당이 여당이라는 기능을 수행하는 한 국회의 자율적인 기능을 기대하기 어렵다는 현실 인식에 토대를 둔 공약이었습니다. 물론 이는 정당 책임정치와 어떤 식으로 결합할 것인지를 과제로 남기는 주장이었습니다. 그보다는 현행 대통령제 자체를 바꾸는 것이 대안이라고 봅니다. 대다수 전문가들도 이에 공감합니다.

결국 민주화 이후에도 나타난 우리 의회정치의 한계는 국회의원 재임기간 시민 통제력이 약한 제도적 한계, 그리고 대통령제에 종속된 의회정치 구조의 근본적 한계에서 비롯된 것이라 할 수 있습니다. 이것은 또 정당정치의 한계와 맞물려 있다고 볼 수 있습니다. 의회정치의 주 기능을 담당하는 정당정치의 한계가 있으면, 당연히 의회정치의 한계로 나타날 수밖에 없겠죠.

정당의 문제에 대해서 제가 여러 번 이야기를 했지만, 정당의 기능에는 양면성이 있습니다. 정당이 민주정치를 위해서 적극적으로 기대하는 역할을 해줄 수 있는가 하면, 오히려 방해하는 역할을 할 수도 있다는 거죠. 적극적으로 기대하는 역할은 사람들의 의견을 모아서 조직화시켜 반영해주는 역할입니다. 그런데 방해하는 역할은 정당을 통하지 않고는 정치적 진출이나 참여를 못 하는 경우에 발생합니다. 정치적 참여와 충원을 제대로 매개시키는 기능보다는 오히려 가로막고 왜곡시키는 역할을 하면 정당은 민주정치의 핵심 기제가 아니라 방해하는 역할을 하게 된다는 겁니다.

당연히 정당정치를 받아들이는 대의민주주의 체제는 그런 방해하는 역할을 막는 것을 제도화시키고 좋은 쪽을 활성화시키는 쪽으로 가야 합니다. 그게 앞으로 남은 정당정치의 개혁과제인데요, 그동안 우리나라에서는 정당한테 특권을 워낙 많이 부여했습니다. 앞으로는 과도한 특권을 개혁하는 방향으로 가야 합니다. 우리나라의 정치개혁에서 다른 여러 제도 개혁이 거론되고 있지만, 국회의원을 뽑는 선거제도와 맞물린 정당개혁까지도 같이 가야 한다는 이유가 거기 있습니다.

대세를 따라가는 표가 오히려 사표일 수 있다?

과연 어떤 투표가 사표인가?

민주주의를 평가하는 여러 요소 중에서 선거 과정 자체에 대해서는 우리나라가 아주 좋은 평가를 받았다고 한 바 있죠. 그런데 뽑는 선거 자체가 시민의 의사를 얼마나 적절하게 민주적으로 반영하고 있느냐를 또한 봐야 합니다.

투표에서 자기의 정치적 의사를 표명했는데 그게 대의제에 반영이 안 되는 표를 사표(死票)라고 부릅니다. 과연 어떤 게 사표인가라는 생각을 하게 되는데, 교과서적으로 보면 나는 투표를 했는데 내가 한 투표가 전혀 대표를 뽑는 데 영향을 미치지 못했다고 하면 사표가 되는 겁니다. 그래서 대개 쉽게 얘기해서, 당선된 사람에게 투표했으면 그것은 사표가 아니고 당선되지 않은 사람에게 투표했을 경우 사표가 되는 것으로 간주하는데, 과연 그렇게만 볼 수 있을까요?

시민이 투표를 통해서 자신의 의사를 반영하는 방식은 여러 가지가 있을 수 있습니다. 심상정 후보가 최근에 그런 말을 했어요. '대세를 따라가서 투표하는 것보다는 오히려 자신의 신념을 버려서 대세를 따라가는 것이 사표가 되는 것이다.' 사표를 막으려고 대세를 따라간다고 하는데 그렇게 하는 것이 오히려 사표라는 주장도 부분적으로 일리가 있죠. 그래서 내 투표가 우리나라 대의적인 민주정치에 영향력을 발휘할 수 있다면 그게 살아 있는 표가 되겠죠. 영향력을 발휘할 수 없다면 그게 사표가 아니겠냐는 주장입니다.

나의 투표가 대세를 만드는 데 힘을 보태, 사표가 아닌 영향력을 미치게 되는 살아 있는 역동적인 표가 될 수도 있겠죠. 그렇지만 나와 무관하게 대세가 형성되는데 그냥 따라가는 거라면, 변화에 의미 있는 변수가 아니라면 경우에 따라서 사표가 된다고도 볼 수 있겠죠.

우리가 그동안 일반적으로 사표라고 할 때, 대표자를 뽑거나 정책을 결정하는 데 직접적인 영향을 못 미치고 없어져 버린 것을 사표라고 했던 거죠. 사표를 줄이기 위해서 그런 점에서는 제도적으로 몇 번의 개선이 있었는데 그중에 대표적인 것이 우리나라에 정당명부비례대표제가 도입이 된 겁니다.

국회의원 선거 차원에서의 정당명부제가 처음 도입된 게 2004년 17대 총선이었습니다. 기존의 지역구 국회의원도 그대로 뽑고 정당의 비례대표 명부를 보고 투표해서 비례대표 국회의원을 뽑는 병립형 제도죠. 물론 기존에도 전국구라는 제도가 있었습니다. 그런데 17대 이전까지의 전국구는 소속 정당의 지역구 후보자들이 받는 지지표를 모아서 그것을 비례로 분류해서 배분하는 방식이었습니다. 그땐 비례대표라기보단 전국구로 불렸던 거죠. 그런데 개인한테 받은 표를 토대로 정당에 그대로 배분하는 것은 위헌이라는 헌재의 결정이 났습니다. 그래서 정당비례 후보를 보고 투표하게끔 1인 2표제가 도입이 되죠.

국회의원 선거에서는 2004년 17대 총선에 정당명부비례대표제가 처음 도입됐습니다. 새로운 제도의 도입에 따른 새로운 현상도 나왔습니다. 이른바 진보정당이 우리나라 원내 3당으로 등장했던 거죠. 이 제도를 통해서 민주노동당이 당시 13% 지지를 확보했습니다. 지역구 개별 후보자에 대한 지지와 정당에 대한 지지가 엇갈리는 경우, 교차투표라고 얘기하죠. 사실은 교차투표라기보다 분리투표라는 표현이 더 적합합니다. 교차투표는 국회 등에서 소속 정당을 넘어 투표하는 경우를 두고 쓰는 개념이죠. 지역구 후보자에 대한 지지와 정당에 대한 지지가 다르게 분리된 경우 말 그대로 분리투표입니다. 17대 총선에서 정당 개별 후보자에 대한 지지와 정당에 대한 지지가 엇갈렸을 경우에 가장 많이 정당으로 갔던 곳이 민주노동당이었습니다. 한국정치학회의 샘플조사 연구결과입니다. 소수 진보정당의 약진이 그 새로운 제도의 덕을 봤죠.

그동안 소선거구제에서는 국회의원을 1등 한 사람만 뽑는 것이기 때문에 나머지 소수를 지지했던 것은 무시되는 경향이 있었습니다. 그리고 부익부 빈익빈의 악순환이 계속됐죠. 대통령 선거는 여전히 1등만 당선되죠. 아직까지 결선투표도 없고요.

그렇다고 대통령 선거에서 당선자가 아닌 사람에서 투표한 것은 모두 사표라고만 할 수 없겠죠. 앞의 심상정 후보의 말처럼요. 더구나 이번 대통령 선거에서는 순위 경쟁도 꽤 의미 있게 보지 않습니까? 어느 정당의 후보를 직접 당선시키지 못하더라도 일정한 지지를 받아 그게 정치 지형에 영향을 미칠 수 있다면, 그 또한 단순한 사표라기보다는 의미를 부여할 수도 있을 겁니다. 그런 점에서 아까 말한 사표의 개념을 어떻게 볼 것인지 논란의 여지가 있습니다.

민주주의와 지방자치제의 도입

민주화 이후 제도적인 차원에서 또 하나 바뀌었던 것이 1991년 지방자치제의 도입이었습니다. 물론 1991년에는 자치단체장은 선출을 하지 않고 지방의원만 뽑았고, 단체장까지 직선을 한 건 1995년부터였습니다. 지방자치는 그동안 중앙정부에서 임명했던 지방 행정의 책임자를 주민이 직접 뽑아서 운영하는 방식으로 바꾸는 것으로, 이 자체가 민주적인 발전이죠. 그런데 초반에는 상당히 우려가 됐습니다. 지방에서 뽑다 보면 지역 유지들이 그대로 그 자리를 차지하는 것 아니냐는 얘기도 있었습니다. 지역기득권 구조가 지방자치에 그대로 제도화된다는 측면을 우려한 거죠.

또 지방 선거 후보자들을 중앙정당이 지배하는 정당공천을 하는 게 맞느냐는 논란도 있었습니다. 정당공천을 하자는 쪽이 우세했는데, 정당정치를 고려한 측면도 있었지만, 만약 정당공천이 없다면 결국은 지역 유지들이 지방자치를 장악하게 될 수 있다는 우려 때문이었습니다. 그런데 시행하면서 보니까 그런 문제 이상으로 결국 중앙의 정치싸움이 지방정치를 좌우해버리는 상황이 생기면서, 지난 2014년 지방 선거를 앞두고는 기초공천의 경우에 정당공천을 없애라는 주문도 강하게 제기됩니다. 특히 당시의 안철수 의원 진영에서는 공약으로 내세웠던 정당공천 폐지를 끝까지 지키려 하다가 당에서 결국 합의를 못 보고 정당공천 그대로 가버렸습니다. 이번 대선 후보들 중에는 단체장 말고 적어도 지방의원들의 경우는 정당공천을 없애자는 주장을 하는 쪽이 있는 것 같습니다.

민주화 이후 정치제도적으로 큰 변화는 국회의원 선거에서 1인 2표의 비례대표 병립제를 도입한 것하고, 지방자치제를 실시한 것입니다. 다른 부분적인 제도 개편도 있었습니다. 이런 제도개편이 우리 정치 발전에 어떤 기여를 했을까요? 민주화 이후 정치 변화가 사람들의 행복을 증진시키는 데 얼마나 기여했을까요? 정치 발전의 방향을 생각한다면 어떤 식의 정치가 과연 공동체 또는 개개인의 행복에 기여할 수 있을 것인가 하는 근본적인 과제와 마주하게 됩니다.

정치의 역할과 삶의 행복?

어떤 사람들은 정치가 아무 역할도 할 필요가 없을 때 좋은 나라라고 말하기도 하지요. 국가가 정치, 경제 등 모든 걸 장악하는 전체주의 모델도 있을 수 있습니다. 과거 신분제 사회나 독재정권 시기는 국가가 모든 걸 주도하는 경향이 있었지요.

이런 국가의 역할을 어떻게 보느냐가 바로 국가이념, 정치이념이 되겠습니다. 다양한 이념, 다양한 견해가 있을 수 있겠죠. 물론 이상적인 수준에서 정치에 대한 논의를 하는 경우도 있지만, 일단 현실을 토대로 이야기하는 걸 봅시다. 오늘날 민주화는 개인의 자유의 확대와 함께 진행됐습니다. 그러다가 시장경제의 한계 속에서 국가가 어떤 식으로 개입해 조정하는 문제가 논점이 됐고, 이게 이념의 축이 되기도 했습니다.

대선을 앞두고 주요 후보군들이 얘기한 것을 보면 우리나라에서 중요한 정치의 역할이 무엇이냐, 무엇이 중요한 쟁점인가 등을 알 수 있습니다. 문재인 후보가 얘기하는 것이 '나라다운 나라'를 말하고 있죠. 안보와 경제는 거의 모든 후보가 공통적으로 이야기하고 있는 것 같습니다. 사실상 안보가 이번 TV 토론 과정에서 핵심적인 쟁점이 됐죠. 우리나라는 북핵 문제가 걸려 있는 데다가 최근에는 사드(THAAD) 배치가 쟁점이 되고 있어 더욱 그렇지요. TV 토론에서는 홍준표 후보 등이 이념 공세를 하면서 안보 문제가 과도하게 이념화되는 경향이 있었습니다.

대외적 안보와 대내적 질서는 정치체제 발생의 기본적인 배경입니다. 그래서 우리가 최소한의 국가라고 할 때 내부적 치안과 대외적 안보를 국가의 기본 역할로 얘기하고 있습니다. 최소한의 국가를 야경국가라고도 하죠. 그런데 문제는 최소한의 국가라 하더라도 조직을 관리하다 보면 권력을 갖게 되니까 그 권력을 가지고 권력을 남용할 소지가 충분히 생긴다는 겁니다. 권력 자체의 특성이 그 구성원을 압도할 정도의 힘이 없다면 권력의 기능을 못 하겠죠. 또 그런 권력이 있다면 남용해서 개별 권리를 침해할 우려가 있고요. 그래서 상당히 모순적인 소지가 있는데 그런 걸 어떻게 잘 조화를 시킬 것인가, 이런 과제가 있습니다.

안보는 중요한 축이 됩니다. 안보는 튼튼히 하되 그 권력을 남용하지 않고, 또 시민은 그것을 견제하고 투명하게 할 수 있도록 하는 게 국가권력의 일차적인 구상이 될 것입니다. 대선 후보들 공약 등에서도 안보 다음으로 경제를 이야기했는데요, 체제에 따라, 시대에 따라 국가가 경제에서 차지하는 역할이 다르겠지요. 1970년대 우리나라의 경우에는 자유시장경제 원리가 작동하는 자본주의 체제이면서도 주요 경제영역을 국가가 주도했던 시기였습니다. 지난 2012년의 대선에서는 경제민주화가 화두가 됐던 걸 기억하실 겁니다. 5년이 지난 이번 대선에서는 일자리 문제, 4차 산업혁명, 이런 쟁점들이 주요 화두가 되고 있습니다.

홍준표 후보는 유난히 이념을 강조하고 있는데, 그 이념이 정치에서 어떤 의미를 가질까요. 홍준표 후보는 우리나라가 너무 이념이 한쪽으로 치우쳐져 있었다고 주장합니다. 편향된 국가이념이 오히려 국가 발전을 저해하고 있다는 주장이죠. 대북 강경 노선을 표방하면서 주사파 세력이라는 단어까지 쓰는데, 상대를 이념적으로 공격하는 전략적 용어인지도 모르겠습니다. 노사관계에서 민주노총 등의 특권화를 비판하기도 하죠.

유승민 후보는 안보를 우선하고 있다는 점에서 홍준표 후보와 같은 정당 출신임을 확인해줍니다. 그런데 경제민주화, 중부담·중복지 등을 표방하며 격차해소와 복지를 국가적인 과제로 던지고 있다는 점은 다른 진보적 후보들과 궤를 같이합니다. 일부에서는 안보는 보수, 경제는 진보로 부르기도 하죠. 사실 안보에 대한 강조가 보수를 구분하는 척도인지는 논란의 여지가 있습니다. 한때 우리나라 이념 논란이 주로 북한 문제를 둘러싸고 나왔다는 점을 지적한 바 있죠? 우리의 안보가 북한과 밀접하게 관련돼 있는 현실에서 안보 역시 이념 논란의 축이 돼버렸습니다. 때에 따라서는 이념 논란이 시대착오적으로 동원되는 경향이 있죠.

이번 대선에도 그렇습니다. 박근혜 전 대통령의 탄핵으로 치르게 되는 선거이기 때문에 초반에는 탄핵 이후 우리의 국정은 어떻게 달라져야 할 것인가에 초점이 모아졌습니다. 그런데 갑자기 사드하고 안보 문제가 제기되면서 구시대의 보수 - 진보 문제가 등장해버렸죠. 현실적으로 그럴 수밖에 없는 측면이 있지만, 특히 TV 토론 등에서 미래를 향한 비전 경쟁보다는 시대착오적인 이념 공세가 주도해버린 점은 아주 아쉬운 부분이었습니다. 선거 투표일이 이틀 남았는데요, 유권자들도 어느 후보를 선택하는 것이 지난 탄핵까지 이어졌던 박근혜 전 정부의 여러 가지 한계를 반면교사로 삼아서 발전적인 새 정부를 만들 수 있을 것인가에 주목하면서 선택과 결정이 이뤄지길 바랍니다.

19대 대선에서 사표 논란

　문재인 후보가 41.1%의 지지를 받아 대통령에 당선되고, 바로 임기를 시작했지요. 지난주에 사표에 관한 논의를 조금 했는데 상세하게는 못 했습니다. 선거를 앞둔 시점에 후보 간의 이해관계가 걸린 문제가 될 수도 있어서요. 당선자에게 가지 않는 표를 흔히 사표라고 말합니다. 국민의 대표라고 하지만, 나의 뜻이 반영된 대표는 아닌 거죠. 만일 선출 이후에 대표자 역할을 수행하면서 나의 뜻까지 수렴된다면 다행이겠지만, 그것마저도 없다면 나의 주권은 전혀 실현되지 못하는 셈이 될 겁니다. 장기적으로 보아, 다음 기회에는 주권이 실현된다면, 돌아가면서 주권자 역할을 할 수 있을 겁니다. 그것도 아니라면 근본적인 문제가 발생하게 됩니다.

　어떻게 하면 국민의 뜻을 가급적이면 많이 반영할 것인가? 제도적으로 여러 방식이 있죠. 비례대표제의 확대, 결선투표제의 도입 등이 그런 관점에서 제안되고 있습니다. 대의기구를 구성하는데, 가급적이면 배제되는 사람을 최소로 하자는 거죠. 이번 선거 과정에서 대세, 당선될 가능성이 큰 사람한테만 따라가는 게 과연 사표를 막는 방법인가, 오히려 그냥 대세에 따라가기만 할 뿐 실제는 대세에 별 영향을 못 준다면 그게 사표가 된다는 주장을 심상정 후보 등이 당시에 얘기를 했죠. 마찬가지로 비슷한 맥락에서 유승민 후보가 소신투표를 얘기했었고요. 경우에 따라서는 대세에 따라가는 투표보다 소신에 따른 투표가 더 가치가 있을 수 있겠죠.

　당락뿐 아니라, 정치에 미치는 영향이나 의미도 사표 여부를 가늠하는 기준이 된다고 봅니다. 우리의 정치를 발전적으로 변화시키는 데 나의 선택이 도움이 된다면 그것은 살아 있는 표가 되겠죠. 그런 점에서 이번에는 누구를 대통령으로 뽑을 건가가 가장 일차적인 변수였지만, 그다음으로는 누가 얼마만큼 지지를 받게 하는 게 우리나라 정치 발전에 도움이 될 것인가도 주목할 부분이었습니다. 어떤 사람은 당선은 안 된다고 하더라도 진보정당 후보가 상당한 득표를 한다면 우리나라 정치지형에 도움이 될 거다, 또 보수 후보의 경우에는 이번에 당선이 안 된다 하더라도 최소한 득표력을 많이 올려야 이후에 어느 정도의 기반을 확보할 수 있을 것이다, 기존 보수 정치권을 비판적으로 보는 사람들은 아예 보수 후보 지지율을 더 낮게 만들어버려야 보수가 새로 태어날 거라는 얘기를 하기도 했고요. 보수의 개혁을 얘기했던 유승민 후보가 상당한 지지를 받는다면 좋을 것이라는 등 여러 가지 주장이 가능했습니다.

그래서 과거에는 1등이 누군가만 주목했지만 이번에는 1·2·3·4·5등에 다 주목하게 됐던 선거로서 그 나름대로 다양한 의미의 투표 의미를 부여할 수 있었던, 그래서 과거보다는 사표의 의미가 축소가 됐던 선거였다고 볼 수 있겠습니다. 어쨌든 9일에 선거를 마치고 바로 2017년 5월 10일, 문재인 대통령이 직무를 수행하며 새 정부가 출범했습니다.

비교자료를 통해 본 문재인 대통령 당선의 의의

문재인, 19대 대통령이자 12번째 대통령

문재인 대통령이 19대 대통령인데, 역대 개인 대통령 수로 보면 몇 명째인지 아십니까? 12명째입니다. 12명, 19대인데 이승만 대통령이 1대부터 3대까지 했고, 4대까지도 할 뻔하다가 4·19로 무효가 돼버렸죠. 그리고 박정희 대통령 몇 대까지 한 줄 아세요? 5·6·7·8·9대, 총 다섯 번에 걸쳐서 했습니다. 다섯 번째 하는 중에 10·26으로 서거를 하게 됐죠. 3선까지는 전통적인 직선 방식을 했었고 다음에 통일주체국민회의를 통해서 뽑는 대통령을 두 번 더 하다가 임기를 다 마치지 못했던 거죠. 박정희 대통령 다음으로 짧은 기간 동안 최규하 대통령이 있었고, 전두환 대통령이 두 번을 했습니다. 대개 사람들은 제5공화국 대통령만 기억하는데, 최규하 대통령 시기에 대통령직을 전두환이 바로 받아서 조금 더 하고 헌법을 개정해서 본격적으로 7년 임기의 대통령을 또 했던 겁니다. 그 이후에 쭉 이어지는 과정은 아실 겁니다.

노태우 - 김영삼 - 김대중 - 노무현 - 이명박 - 박근혜까지가 18대, 이번에 문재인 대통령이 19대 대통령이 됐습니다. 투표율은 아시죠? 77.2%였죠.

역대 우리나라 대통령 선거에서 투표율이 가장 높았을 때가 어느 정도 됐을 것 같습니까? 90%도 넘었습니다. 1956년 3대 대통령 선거, 이승만 대통령이 됐을 때죠. 당시 신익희 후보가 유세 도중에 돌아가셨고 사실상 이승만 대 조봉암 대결 구도가 됐었습니다. 그때 투표율이 무려 94.4%였는데요, 투표율이 높았던 건 동원 투표 같은 그런 게 있었기 때문에 지금의 계산 방식하고는 좀 다르다고 볼 수 있을 겁니다.

참고로 국회의원 선거에서는 1948년 제헌국회의원 선거 때 투표율이 선관위 최종 통계로는 95.5%로 역대 가장 높았습니다. 그런데 당시에는 자진해서 등록해야 선거권이 주어졌기 때문에 선거권자로 자진등록한 사람 중에서의 투표율이라는 점을 감안해야 합니다. 미군 연락장교 보고서에 따르면 투표율 71.6%로 보고된 것도 있습니다. 당시 사정을 감안한다면 실제 유권자 기준으로 봤을 때 오히려 이게 실질적인 투표율에 가깝지 않을까 합니다.

민주화 이후의 투표율을 본다면, 바로 1987년 13대 대선 때가 가장 투표율이 높았습니다. 이른바 '1노 3김', 그러니까 노태우, 김영삼, 김대중, 김종필이 대결했던 선거죠. 물론 다른 후보들도 있었지만 의미 있는 득표를 했던 후보들이 이렇게였으니까요. 그때 투표율이 90%에 육박하는 89.2% 였습니다. 그리고 김대중 대통령이 당선이 됐던 1997년 이후로는 70%대로 떨어지다가, 급기야 2007년 이명박 대통령이 당선됐던 선거에서 63%로 급락하게 됩니다. 그때 그렇게 떨어진 가장 결정적 이유가 당시 집권세력이던 노무현 정부가 말기 때 워낙 지지율이 추락했기 때문이었습니다.

그게 참 희한하긴 합니다. 이번에는 박근혜 전 대통령 탄핵으로 누구나 알다시피 지지율에 타격을 받을 수밖에 없었지만, 당시 노무현 정부 말기에는 지지율에 결정적인 타격을 받을 만한 요인이 없었는데도 지지율이 아주 추락했습니다. 민심과 유리된 '나 홀로 국정운영' 방식, 부동산정책의 실패 등으로 설명한 적이 있었지요? 집권여당이 다시 집권할 가능성이 없는 상태여서 야당의 집권이 기정사실화됐고, 야당의 누가 후보가 되느냐가 초점이었죠. 당시 야당 내부에서 주목받았던 게 이명박, 박근혜의 후보 경쟁이었습니다. 그래서 이번 19대 대선을 두고도 여·야가 바뀌었을 뿐 2007년 대선하고 비슷한 상황 아니냐, 이렇게 해석한 사람들도 있었죠.

　이번 19대 대선도 사실상 초반은 그렇게 진행이 됐습니다. 더불어민주당의 내부 경선이 본선처럼 주목받았죠. 문재인 후보가 독주하는 가운데, 추격자로 한때 이재명 후보가 떴다가 안희정 후보가 떴다가 했지만, 문재인 후보의 독주 그대로 끝났습니다. 그런데 최종 대선 결과를 보면 1노 3김이 대결했던 1987년 대선과 비슷한 구도를 보여줬습니다. '1강 2중'의 모양새였죠. 당시에 김영삼, 김대중이 각각 28%, 27%를 얻었고 김종필은 8.2%를 얻었습니다. 노태우 후보는 36.6%를 얻어 당선됐는데, 이는 역대 최저 득표율로 당선된 겁니다. 지금까지의 기록으로도요.

　이번 대선에서는 홍준표 후보가 24%, 안철수 후보가 21.4%를 얻어, 41.1%를 얻은 당선자 문재인 후보와의 차이가 13대 때보다 크게 납니다. 1위 당선자와 2위와의 표차가 557만 표로 민주화 이후 최대 득표차였죠. 2007년 대선 때에 당선됐던 이명박 후보와 2등이었던 정동영 후보 간의 득표 차이가 531만 표라고 해서 항상 그게 거론됐는데, 이번에는 557만 표나 차이가 난 거죠. 아무래도 2중인 두 후보가 표를 갈라 가기 때문에 1등과 차이가 많이 났던 경우가 아닌가 생각됩니다. 절대 득표로 보자면 문재인 후보는 2012년에 받았던 표보다도 127만 표를 덜 받았습니다. 덜 받았는데도 차이는 더 많이 났던 선거였다고 할 수 있겠습니다.

여소야대의 문재인 정부, 역대 여소야대 정부의 경험

압도적인 차이로 당선이 되기는 했지만 여소야대가 돼 있는 상황에서 국정을 어떻게 이끌어갈 것인가, 이게 과제가 됩니다. 이 문제는 민주화 이후에 지속적으로 등장했습니다. 앞서 이야기했던 1987년 13대 대선을 통해서 36.6%를 받아 당선됐던 노태우 대통령도 여소야대 국회에 직면했습니다. 당시에도 다당제 구도였죠. 노태우 정부는 초반 다수인 야당의 주장을 받아들인 쪽으로 국정운영을 했습니다. 민주화 이후 야 3당의 기세도 있었고요.

당시 야당의 주장을 받아들인 대표적인 게 이른바 5공 청산이었습니다. 전두환 대통령을 이어받아서 본인이 대통령이 됐는데도 제5공화국 정권의 비리를 청산하자는 야당의 주장을 받아들인 겁니다. 국회에서 5공 청산 청문회가 진행이 됐죠. 또 야당이 요구했던 지방자치 실시를 받아들일 수밖에 없어가지고 1991년부터 지방자치가 본격화됐고요. 그럼에도 5공 청산이 제대로 이뤄지지는 못했습니다. 군부정권 계승과 극복의 딜레마에 있는 노태우 정부의 한계이기도 했죠. 이후에 김영삼 정부 말기를 거치면서 그때 특별법을 만들어서 노태우 전 대통령까지 포함해 다시 군부정권 책임과 비리를 처벌하는 과정이 있었습니다. 노태우 정부의 여소야대는 결국 1990년 3당 합당을 통해 여대야소로 바꾸는 정당재편으로 이어집니다.

노태우 정부를 이은 김영삼 정부는 3당 합당의 효과로 여대야소의 정국을 맞은 상황이었습니다. 그다음 정권교체를 통해 집권한 김대중 정부 때는 사실상은 여소야대가 될 뻔 했습니다만 DJP 연합에다가 일부 야당 의원들의 합류로 간신히 여당 우위의 정국을 운영합니다. 그러나 정권 중반을 거치면서 DJP 연합이 깨지게 됩니다. 그때부터 정권이 조금 불안해지죠. DJP 연합을 통해서 보수와 진보가 적절히 같이 공존하면서 갔었는데, 이게 깨지다 보니까 다시 이념 대결이 정치 전면에 등장하게 되면서 정치가 불안한 상황이 됐다고 볼 수 있겠습니다.

이명박 정부 때는 집권 당시의 분위기가 18대 총선에 그대로 이어지면서 압도적인 여대야소 정국이 됩니다. 공식적인 집권여당만도 153석이었고, 범여권이 180석 이상이 됩니다. 대신 집권여당 내부에 친이 - 친박 계파 분열에 따른 갈등으로 정권의 안정적 기반을 확보하지는 못합니다. 마찬가지로 역시 여대야소로 집권했던 게 박근혜 정부였지만 박근혜 정부는 제도적으로 여건이 또 달랐습니다. 국회 자체가 선진화법 체제여서 실질적인 의미를 갖는 여대야소가 되려면 의석의 60%인 180석 이상을 가져야 하는데 거기에는 미치지 못했던 거죠. 이 상황에서 박근혜 대통령은 새로운 협치 전략을 모색하기보다는 야당 평계와 야당에 대한 불만으로 임기를 보내다가, 임기 3년 반을 지나면서 20대 총선을 통해 완전히 여소야대 국회와 마주하게 됩니다. 그러면서 사실상 탄핵 정국이 시작됐다고 볼 수 있습니다.

제도, 세력구도, 리더십 — 한비자의 법(法)·세(勢)·술(術)

국정운영은 주어진 세력과 제도적인 조건 속에서도 리더십과 운영 전략에 따라 성과가 달라집니다. 박근혜 정부 시기는 세력에서는 여당이 다수였지만 제도적 차원에서는 선진화법이 있어서 한계가 있었고, 이러한 세력과 제도적 조건 속에서도 대통령이 포용하고 타협하는 방식의 리더십을 발휘했다면 좀 더 성과가 있었을 겁니다. 본인의 입장만을 고집하고, 관철되지 않으면 상대를 비판하고, 그래서 불통이라고 했었죠. 결국은 그런 한계가 지난해 총선에서 여대야소를 여소야대의 정국으로 바꾸게 한 겁니다. 그렇게 야당이 힘을 갖게 되면서 이후 국정농단 문제도 국회에서 파헤칠 수 있는 상황을 만들게 되죠.

세력구도, 제도, 리더십을 얘기하면서 이런 게 떠오릅니다. 한비자가 통치의 기반으로 세 가지를 들었는데, 법(法)·세(勢)·술(術)을 말했습니다. 법이라고 하면, 요즘 식으로 풀자면 명분과 철학이 되겠습니다. 명분과 철학을 가지고 있어야 통치력을 발휘할 수 있죠. 그런데 명분과 철학만 있다고 되겠느냐? 그걸 뒷받침해주는 세력이 있어야 된다는 거죠. 법에 세가 더해져야 되겠죠. 법과 세가 있다고 하더라도 그걸 이끌어가는 리더가 역량이 떨어진다면 잘 꾸려갈 수 없을 겁니다. 여기서 술, 즉 대처 기술과 실현 능력이 필요합니다.

활기찬 행보를 보이는 정부 초기

문재인 정부의 초반 분위기는 상당히 좋습니다. '극단적인 대립의 정치를 벗어나자', 또 '박근혜 전 대통령이 탄핵까지 갔던 불통의 문제를 해결하자' 해가지고 취임 첫날부터 새로운 행보를 보여주었죠. 임기를 시작한 첫날 현충원에 간 다음에 첫 번째 방문한 게 제1야당 자유한국당 정우택 원내대표였죠. 그러면서 특히 외교안보하고 관련된 사안에 대해서는 정보를 공유하겠다는 것을 공개적으로 얘기했습니다. 이어서 다른 야당 대표들도 만났고요.

지난 며칠 동안의 행보에서 보면 일단 청와대에서 행보와 일정을 공개하면서 국민과 소통하겠다는 의지를 보여주었습니다. 직접적으론 불통과 비선이 낳은 박 전 대통령의 탄핵과 구속의 전철에 대한 반면교사이기도 합니다. 화면을 많이 보고 사진도 봤겠지만 새로 임명된 수석비서관을 비롯해서 하얀 와이셔츠 차림으로 — 물론 유일한 여성 수석 조현옥 인사수석은 와이셔츠 차림이 아니고요, — 커피 마시면서 서로 얘기하는 모습은 이전에 뭔가 답답했던 청와대의 모습과 다른 새로운 기대를 보여줬습니다. 물론 이런 건 메시지 전략의 일환일 수 있습니다. 초기 이미지 전략으로 그칠지 실질적인 소통 정부가 될지 지켜봐야겠죠.

새로운 정권이 탄생하면 국민은 가장 먼저 뭘 보게 되느냐, 청와대와 정부의 첫 인사가 가장 먼저 눈에 들어옵니다. 첫 인사는 비교적 성공리에 한 것 같아요. 일단 총리 인사가 주목되지 않았습니까? 총리 인사와 더불어서 청와대 비서실장 등을 발표할 때 문재인 대통령이 직접 발탁 배경을 설명했죠. 또 당사자들도 기자들의 질문에 답변을 하고 이런 방식이었습니다.

총리로 내정이 된 이낙연 전남지사는 과거에 국회의원 4선을 했었죠. 언론인으로 21년 동안 활동했고 국회의원 4선 하는 동안 다섯 번에 걸쳐 대변인을 했던, 그래서 최장수 정당 대변인 중 한 명이기도 합니다. 내정자로서 기자들의 질문에 답하는 모습은 과거 대변인 시절에 당 관련 이야기를 기자들에게 브리핑하는 모습처럼 보이기도 했습니다.

또 임종석 비서실장이 주목받고 있죠. 가장 특징적인 것이 젊은 나이에 됐다는 것 아니겠습니까? 바로 직전에 박근혜 전 대통령 탄핵국면에서 비서실장을 했던 한광옥 실장은 1942년생이었는데 — 물론 그분은 좀 특이하긴 합니다. 과거 김대중 대통령 시기에 비서실장을 했는데, 20년 후 또다시 청와대 비서실장을 했어요. — 지금 임종석 신임 비서실장은 1966년생이니까 20년 이상 나이 차이가 나죠. 그전에 이번에 논란이 됐던 김기춘 실장이 1939년생인가 그럴 겁니다. 그런 걸 본다면 나이가 젊은 세대로 확 바뀌어서 새로운 활력을 기대하게 되는데요, 야당이 된 자유한국당에서 임종석 신임 실장이 과거 학생 때 전대협 의장을 했던 걸 가지고 문제 삼긴 했지만 그런 질문에 대해서 야당에 협력을 구하면서 잘 소통하겠다고 무난하게 넘어가더라고요.

첫 인사에서는 아주 새 정부가 바람직하게 출발하고 있구나, 이런 인상을 충분히 주고도 남았고, 이런 산뜻한 출발이 이후에도 지속적으로 이뤄지기를 바랍니다. 정부 조직 개편과 관련해서는 다음 시간에 이어서 이야기하겠습니다.*

• 초반 분위기와 달리 이후 추가 인사에서는 일부 무리수를 두었고, 문재인 정부 4개월에 맞는 정기국회에 들어서도 김이수 헌법재판소장 후보자의 국회 인준 실패가 보여주듯 야당과의 협치는 여전히 과제로 남아 있습니다.

소통과 경청, 통합에 대한 성찰을 기대하며

문재인 정부의 청와대 비서실

지난 시간에 문재인 대통령 당선과 관련된 역대 여러 가지 자료들을 비교·정리해 봤습니다. 새 정부가 들어섰을 때 정부의 방향을 제시해주는 여러 지표가 있는데, 그중 하나가 정부조직을 어떤 방향으로 바꾸느냐 하는 겁니다.

1950년대 한국전쟁 직후에는 부흥부라는 이름이 생겼다든가 이런 얘기를 했었고요. 가깝게는 박근혜 정부 시기에 창조경제 얘기를 하면서 미래창조과학부를 만들고 내부에 미래전략실을 만들었다는 얘기를 했습니다.

문재인 정부의 조직법 개정안을 국회에 제출하지 않은 상태이기 때문에 내각을 구성하는 조직 변화의 방향이 잡혀 있지 않은데요, 청와대 조직은 확정돼 집행이 되고 있죠. 대표적으로 청와대 정책실장 체제를 다시 도입했죠? 그러니까 과거에 노무현 정부에 했던 것을 다시 도입했다는 것인데요, 청와대 내부에 네 개의 실이 있습니다. 비서실, 정책실, 안보실, 경호실이 있는데, 그냥 기존의 비서실 중심으로 보자면 기존 비서실을 비서실과 정책실로 나눴다, 이런 관점에서 보면 되겠습니다.

정책실장 체제가 도입이 되니까 정책기능이 강화됐다고 볼 수 있겠고요, 나머지 또 비서실장 직제 아래로 정무, 민정, 국민소통, 인사 수석비서실 등이 배치돼 있어서, 정무 기능과 국민소통 부문을 강화했다고 볼 수 있습니다. 그러면 문재인 정부에서는 국회, 정당을 상대하는 정무 기능이 상당히 강화될 것으로 보이는데, 임종석 비서실장이 바로 그 역할을 수행할 수 있겠죠. 또 정무수석 누가 임명이 됐죠? 전병헌 전 의원인데, 제 기억으로는 그동안 청와대 수석급에서 가장 경력이 높은 인사인 듯싶습니다. 국회의원 3선을 역임한 데다가, 제1야당 원내대표까지 했죠. 직제뿐 아니라, 비서실장과 정무수석 개별 인물군들을 고려할 때 정무 기능이 상당히 보강될 거라고 봅니다.

최근에 저는 대변인에 임명됐던 박수현 대변인의 일성에 조금 주목을 했는데요, 그는 '여·야 대표와 모든 정당 대변인의 말을 국민의 목소리라고 생각하고 꼼꼼히 경청하겠다'고 했습니다. 문재인 새 대통령이라든가 주변 인사들이 곧잘 하던 말과는 대비되면서 새로운 기대를 주었습니다. 국민 통합 얘기가 나올 때 문재인 대통령은 후보 시절부터 '정치세력과의 통합이 아니라 국민과의 통합'이라고 얘기를 하곤 했습니다. 아주 멋있는 말이지만, 실제로 국민과의 통합이란 건 아주 자의적일 수 있습니다. 정치세력과의 협상, 협치를 무시하는 발언입니다. 현실적으로는 정치세력들과 어떻게 공존하며 갈 것인가, 이런 게 현실적인 소통, 통합의 과제죠.

국민의 입장에서 봤을 때는 정당들, 국회의원들 정말 마음에 안 들죠. 마음에 안 들지만 그럼에도 현실적으로는 국민을 대표하는 공식 조직입니다. 그 세력들과 어떻게 공존하고 협치하면서 갈 것인가가 과제였습니다. 바로 그 문제를 박수현 대변인이 임명 일성으로 기자들에게 브리핑하면서, 야당의 소리를 국민의 목소리로 듣겠다, 언론과의 소통에 주목하겠다고 한 거죠. 저는 아주 긍정적인 느낌이 들었습니다.

청와대의 말만 전달하는 게 아니라 경청하는 대변인이 되겠다, 이것도 주목할 부분이었고요. 여·야 정당 대변인의 목소리를 국민의 목소리로 경청하겠다는 부분은 중요합니다. 그동안 청와대 쪽은 야당 대변인의 비판적 논평에 대해서 늘 특정 정파의 편향된 소리로 치부해버렸기 때문에, 박수현 대변인의 이런 말들은 새로운 기대를 주는 것 같습니다. 평상시 한국 정치와 정당에 대한 태도나 자기의 성품이 반영된 것이기도 합니다. 물론 이런 자세가 얼마나 발휘되고 유지될 수 있을 것인지는 지켜볼 부분입니다. 정권의 초반 자세가 지속될 수 있을 것인지라는 변수도 있고, 정권에서 대변인이 차지하는 역할 또한 아주 제한돼 있기 때문이기도 합니다.

노무현 정부에 대한 성찰도 필요

문재인 대통령 체제는 탄핵으로 중도 하차한 박근혜 정부 시기와 대비되면서 상대적으로 호평을 받을 수 있는 좋은 환경입니다. 문재인 대통령 또한 직전의 탄핵 대통령이 보여줬던 문제점들을 바로 보면서 반면교사로 성찰하며 출발할 겁니다. 좋은 환경인 만큼 그 기조를 유지해야 할 텐데요, 만약 잘못하게 된다면 또 비판하기도 아주 쉽습니다. 박근혜 정부를 비판하더니 똑같다고 얘기하면서, 평행이론 같은 게 등장할 수도 있습니다. 초반의 행보는 좋습니다.

반면교사 이야기를 했는데요, 과거 노무현 정부에 대한 성찰이 필요합니다. 15년 정도가 지났지만, 문재인 대통령을 비롯해 권력의 핵심 인물들이 인적 구성이나 스타일에서 가히 노무현 정부 2기라고 할 만합니다. 노무현 정부처럼 그대로 가면 마찬가지로 실패할 가능성이 큽니다. 노무현 정부의 경험에서 무엇을 개선하고 보완할 것인가를 중요한 과제로 삼아야 합니다. 미국에 가 있는 자유한국당 홍준표 전 후보는 '더 세련된 좌파다' 그런 얘기를 하고 있어요. 학습효과가 있어서, 그쪽 입장에서 봤을 때 이전보다는 조금 다듬어진 게 있다는 겁니다.

노무현 정부는 사실 분열로 시작했습니다. 집권 기반이었던 정당도 두 개로 쪼개지면서 시작했었고요. 새로운 집권여당 열린우리당이 만들어진 다음에도 당은 당대로 가고 대통령은 대통령대로 갔습니다. 그러다가 어려워지니까 나중에 나온 게 뭐였습니까? 오히려 한나라당과 같이 가자, 이른바 대연정을 제안했죠. 대연정도 성사시키지 못했고, 그러면서 신뢰 추락은 더욱 가속화됐습니다.

눈물의 감동 준 5·18 기념사

며칠 전에 5·18 37주년 기념행사에서 문재인 대통령의 기념사와 여러 행보들이 아주 국민적인 공감을 받았습니다. 노무현 대통령이 당시 2003년에 광주를 방문했을 때는 그렇게 말끔하지 못했습니다. 물론 그 책임은 노무현 대통령에게 있는 게 아니라 한총련(한국대학생총연합, 전대협의 후신) 학생들한테 있었죠. 한총련 학생들이 광주의 5·18 기념식장 입구에서 대통령의 입장을 막았습니다. 한총련의 주장으로는 미국이 5·18에 대한 책임이 있는 나라인데, 바로 얼마 전 미국을 방문했던 노무현 대통령이 미국을 칭송했다는 거였습니다. 노무현 대통령이 이전에는 '사진 한 장 찍으려고 미국에 가지는 않겠다'고 해서 미국에 대해 비판적인 시각을 가진 지지자들한테 환호를 받았었는데, 막상 미국을 방문해서는 한국전쟁 때 미국이 없었다면 자신이 '북한의 정치범 수용소에 있을지 모른다'면서 미국에 대해 고마움을 표시했습니다. 그걸 항의하는 한총련 때문에 노 대통령은 정문 앞에서 못 들어가다가 후문으로 돌아 들어가서 참석했죠. 또 그 문제 때문에 노무현 대통령이 대통령직 관련 발언을 해 파문을 부르기도 했습니다. 그 이후에도 이와 유사한 거침없는 발언이 종종 논란이 됐고, 이는 노무현 개인의 매력에도 불구하고 대통령 노무현에 대한 신뢰를 떨어트리는 요인이 됐습니다.

이번에 문재인 대통령은 관련 단체와 지역민, 다른 현장 참석자들로부터 환호를 받으면서 참석했습니다. 보통 대통령이 참석하면 비표를 가지고 참석자들을 많이 통제하는데 이번에는 그러한 통제도 없었다고 합니다. 문재인 대통령이 말한 '낮은 경호'였습니다.

특히 기념사에서는 담을 만한 내용을 대부분 담았다는 생각이 들고요. 끝나고 김소영 씨던가요, 아버지가 돌아가셨을 때 자신이 태어나서 5·18이 아버님의 제삿날이자 자신의 생일이라는 그 당사자를 문 대통령이 안아주는 모습 등은 현장 참석자뿐 아니라 TV로 지켜보는 국민에게도 감동을 주기에 충분했습니다.

5·18 37주년 기념사에서 한두 가지는 조금 더 짚어보고 싶은데요, 기억이 나죠? 펼침막에다가 '5·18 엄마가 4·16 엄마에게' 했던 말, 그걸 다시 인용했던 것. '당신의 원통함을 내가 아오. 힘내소, 쓰러지지 마시오'라는 내용이었는데 사람들을 울컥하게 만들었죠. 그러면서 뒤이어 한 이야기가 '국민의 생명을 짓밟은 국가와 국민의 생명을 지키지 못한 국가, 다시는 그런 원통함이 반복되지 않도록 하겠습니다'라는 것이었습니다. 국민의 생

명을 짓밟은 국가, 5·18 광주의 비극을 얘기하는 거죠. 5·18을 국가폭력이 국민의 생명과 인권을 유린했던 걸로 문재인 대통령이 규정을 했고, 국민의 생명을 지키지 못한 국가는 세월호 참사의 비극을 말하는 거였습니다. 5·18 광주민주화운동과 4·16 세월호 참사의 비극을 안고 치유하겠다는 문재인 대통령의 기념사는 기념할 만한 내용이었습니다.

• • •

이 마지막 강의는 문재인 정부가 출범한 지 11일이 지난 2017년 5월 21일에 한 방송을 정리한 것입니다. 이후 취임 100일 지날 때까지 문재인 대통령의 국정 지지도가 80%에 근접하는 정도로 유지되고 기대를 주었습니다. 그러나 몇 개월이 지나면서 점차 메시지에 대한 감동의 매력은 예전만큼 못합니다. 시간이 흐르면서 감동이 체감된 점도 있겠지만, 아직 실천이 동반되지 않은 다짐만으로 국민적 공감을 지속시키는 건 한계가 있기 때문일 겁니다.

국정 과제 대부분의 구체적 실현은 여소야대 국회와의 협치라는 과제에 직면하고 있습니다. 새 정부 첫 인사 후반에 들어 문제의 인사들이 등장하면서 발탁 배경과 인사 시스템에 대한 비판도 등장했습니다. 문재인 대통령은 인사 시스템에 대한 보완 개선책을 마련하겠다고 했습니다. 야당의 일부에서는 '캠코더'라는 용어까지 만들어가며 인사정책을 비판하고 있습니다. 통합 탕평 인사가 아니라 대선 '캠프 출신', 그들만의 '코드 인사', 여당인 '더불어민주당 출신'이라는 겁니다. 또 다른 갈등 요인에서 나온 야당의 공세적인 성격도 있지만, 근래 들어 문재인 정부 인사들이 출범 직후만큼 환영받지 못하고 있는 건 분명해 보입니다.

문재인 정부는 집권 초 고조되는 북핵위기, 중국의 경제보복 등으로 어려움을 겪었습니다.

이런 가운데 사드 배치에 대한 비판적 신중론을 펼쳐왔던 문재인 대통령이 사드 배치를 전격 발표했습니다. 북한의 계속되는 미사일 시험 발사와 핵실험으로 한반도 긴장이 고조되는 엄중한 안보 환경에서 더는 지체할 수 없는 결정이라고 배치 이후에 양해를 구했습니다. 그러나 지지 세력 일부의 반발은 피할 수 없었습니다. 이제 기습적인 사드 배치 결정 문제는 지나간 일이 되었고, 중국과의 관계에서도 이미 배치된 사드 문제가 아니라 추가배치 여부가 쟁점이 되고 있는 실정입니다.

집권 6개월 시점에, 중국과 악화된 관계는 풀리기 시작한 듯합니다. 이 과정에서 우리나라가 '사드 추가 배치', '미국 미사일방어(MD) 체계 참여', '한미일 군사동맹', 이 세 가지를 하지 않겠다고 중국에 약속했다는 이른바 '3불(不) 약속'의 실체와 성격을 두고 논란이 일고 있기도 합니다. 중국과의 화해 모드는 다행이지만 미국, 중국의 틈바구니에서 동맹과 균형의 외교전략은 우리의 여전한 과제로 남아 있습니다.

전방위적으로 진행되고 있는 문재인 정부의 적폐청산 작업, 구 지배세력은 정치보복이라며 항변하고 있습니다. 그러나 국민 다수는 적폐청산의 필요성에 공감하는 쪽입니다. 다만, 이 과거 청산 문제를 너무 길게 끌고 가서는 안 된다는 지적도 동시에 나오고 있습니다. 무엇보다 문재인 정부 스스로가 이제 그동안 '살아 있는 권력'이 만들어온 잘못된 관행의 역사를 반복하지 않겠다는 약속과 실천을 보여주어야 적폐청산 작업이 더 신뢰를 받을 수 있고, 진정한 적폐청산도 기대할 수 있을 겁니다.

지은이 **김만흠**

정당·선거와 한국 정치를 전공한 정치학자이자 정치평론가이다. 서울대학교 정치학과와 대학원을
졸업하고 서울대학교 사회과학연구원 특별연구원, 가톨릭대학교 정치학 교수로 연구와 강의를 해
왔으며, 국가인권위원회 인권위원을 역임했다. 현재 (사단법인)한국정치아카데미 원장이며 KBS 객
원해설위원으로도 활동하고 있다.
tbs FM 〈열린아침 김만흠입니다〉, MBN 〈시사스페셜〉, 국회방송(NATV) 〈토론당당〉을 진행하면
서 각종 방송에서 정치 해설과 평론 활동을 하고 있다. 주요 저서로 『정당정치, 안철수 현상과 정당
재편』, 『새로운 리더십, 분열에서 소통으로』, 『민주화 이후의 한국정치와 노무현 정권』, 『한국의
언론정치와 지식권력』, 『전환시대의 국가체제와 정치개혁』, 『한국정치의 재인식』 등이 있다.

김만흠의 15분 정치학 강의
낡은 정치를 바꾸기 위해
우리가 알아야 할 것들

ⓒ 김만흠, 2017

지은이 ㅣ 김만흠
펴낸이 ㅣ 김종수
펴낸곳 ㅣ 한울엠플러스(주)
편집책임 ㅣ 배은희

초판 1쇄 인쇄 ㅣ 2017년 11월 15일
초판 1쇄 발행 ㅣ 2017년 12월 1일

주소 ㅣ 10881 경기도 파주시 광인사길 153 한울시소빌딩 3층
전화 ㅣ 031-955-0655
팩스 ㅣ 031-955-0656
홈페이지 ㅣ www.hanulmplus.kr
등록번호 ㅣ 제406-2015-000143호

Printed in Korea.
ISBN 978-89-460-6406-5 03340

* 책값은 겉표지에 표시되어 있습니다.